JOURNAL D'IRLANDE

Romancière et essayiste célèbre pour son engagement féministe, Benoîte Groult est née en 1920 à Paris. Diplômée de lettres, elle enseigne d'abord le français puis devient journaliste. Après avoir collaboré à différentes revues, elle cofonde en 1978 *F Magazine*, un mensuel féministe. C'est avec sa sœur Flora qu'elle écrit ses premiers ouvrages, dont *Journal à quatre mains*, adapté pour le théâtre et joué en 2009 (Molière 2009). *La Part des choses*, publié en 1972, est son premier livre en solo. Benoîte Groult est décédée le 20 juin 2016.

Paru au Livre de Poche :

AINSI SOIT-ELLE

AINSI SOIT OLYMPE DE GOUGES

LE FÉMINISME AU MASCULIN

MON ÉVASION

LA PART DES CHOSES

LA TOUCHE ÉTOILE

LES VAISSEAUX DU CŒUR

En collaboration avec Flora Groult :

JOURNAL À QUATRE MAINS

BENOÎTE GROULT

Journal d'Irlande

Carnets de pêche et d'amour

1977-2003

TEXTE ÉTABLI ET PRÉFACÉ
PAR BLANDINE DE CAUNES

GRASSET

ISBN : 978-2-253-25762-2 – 1re publication LGF

Préface

Le dernier projet d'écrivaine de ma mère était de publier son Journal d'Irlande. *L'Irlande où elle a passé plus de vingt étés avec son mari, Paul Guimard, dans la maison qu'ils y avaient fait construire dans le Kerry. Elle avait l'intention d'entrecroiser ses carnets de pêche avec ses journaux intimes tenus parallèlement. Elle voulait construire, couper, recouper, agencer. Bref, tout un travail technique que la maladie d'Alzheimer l'empêcha de réaliser.*

Elle en avait beaucoup parlé, à nous ses filles, mais aussi à ses éditeurs et à ses amis. Un an avant sa mort, en 2015, il m'est apparu comme une évidence, et même comme un devoir, que c'était à moi de le faire. Je me suis attelée à la tâche, c'est-à-dire que j'ai commencé à lire ses journaux, de 1977 à 2003, ceux des étés et printemps irlandais. Et ils sont très nombreux car ma mère écrivait sans cesse : son journal quotidien et un autre, plus clandestin – « non expurgé » – disait-elle, ainsi que ses carnets de pêche dans lesquels elle notait scrupuleusement : « 500 grammes de bouquets, un homard de 650 grammes et 5 étrilles, 8 kilos de vieilles moyennes, 3 lieus dont un de 2 kilos »...

Paul et Benoîte, mes parents, ont toujours été fous de pêche. Pour maman, ça a commencé dès son enfance, à Concarneau, où ses grands-parents paternels avaient une maison et un bateau. C'est son grand-père qui l'a initiée et, plus tard, ils nous ont initiées à leur tour, mes sœurs et moi. À Kercanic d'abord, puis à Doëlan où nous passions nos vacances. Tout tournait autour du bateau et de la pêche : à pied, au moment des grandes marées où nous traquions les crevettes, les praires et les palourdes, et en bateau – tous les soirs ! – pour poser les tramails[1] et les casiers que nous relevions le lendemain, à l'aube, pour éviter que les poissons pris ne se fassent manger par ceux qui avaient eu la chance d'échapper au piège. Nous avons adoré cette vie jusqu'à quatorze, quinze ans, époque où des poissons plus intéressants, à nos yeux, commencèrent à poser leurs propres pièges pour nous attraper ! Entre se lever à l'aube et danser jusqu'à minuit, notre choix a été vite fait. Au grand dam de nos parents ! Mais en échange, nous leur fournissions une main-d'œuvre gratuite et zélée – nos soupirants – pour nettoyer ces foutus filets, souvent inextricablement emmêlés et remplis d'algues et de crabes qu'il fallait écraser pour les dégager.

Cette passion pour la pêche est restée intacte jusqu'à la fin, mais c'était presque pathétique de les voir aller

1. Tramail : Filet de plusieurs mètres lesté et fait d'une triple nappe de rets où viennent se prendre les poissons.

au bout de leurs forces pour l'assouvir, quand ils furent devenus vraiment vieux. Paul surtout : « Cela devient un effort surhumain pour lui d'aller en mer, écrit maman, son corps se rebiffe. L'Irlande est un pays épuisant. Il faut être jeune, ou fou, ou ivrogne, ou abruti, pour y survivre : ou les quatre à la fois ! » Maman, elle, a toujours été infatigable, insatiable, et elle exigeait beaucoup d'elle-même… et des autres. Elle possédait une force vitale – et un courage – que Paul n'avait pas. Je suis sidérée, en la lisant, de cette incroyable énergie qu'elle déployait, dans tous les domaines : et pour commencer, dans ses quatre maisons – Paris, Hyères, Doëlan, et Bunavalla en Irlande –, sans oublier ses trois jardins. Chacune de ses maisons devait être impeccable, belle et agréable à vivre. Maman savait tout faire et elle faisait tout : du bricolage à la peinture, de merveilleux bouquets et une excellente cuisine, et elle gérait entièrement la paperasserie. Et bien sûr, l'écriture : romans, conférences, articles, longues lettres à ses filles et ses amis. Et son Journal *tenu quotidiennement toute sa vie dès ses treize, quatorze ans. Et bien sûr, la pêche ! Paul, à son habitude, se contentait d'être le Patron : à bord comme à la maison. Ce n'est pas pour rien qu'on l'appelait « Le Pacha » ! Cela convenait à maman qui adorait FAIRE : « Malgré les apparences, écrit-elle, je ne suis pas une femme de devoir mais de plaisir. Parce que tant de choses me font plaisir que je n'ai pas à me forcer. »*

Et enfin, et surtout, l'amour : pour Paul, bien sûr, mais aussi pour Kurt, son amant américain rencontré en 1945 et retrouvé dans les années 60. C'est lui qui a inspiré son roman Les Vaisseaux du cœur *paru en 1983, dans lequel Kurt, un pilote américain, est devenu Gauvain, un marin breton. Il est souvent venu en Irlande, et dans nos autres maisons, en l'absence de Paul, mais avec son accord. Sartre et Beauvoir n'étaient pas loin…*

Je n'ai rien découvert, dans ce Journal, *qui aurait pu bouleverser la vision que j'avais de ma mère. J'étais au courant de sa vie et nous en parlions librement et tendrement, depuis longtemps. Nous aimions beaucoup Kurt, mes sœurs et moi, même si notre amour allait à Paul qui nous a élevées et que nous admirions.*

Ce goût forcené de la vie, maman le tenait de sa mère, Nicole Groult. Femme libre avant l'heure, gagnant très bien sa vie avec sa maison de couture, amie de tous les artistes de l'époque avec lesquels elle échangeait de nombreuses lettres (elle aussi !) et aimant follement séduire : les hommes comme les femmes, ce qui ne l'a pas empêchée de réussir son couple que la mort seule a brisé.

Le tropisme celtique de ma mère vient d'ailleurs : sans doute de son père – « de naissance », comme disait Françoise Dolto, car dans la famille, c'était un secret de Polichinelle et tout le monde savait que son père biologique était son parrain, Léon Yeatman, mort quand elle avait douze ans. Elle se souvenait très bien de lui et des beaux cadeaux qu'il lui offrait à Noël et pour son anniversaire. Or Léon était un Juif d'origine irlandaise : « Et voilà pourquoi votre fille est muette ! » J'ai découvert, plus tard, qu'il était un ami de Proust, ce qui m'a enchantée. Sur les photos, je lui trouve une ressemblance avec maman, et même avec moi !

En 2013, maman écrivait dans son Journal *: « Le livre du psychiatre Serge Tisseron m'a permis de comprendre que les secrets de famille ne sont nocifs que s'ils rendent malheureux celui qui les porte. La façon dont j'ai accepté le secret de Nicole, sur ma naissance, vient sans doute de ce qu'elle a su n'en garder que l'aspect positif. Et je m'aperçois que dans* La Touche étoile *que je suis en train d'écrire, la naissance de Séverine est une sorte d'hommage à ma mère et au plaisir qu'elle a dû éprouver à m'avoir faite avec Léon Yeatman : sans mettre en péril Pater (André Groult) ni notre relation. Le non-dit serait la pire des choses ? Voire… »*

En réalité, maman considérait Léon comme son « vrai père », tout comme elle considérait André comme son « vrai père » ! L'un donné, l'autre choisi. Comme pour l'Irlande, sa terre d'élection, alors que la Bretagne était sa patrie.

L'Irlande donc… Paul et maman l'ont découverte en 1976, grâce à Flora, sa sœur, et son second mari, Bernard Ledwidge, qui était moitié anglais, moitié irlandais, diplomate et écrivain par ailleurs. Ils ont eu un véritable coup de foudre pour « l'île des saints et des fous » : les paysages d'une beauté inouïe, les lumières magiques et les pêches fabuleuses dans ces paradis marins puisque les Irlandais ne mangent pas de crustacés. C'était l'époque où, en Bretagne, le poisson se faisait plus rare et les touristes plus nombreux. L'année suivante, ils sillonnaient le Kerry et le Connemara, en camping-car, avec dans leurs bagages un pneumatique gonflable, un casier, un tramail et un haveneau, à la recherche d'une maison avec vue imprenable et pêches miraculeuses à proximité. Et ils furent assez fous pour réaliser leur rêve !

Beaucoup de leurs amis célèbres – François Mitterrand, Élisabeth et Robert Badinter, Éric Tabarly – et d'autres un peu oubliés ou inconnus, vinrent découvrir ces paysages somptueux et s'ébahir devant les homards, coquillages, crevettes et poissons de toutes sortes qu'ils engloutissaient goulûment ! Flora et Bernard sont souvent venus bien sûr.

Nous aussi – Blandine, Lison et Constance, leurs filles – avec nos maris de l'époque et nos trois filles – Violette, Clémentine et Pauline. Et Kurt, l'amant américain.

L'Irlande, ce pays « toujours à la veille d'une tempête » et que maman aimait tant, malgré ou à cause de la pluie, de l'humidité, du vent et du « drizzle » – l'équivalent de notre crachin breton –, est un personnage à part entière dans ce Journal *: « Cette Irlande tragique, déchiquetée, on ne peut pas l'aimer : il faut l'adorer ou la fuir. Ou les deux. »*

Ma mère a commencé sa carrière d'écrivaine en 1962 avec le Journal à quatre mains *écrit avec Flora, et je trouve émouvant qu'elle la termine avec un autre* Journal, *celui d'Irlande. C'était son souhait, et je suis heureuse de l'avoir réalisé.*

Je remercie Mona Ozouf, notre amie très chère à maman et moi, qui m'a aidée à me lancer dans cette aventure : « Il faut que tu le fasses, rien ne lui ferait plus plaisir. C'est une belle histoire d'amour et de transmission. »

Merci Mona.

BLANDINE DE CAUNES

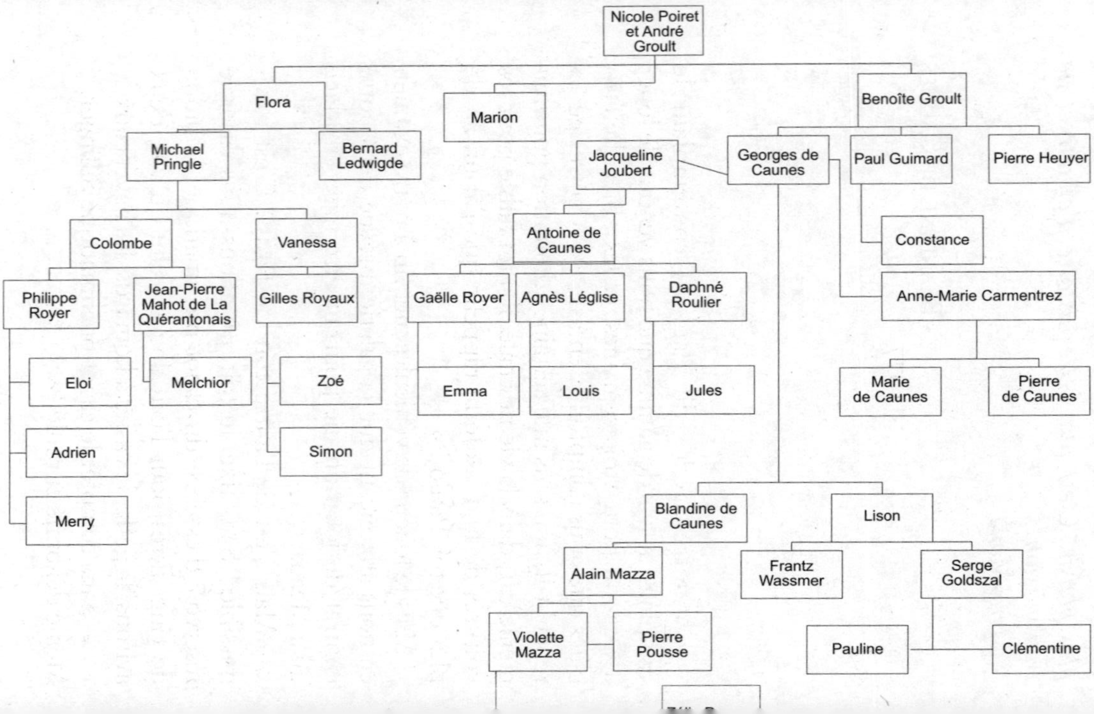

Nicole Poiret et André Groult
Flora
Marion
Benoîte Groult
Michael Pringle
Bernard Ledwigde
Jacqueline Joubert
Georges de Caunes
Paul Guimard
Pierre Heuyer
Colombe
Vanessa
Antoine de Caunes
Constance
Philippe Royer
Jean-Pierre Mahot de La Quérantonais
Gilles Royaux
Gaëlle Royer
Agnès Léglise
Daphné Roulier
Anne-Marie Carmentrez
Eloi
Melchior
Zoé
Emma
Louis
Jules
Marie de Caunes
Pierre de Caunes
Adrien
Simon
Merry
Blandine de Caunes
Lison
Alain Mazza
Frantz Wassmer
Serge Goldszal
Violette Mazza
Pierre Pousse
Pauline
Clémentine

1977

7 août

« À notre âge ! » dit Paul en contemplant le camping-car bas de gamme que nous venons de louer à Orgeval pour trois semaines, et les objets hétéroclites que nous comptons y entasser. « À notre âge ! » répète-t-il, non sans une certaine admiration pour lui-même car, dans la vie normale, il a un faible pour les voitures de luxe : « Je te rappelle que j'ai un an de plus que toi, Paulo ! »

Mais le loueur de véhicules met fin à notre examen en nous annonçant que la galerie, prévue dans notre contrat de location, ne pourrait être mise en place qu'à Meaux.

« Mais c'est de l'autre côté de Paris ! C'est inadmissible ! Sans fixe au toit, où allons-nous caser le réservoir d'essence du canot pneumatique, le bidon de vingt litres pour l'eau douce, celui du vin, deux avirons, la gaffe, le casier à homards, les haveneaux…

— Sans compter le canot pneumatique Sillinger… Même dégonflé et roulé ! »

Le moteur hors-bord, un Johnson de deux chevaux cinq, a bien voulu se glisser sous la table – pour caser nos jambes, on avisera plus tard, l'important, c'est le matériel que nous tenons à essayer tout au long de la côte du Kerry, voire du Connemara, avant d'acheter une petite chaumière à proximité d'un lieu de pêche prometteur…

« Vous avez largement le temps de rejoindre Meaux, parce que le ferry pour l'Irlande ne partira pas du Havre à 20 heures, comme indiqué sur vos billets, mais de Cherbourg à 22 heures, pour des raisons techniques.

— Ça commence bien, dit Paul. Cent kilomètres de plus, avec l'évidence que les Irish Ferries ne cherchent qu'à gagner du temps, et du fuel, en raccourcissant leur trajet en mer. »

De toute façon, nous le savions : nous ne partons pas en voyage de plaisance, mais en prospection pour assurer notre avenir de pêcheurs, de maniaques de la crevette, du homard, de l'oursin, des pétoncles, des lieus, et autres turbotins et salmonides, quotidien de navigations acrobatiques parmi les rochers, hypocritement tapissés de laminaires luisantes qui n'ont qu'un désir, entraîner au fond ces bipèdes qui croyaient naïvement que l'Océan était aussi à eux.

Sur l'immense tarmac de Cherbourg, des centaines de voitures tentaient d'entrer dans le ventre du *St-Patrick*, sans compter les motos, les vélos, les caravanes et les touristes à pied, canne à pêche sur l'épaule, des truites et des saumons plein les yeux. Les plus chanceux s'engouffrent dans les cabines, les jeunes se laissent tomber dans les couloirs et s'endorment la tête sur leur sac à dos.

L'arrivée à Cork est prévue à 4 heures 30 et nous découvrons, à cette occasion, les mœurs irlandaises : les douaniers et la Garda dorment, les barrières sont levées et, visiblement, aucune formalité n'aura lieu.

Nous avions prévu d'arriver à Tahilla Cove, sur la côte sud-ouest, chez notre agent immobilier, à la fin du jour. Nous avions simplement négligé de traduire les kilomètres en miles, ce qui nous obligea à coucher en route, à Youghal, bourg triste et décati comme tout ce qui est irlandais. On dirait toujours que les habitants viennent de s'enfuir dans l'urgence, comme quatre millions d'émigrants l'ont fait au XIXe siècle. Partout, entrepôts abandonnés, maisons béantes aux toitures crevées et, dans le port, quelques barques : dans la vase alentour, on distingue les ventres blancs d'une quinzaine de cadavres de gros requins. Les marins – qu'on ne peut pas appeler pêcheurs – attendent que les bêtes meurent et que leurs clients s'éloignent, pour les basculer dans le port. Pas de cornes ou de défenses à ramener à la maison ! Les requins ne servent à rien, qu'à peupler les cauchemars des baigneurs et les récits des voyageurs.

Nous sommes garés sur le quai, pour passer notre première nuit dans la caravane. Dernières lueurs sur la belle campagne, presque berrichonne, du Comté de Cork. Sur l'évier, la pompe à eau ne produit de l'eau que goutte à goutte. Nous devons extirper le lourd bidon pour remplir une casserole et un broc. Et puis, en claquant la portière pour la nuit, la pompe se remet à fonctionner. Et le frigo, qui marche sur la batterie quand nous roulons, démarre par ses propres moyens !

Le port de Youghal est situé dans « un coin pittoresque », dit notre Guide Bleu, mais si isolé qu'on se sent dans un coupe-gorge. Heureusement, on trouve un pub chaleureux où brûle un feu de tourbe. Et un groupe de jeunes gens ont chanté toute la soirée des chants gaéliques : avec du Belafonte en prime. Nous étions venus exactement pour ça, et nous sommes rentrés avec ravissement dans notre niche, nous recroqueviller sur un bout de banquette encore encombré de valises, de bottes et de cirés.

9 août

Très beau temps au réveil. Pas un nuage. Calme plat et très doux : 20 °C. Mais une heure plus tard, le ciel se charge de nuées. Le ciel irlandais a l'art de se couvrir en cinq minutes.

Nous arrivons à midi à Tahilla Cove. Déjeuner froid de saumon mayonnaise. Paul, qui décide qu'il a très mal dormi, part faire la sieste. C'est marée haute, mais je vais bricoler dans les anses voisines : pour voir ! Des hérons s'y promènent, parfaitement indifférents à ma présence. Des poissons sautent, les bruyères me semblent plus violettes qu'en Bretagne, l'herbe plus verte. Ne dit-on pas la verte Erin ? J'aperçois, dans l'eau transparente, des crevettes qui se prélassent et d'innombrables crabes verts qui, d'un mouvement brusque, se dissimulent dans les laminaires. Toujours cette impression qui vous étreint dans ce pays d'assister aux débuts du monde.

Nous avons rendez-vous chez Sheldon, notre agent immobilier, à 16 heures. Son entrée est couverte d'annonces mirifiques, rayées par la mention SOLD. Il restait une maison sur la rive ouest de la baie de Derrynane et le descriptif était bouleversant. Mais nous découvrons très vite que Sheldon est un poète lyrique : « View truly amazing must be seen to believed. Modernized story house ! Modern kitchen units »… Mais le dépliant met tout de suite en garde : « This is only a guide and its accurancy is not garanteed. »

Effectivement… Dans la maison qu'il nous fait visiter, on n'a une vue que de l'autre côté du chemin et par les deux fenestrons du premier étage. La troisième chambre n'a pas de fenêtre du tout ! Quant à la cuisine moderne, le carrelage est en plastique et à demi décollé. Les placards ont gonflé : « C'est inévitable, dans un pays humide comme le nôtre », dit Sheldon en souriant. On ne distingue plus les roses de la moquette, tant elle est usée. Elle a dû être hideuse. Elle est presque belle maintenant. Les lits sont défaits dans les chambres : on dirait que les habitants viennent d'émigrer. Et sur le côté, un vaste terrain vague bordé d'arbres, tous penchés du même côté et qui ont dû beaucoup souffrir. Détail : on ne voit toujours pas la mer !

10 août

Sur les conseils d'un touriste du ferry, nous sommes allés dîner à Castle Cove Pier, à trois kilomètres de Caherdaniel : quelques barques amarrées à un quai et des îles partout. C'était mortes-eaux, mais je n'ai pas pu me retenir de descendre mon haveneau et mes cuissardes du fixe au toit. En trente minutes, j'ai pêché un bon plat de crevettes moyennes. Au retour, je vois un couple revenir en canot avec deux homards pris dans le même casier. Ils tirent le long du quai trois petites nasses mollasses, bricolées et percées de part en part, avec des entrées à bouquets de tous les côtés, simplement immergées le long du quai et amarrées avec des anneaux. Pleines de beaux bouquets ! Pourquoi courir déposer en mer ? C'est la première fois que nous voyons des Irlandais pêcher : ce sont des gens de Belfast qui, depuis quinze ans, louent une vieille chaumière à moitié effondrée, au-dessus du port. Hélas, elle n'est pas à vendre : elle est vouée à la destruction comme la moitié des chaumières de l'Ouest. Le propriétaire a disparu, avec quelques millions d'exilés, qui ont quitté l'Irlande pour ne pas se convertir à l'anglicane religion.

Dîné dans ce site sublime : crevettes, œufs au bacon plus soda bread, bananes. Nous voulons passer une nuit civilisée et étendre nos jambes, sans heurter la poêle ou la cocotte. Le Grand Hôtel de Derrynane est complet. Nous avons couché au guest-house de West Cove. Un jardin fou rempli d'agapanthes en pleine floraison, avec des clématites, des phlox et des anémones du Japon. Il suffit d'être à l'abri du vent, et tout pousse. Les chambres, en revanche, sont fanées : le confort est un gros mot ici ! Pas d'étagère sur le lavabo et pas d'éclairage. Salle de bains à l'étage : baignoire géante, mais eau tiède.

11 août

Temps nuageux, mais longues éclaircies.

Courses à Caherciveen où le monument aux Morts, forcément dédié à leurs guerres multiséculaires contre les English, porte la date de 1916 suivie d'un tiret sans date finale puisque la guerre n'est jamais finie ici. Tout est écrit en gaélique. Nous avons renoncé à aller voir l'agent immobilier de Caherciveen car la région ne nous plaît pas. La côte est limoneuse ou bordée de hautes falaises noires surplombant des éboulis de caillasses. L'Irlande bascule vite dans la déréliction, dès que la beauté du paysage ne fait pas tout oublier. Après Caherciveen, route en corniche où nous croisons beaucoup de cars de touristes : c'est le Ring of Kerry. Grandes baies sablonneuses battues par des rouleaux, plages de gros cailloux roses et verts. Assez grandiose mais peu habité et ni port ni abri.

Déjeunons à bord du camping-car près de la plage de Glenbeigh, immense mais ouverte aux N.O. et aux vagues. L'eau est très froide et je n'ai pas de bonnet de bain, ni de rouleaux de mise en plis, ni de séchoir. En Irlande, bien sûr, les prises ne sont pas compatibles avec les nôtres.

Nuit suivante sur un Camping Site : « On dirait La Bernerie où nous allions dans mon enfance », remarque Paul, natif de Saint-Mars-la-Jaille, Loire-Atlantique. Nous buvons la délicieuse bière Smithwick pour nous retrouver en Eire.

12 août

Réveillés à l'aube par des goélands, encore plus hurleurs qu'en Bretagne, et par le soleil qui illumine nos rideaux orange : une trouvaille, cet orange transparent dans un camping-car… Nous n'avons repéré les volets à glissière que le troisième jour : encore ne se manœuvrent-ils que de l'extérieur. Juste quand je déambule, les seins nus, en train de chercher désespérément un soutien-gorge entre les espadrilles de Paul et les poêles à frire, un vieux fou déguisé en personnage de Beckett vient baragouiner en gaélique !

Chaque matin, il nous faut trois quarts d'heure pour transformer la cellule à dormir en cellule à manger : à quatre pattes sur le matelas, rouler et rentrer les sacs dans les coffres situés juste sous ledit matelas. Se souvenir où on a mis les chemises de rechange et ne pas perdre les lunettes ou l'Imménoctal dans la bagarre. Enfin, remonter la table à glissière sur laquelle on dort la nuit.

Nous guignions une maison à Port Maggee que notre agent immobilier nous avait vantée. Nous y allons. SINISTRE. Pas la maison, mais les abords et le paysage avec des dépôts de détritus le long du jardinet. Avant même de visiter, on a dit non à Sheldon.

On est repartis pour St-Finian. Vu un terrain constructible, avec une maison préfabriquée, dans un joli jardin dominant une petite Baie des Trépassés : grandiose et désolé, mais ce n'est pas là qu'on a envie d'habiter.

13 août

Amarrés quelque part dans les Heights de Dingle, entre deux grandes fermes. Sur la côte, charmante, nous voyons pour la première fois : « No Camping ». Alors nous sommes montés sur les montagnes pelées qui entourent Dingle, avec un homard acheté huit livres le kilo, soit soixante-dix francs ! Le fish shop voisinait avec une boutique de souvenirs et coquillages. Il affichait « MUSSELS, OYSTERS, FISH, LOBSTER ». En fait, assiettes en carton pleines de macédoine et d'une tranche préfabriquée de saumon, plus une rondelle de homard. J'ai demandé à la vendeuse si nous pouvions commander un homard vivant : « Oh non, il ne se conserverait pas, alors on le cuit tout de suite et on le met au frigo. » À l'arrière du restau, nous apercevons quelques caisses de poisson : maquereaux, limandes et filets de tacaud en plein soleil et couverts de mouches.

Près de Slea Head et Dunquin, côte grandiose mais désolée et à pic. Admirable. Mais impensable d'habiter là et d'y pêcher. Deux belles plages entre les falaises et, tout de suite, caravanes et files de voitures comme en Bretagne. Nous avons déjà ça chez nous, merci ! On veut la sauvagerie, plus des villages et du sable fin, mais pas de cars. Et surtout, on veut une maison avec un hangar pour abriter le bateau, notre matériel de pêche, et nos rêves.

Paul se plaisait à Dingle Heights, retrouvant sa campagne natale : bouses de vaches, ronces, meuglements. Moi, c'est ou un port ou la mer. La « cambrousse » sans rivière me plonge dans la morosité, et les lacs me font pleurer avec Lamartine.

14 août

Temps sublime, après les nuées d'hier : ici, le temps oublie toujours ce qu'il a fait la veille !

Passons chez Sheldon, le poète, pour lui dire notre déception et nos inquiétudes. Refusons une série de « villas », à Waterville, là où se prépare la ruée des promoteurs. Nous envisageons de ne rien trouver de passable : le moderne est camelote et hideux, l'ancien tombe en ruine et n'appartient à personne.

Déjeuner à Tynagh chez Michel et Chantal Déon avec Chantal de Castelbajac et deux libraires français qui n'en croyaient pas leurs yeux de voir débarquer, dans ce lieu improbable, deux autres écrivains ! La maison, un ancien presbytère carré et sans grand charme mais cossu, est pleine de ces beaux meubles qu'on possède dans les bonnes familles : ils parlent de paix et de prospérité, deux notions que les Gaéliques d'ici n'ont jamais pu expérimenter. J'ai cuisiné ma soupe de crevettes – pêchées en quinze minutes la veille –, et Chantal un énorme gigot, très bon. Elle avait envoyé son fils, un gros petit garçon déjà autoritaire et despotique, manger en haut avec le palefrenier. La fille, timide et sympathique, a dîné avec nous. Agréable déjeuner, civilisé et littéraire. Chantal raconte les frasques de Nimier, Blondin, Jean Masson… Paul embraie sur l'horrible farce jouée à un apprenti écrivain d'une quarantaine d'années venu déposer son manuscrit dans le bureau de Roger Nimier. Entre Gaston Gallimard : « Voilà notre vieux comptable, dit Roger à l'auteur : nous le gardons, parce qu'il y a très longtemps qu'il est dans la maison. » L'auteur le salue avec condescendance. Et au départ, Roger lui dit : « C'était Gaston Gallimard ! » Typiquement Nimiesque.

Le lendemain, grande marée : Michel nous conseille Kinvara. Mais il ne connaît rien à la pêche à pied ! Ce n'est qu'une vasière dangereuse où on reste englué avec ses cuissardes. Je n'y ai ramassé que de grosses moules sales.

Un peu plus loin, Parkstrand, assez jolie plage, mais sable presque noir : quelques petites crevettes. Et la moindre maisonnette vaut dix mille livres… Le port est charmant, mais pas à couper le souffle : et en Irlande, nous exigeons une beauté à couper le souffle ! Vers Galway, les falaises de Moher, elles, sont à couper le souffle. Mais là aussi, le sable est presque noir et les cars cachent la lande de bruyères.

On nous conseille d'aller visiter une magnifique presqu'île à vendre à quelques miles de Carna. Elle est bordée de criques de sable blanc, semée de roches de granit gris et rose qui font place, en remontant, à des champs d'iris sauvages et de chardons bleus. Et plus haut encore, on aperçoit un petit lac, plein de truites et de saumons, paraît-il. Une affreuse maison très haute et les habituelles chaumières en ruine, çà et là, abritées par un vieil arbre chahuté par trop de tempêtes et qui survit, échevelé, presque couché au sol par le vent dominant. Le prix de ce trésor ? Quarante-cinq millions ! « Que ça doit être grisant d'être un milliardaire et de pouvoir dire : J'achète », remarque Paul.

Du coup, nous n'avons plus envie de notre camping-car et nous allons dormir à Cashel, à l'hôtel où couchèrent de Gaulle et Tante Yvonne.

16 août

Repris la route pour visiter une « chaumière les pieds dans l'eau ». Elle reste introuvable malgré la carte d'état-major. Dans cette région, ils ont gardé leurs habitudes de guerre : ne jamais renseigner l'ennemi ! Pas un écriteau pour la direction, ni le nom d'un village, bien qu'ils soient indiqués sur la carte.

Désespérant de trouver une maison toute faite, nous acceptons de visiter des terrains. Sheldon nous a montré un champ à Caher Daniel : un pré pentu donnant sur une immense baie qui assèche et où le sable se transforme en vase, à marée haute. Impossible. Puis nous visitons un terrain d'un hectare à Derrynane, d'un romantisme échevelé et sublime : il y a un permis mais il faut construire cinquante mètres de route pour arriver au terrain. Petit port abrité à un kilomètre environ. Une vue à couper le souffle : « Oustanding of beauty », comme ils disent.

Puis nous en avons visité un autre, à Castel Cove, en contrebas de la grande route, mitoyen à une belle propriété très bien plantée, qui descend vers la mer. À droite, criques et plage de sable blanc. Derrière, admirable paysage désolé d'ajoncs et de roches. Très « oustanding » aussi ! Plus cher, mais plus facile d'accès. Et moins désolé.

J'écris, cachée dans mon sac, près de mon gisant dans le sien. À notre droite, une île, la mer, une plage : un résumé de l'Irlande ! Derrière, le petit quai où pend notre casier. C'est Castel Cove.

17 août

Réveil sublime et chaud : 18,20 °C. On a relevé notre casier boetté[1] aux crabes ramassés à la main : pas mal de bouquets moyens, quelques gros. S'il y en a dix, il y en a mille !

Pour la première fois, on a gonflé notre pneumatique et nous sommes partis entre les rochers vers

1. Boetter : garnir les casiers d'appâts.

Castel Cove. Je mets ma paravane[1] à l'eau : un choc ! Je crois avoir touché durement le fond. Je remonte un pollock (lieu) d'un kilo et 48 centimètres de long : « Assez, on arrête, dit mon pollock. — D'accord. » Je remets à l'eau pour rembobiner la ligne. Mais je voudrais un maquereau pour le casier : je laisse filer la ligne. Autre choc… Et un deuxième pollock d'un kilo ! Je remets pour rembobiner : un petit lieu portion – une misère – qu'on remet à l'eau. On garde les deux grosses têtes pour le casier.

Nous sommes allés déjeuner à Sneem pour manger des « seacrayfish », écrevisse dans le dictionnaire. On commande : une énorme langouste nous est servie ! Il paraît que seacrayfish, c'est langouste et rivercrayfish, écrevisse. Mais nous dit le patron : « On ne trouve d'écrevisses que dans les marécages américains. » Voire, dit Grangousier… La langouste, cinq livres la part, le homard, quatre !

À Sneem, on a demandé à un boucher s'il avait des cervelles car les Irlandais ne mangent pas les abats, et ils ne tuent pas les lièvres : « Parce qu'ils pleurent… » Il nous en a apporté deux ou trois mais on les a payées au poids et non à la pièce, car elles étaient en pièces ! Une bouillie !!

L'après-midi, petit coup de filet une heure avant la marée basse : beaux bouquets. Je fais un signe convenu à Paul qui met l'eau à bouillir. « Ne prends que les grosses, crie-t-il. Ne prends que ce qu'on pourra manger… »

1. Paravane : ligne de pêche en mer.

On a dîné d'un lieu beurre crème et pommes à l'eau. Plus, bien sûr, entrée de bouquets !

Nous avons revu nos deux terrains. On préfère définitivement celui de Castel Cove, pour une raison majeure : on peut garder un bateau mouillé tout l'été en bas du jardin. Abri total, grâce à de longues îles. Et le petit port homardier de Derrynane est à cinq minutes en voiture.

C'est décidé, on l'achète, et on fera construire ! On est très émus… Un peu incrédules aussi : n'est-ce pas une folie, une quatrième maison, à notre âge ?

18 août

Après une grasse matinée, nous sommes partis relever notre casier. Beaux bouquets, juste bien pour nous deux à déjeuner. Puis le deuxième pollock, froid mayonnaise.

Au retour, nous avisons trois clochards qui rentraient de pêche dans une barcasse ignoble, tous les trois vêtus de complets-vestons en loques : nous leur avons acheté une dizaine de grosses pinces de tourteaux dont ils étaient en train de jeter les corps à l'eau. Acheté… Même pas, ils me les ont données : « No good to eat them. » Ils en avaient gardé une cinquantaine qu'ils ont fichues dans un seau : pour les bêtes, sans doute. « Tu imagines la mort lente de ces tourteaux sans pince », me dit Paul.

Partis ensuite pour Caherciveen voir notre notaire, un grand barbu un peu fou, entouré d'enveloppes déchirées qui lui servent de dossiers, manifestement pas au courant de notre affaire. Attente dans un couloir sans chaises. Finalement, il se souvient du coup de fil de Sheldon ! Il nous prépare les papiers et nous viendrons signer le 20.

21 août

Ce matin, nous avons rencontré notre architecte qui sera notre voisin. On a commencé à faire des plans : on veut du simple avec des grandes ouvertures pour profiter au maximum de la vue. Il nous enverra les plans définitifs dans un mois avec le devis. Et très vite, les travaux démarreront.

On dessine des plans toute la soirée !

23 août

Réveillés très gais ! D'autant que nous n'avons jamais connu la disgrâce de nous réveiller sous la pluie, ni même par un ciel sinistre.

Mais voilà que ce matin, Paul s'aperçoit qu'il devrait déjà être à Portsmouth pour le départ de la Course autour du Monde. Il feint de croire qu'on devait être au Havre le 25… Bref, on fonce vers l'aéroport de Cork. La grève de BEA sera totale, dès jeudi. L'avion de 10 heures est parti, reste Air Lingus pour Londres à 18 heures. Paul se voit une chance sur dix. Moi, je lui en vois neuf sur dix : premièrement, parce que c'est rare qu'on ne vous embarque pas, quand vous êtes une personne seule. Deuxièmement, parce que Paul a toujours de la chance.

On s'installe au Jury's Hotel et on repart à l'aéroport sous une pluie battante, qui me confirme que je vais bien rester seule, dans les plus tristes conditions. Effectivement, Paul embarque. Et je reste seule, avec le tank surchargé.

Demain, j'embarque dans le ferry. Puis la route Le Havre-Meaux. Décharger le tank et charger la Simca. Régler la note puis rentrer à Paris, en roulant à droite. Repartir le surlendemain pour Doëlan avec le bateau, le moteur, le casier, le linge sale. Bref, une triste fin de voyage sans mon Pollock (lieu en anglais, et surnom de Paul !).

24 août

Embarquée à l'heure, après les deux heures de queue habituelle. Du monde, mais pas surchargé comme à l'aller. Je suis seule dans ma cabine, Paul ayant rendu la sienne. Mais alors qu'à l'aller on avait une cabine de quatre, avec douche et WC, plus une fenêtre sur la mer, là, sous-sol : une niche noire avec une toilette tricentenaire dans un coin.

Dès le départ, ça bouge, forte houle. Dans la cabine, un bruit infernal et périodique. Presque personne au Vicking, le restaurant tout à fait à l'avant, qui plonge dans les vagues d'une manière spectaculaire. Les touristes feraient mieux de ne pas aller en Irlande, quand ils ont le mal de mer ! Je vais à la cafétéria où des jeunes, avachis sur leurs sièges, contemplent avec horreur la nourriture qu'ils ont commandée. Tout le monde marche comme un homme saoul.

Je m'endors, en me répétant que nous sommes propriétaires d'un terrain, et bientôt d'une maison dans le Kerry, en Irlande…

1978

10 août

Fokker de la TAT où Paul est dans l'incapacité de caser ses jambes : il n'y a pas la longueur de son fémur ! On nous installe à l'avant avec les sièges de devant rabattus.

Partis par un grand bleu de Doëlan, avec quelques nuages à Rennes, où nous prenons notre avion. On distingue dans la mer les longues coulées de l'*Amoco Cadiz*. Arrivée sur une Irlande opaque.

Le camping-car nous attend. Premier corbeau écrasé à cinq kilomètres de Cork. Vers Macroom, il se met à bruiner. À Kenmare, il pleut. À Tahilla, ce sont des trombes. Nous avons décidé de coucher plus souvent à l'hôtel, cette année : et c'est justement à Tahilla que nous passons notre première nuit. Nous avons la plus belle chambre d'angle, au rez-de-chaussée. Devant la grande fenêtre, les palmiers dracaenas se découpent sur la mer ; et décidément ce ne sont pas les mêmes dracaenas que me propose Erwan Tymen, mon jardinier breton :

ceux-ci se divisent, non au départ, mais juste avant les touffes.

Accueil jovial de notre hôte qui nous mène à notre chambre et ferme une fenêtre sur trois laissant l'air, si sain, pénétrer jusqu'au fond de nos lits. « It was nice yesterday ! » affirme-t-il gaiement.

La salle de bains-WC a une fosse septique qui, à vue de nez, refoule. La cuvette de la toilette est fendue de tous les côtés. La moquette est impie. C'est l'Irlande !

11 août

La nuit dernière, j'avais pris mon somnifère, et je n'ai pas entendu que nous avons failli être cambriolés par un rat d'hôtel. Paul se réveille vers 2 heures et voit une silhouette derrière le rideau, découpée par l'éclairage du port. Il croit que c'est moi qui regarde s'il pleut toujours. La silhouette se déplace dans un silence professionnel à travers la chambre et Paul marmonne, à son habitude, comme chaque fois que je me réveille : « Humm ? » Le rat, pris de peur, file vers la porte-fenêtre, cognant au passage le pied de Paul qui débordait du lit. Le rideau se met à voler, porte-fenêtre grande ouverte. Trente minutes plus tard, Paul a vu passer une silhouette dans le jardin, après divers bruits dans le couloir. D'autres chambres ont été visitées car ce matin, le patron a donné l'ordre de faire un rabais aux clients victimes…

12 août

Levés à 7 heures 30 pour aller pêcher à Tahilla Cove, avant notre départ. J'y suis allée trop tôt : j'ai tout de même pris de beaux bouquets et beaucoup de crevettes moyennes, plus des pétoncles et d'énormes bigorneaux.

Puis on a filé chez nous, à Bunavalla ! Chez nous… On a contemplé les fondations, les murs et le toit de notre maison… Et on a pique-niqué sur notre terrain : ma pêche et pain beurre.

L'après-midi s'est passée en longues discussions avec notre architecte.

13 août

Comme c'est presque une grande marée ce matin, je suis allée sur la plage juste avant le village de Caher Daniel. Presque toute ma pêche, magnifique, dans une « marette » comme dirait Michèle Rossignol, grande pêcheuse à pied aux Chausey où elle a une maison. Dans une vraie mare, quelques oursins très pleins.

On s'est fait cuire ça depuis le Scariff Inn Orange, juste au-dessus, d'où on pouvait admirer « notre » paysage.

15 août

Bon vent de suroît. Nuages bas qui traînent. Averses lourdes.

On a fait visiter notre terrain et notre maison inachevée aux Dabadie – Jean-Loup et Marie arrivés hier avec leurs fils : Florent – Flotte ! – et Clément. Déjeuner au Scariff Inn peint d'un orange éclatant, ce qui permet de le distinguer dans le brouillard qui nous a emmitouflés pendant tout le repas : « Comme c'est beau, s'est écrié Clément, on se croirait à Courchevel ! » Trente secondes d'éclaircie nous ont tout de même permis d'apercevoir l'admirable baie de Derrynane Harbour, occupée par une dizaine de petits bateaux.

On a commandé du crabe, inscrit à la carte : « No crab. — Alors, haddock ? — Y en a pas. Les bateaux ne sont pas sortis. — Plaice ? » Y en a pas ! On retombe sur l'éternel saumon.

Après le déjeuner, départ pour la presqu'île de Beara, entre Kenmare et Bantry Bay. Visité les jardins tropicaux de Derreen, pleins de rhododendrons géants et de fougères arborescentes, comme en Guadeloupe. Les palmiers, que je croyais dracaenas, seraient des Cordalines, Australian Cordalines, et s'achètent chez Brown et Thomson, à Cork. Belle propriété qui s'ouvre trois fois par semaine aux visiteurs.

À Kenmare, c'était le marché aux bestiaux. Comme il tombe une averse toutes les heures, le sol est couvert de dix centimètres de bouses que corsent les longues pisses des bovins empilés dans tous les coins. On aurait dit la Foire de Cricquebœuf, décrite par Flaubert ! Des paysans, comme on n'en fait plus chez nous.

De là, on a suivi un écriteau « Irish Pub » et on est arrivés dans un de ces bouts du monde, comme on en trouve en Irlande. La salle, jonchée de sciure et de mégots, pleine d'hommes debout, riant et discutant : vieux et jeunes paysans. Des gueules insensées. Quelques hippies aussi, sac au dos. Tout ça sale, fraternel, joyeux.

L'année dernière, c'était la grève des postes et des banques : ça a duré tout notre séjour. Cette année, grève de l'électricité : hier, plus de chauffage – et il en faut – ni d'eau chaude dans l'hôtel de luxe choisi par les Dabadie, à cause de la télé pour les enfants. Flotte avait 40 °C, ce matin. Et leur Mercedes était en panne !

Très bon dîner au Great Southern avec homard frais, mais beaucoup trop cuit. Appris par Jean-Loup Dabadie que Bertrand Poirot-Delpech était tombé fou amoureux de Claire Bretécher et qu'ils filaient le grand amour en Grèce.

En rentrant, belle lune et vent calme. Espoir ?

J'ai attaqué Paul sur ses dents : fin de non-recevoir. Mais on en a reparlé plus tard. Il y a des dégradations qu'il ne faut pas accepter : une façade noire et branlante est de celles-là ! C'est même parmi les pires. Je suis sûre qu'avec des dents vertes, Kurt ne m'aurait pas reséduite. Et se battre, c'est fou ce que ça paie : on gagne dix ans au moins, c'est dix pour cent de sa vie. Je crois que je l'ai convaincu de se faire soigner à la rentrée.

16 août

Dernière nuit avec les Dabadie à dix kilomètres de Killarney, dans un hôtel luxueux et isolé, avec d'admirables chevaux beiges très pâles et à crinières blanches qui paissaient sur un véritable golf. Chauffage central marchant à fond.

17 août

On se réveille avec une tempête de vent sur les arbres et les crinières de nos chevaux : ça fait le bruit de la mer dans les frondaisons. Ensuite, c'est la pluie. On voit sur *France-Soir* que la semaine a été splendide en France.

On a déjeuné à Macroom dans un pub : on commande deux œufs au bacon. On nous apporte une des deux assiettes avec le bacon seul : plus d'œufs ! Et puis, cinq minutes plus tard, on leur livre et ils nous en apportent deux !

18 août

Nous sommes allés pour la marée basse de 14 heures dans une sorte de retenue, coupée de la mer par un muret protégeant d'énormes sacs de crevettes – elles-mêmes énormes – pour l'exportation. « I don't eat that sort of things », me dit un Irlandais avec une grimace dégoûtée. Pas trouvé une crevette dans la mer libre. La fille, à qui appartenait un des sacs de ces choses horribles qu'achètent ces fous d'étrangers, m'a affirmé que je ne trouverai aucune crevette dans le coin. J'ai tout de même donné un coup de filet dans cette espèce d'immense étang : pas mal de petites crevettes ! De quoi faire une soupe demain.

Ce soir, on s'est régalés avec les petites moules et les palourdes – excellentes – que j'ai presque cueillies à la main.

20 août

On a décidé d'aller essayer le bouquet dans la Cashla Bay de Costelloe. Mais pendant que j'avais le nez sur ma carte d'état-major, on s'est trompés de pont et, dix kilomètres plus loin, on se trouvait au bout de la dernière île, la Grande Gorumna : et au bout de la route par la même occasion. Et au bout du continent européen ! Il était midi, la marée était foutue. Alors, on a essayé où on était. Premier coup de haveneau : vingt crevettes splendides qui n'avaient jamais été dérangées, c'était visible. Et des moyennes, bonne moyenne ! Paul a cueilli des bigorneaux énormes et des petites huîtres – mais orange à l'intérieur et qui sentaient fort comme les violets – quelques pétoncles – exquises – et de très grosses moules. Et dire que les Irlandais sont morts de faim, il y a un siècle… On a dégusté le tout sur le site, avec de la vodka. Et omelette aux pointes d'asperges.

Fort vent d'est mais, à l'abri, on avait chaud. Un vrai soleil que je serais volontiers restée à prendre, au creux d'un rocher, entre les bruyères et les ajoncs en fleur. Mais Paul rêvait de voir le lac Corrib, près d'Oughterard. On est partis par une route semée de dos d'âne, dans un paysage décharné et splendide : crevé de lacs, labouré de tranchées de tourbe, traversé de ruisseaux à écrevisses clairs comme des torrents de montagne.

À Oughterard, on recherche un coin où s'installer. Mais les rares berges habitables étaient interdites au camping. On se sentait gitans ! Et comme nous commencions à nous sentir à l'étroit dans nos sarcophages, nous avons décidé, à l'unanimité, de prendre une chambre d'hôtel. On a trouvé un B and B, charmant cottage à jardinet, et on y a dîné au bord du lac : des moules à la crème comme nous n'en avions jamais mangé ! Pas trop salées, énormes, moelleuses, iodées. Des merveilles.

Le lendemain, c'était marché à Oughterard. Pas moyen d'acheter une truite ou un saumon frais dans la capitale de la mouche. On n'achète que des produits en boîte, généralement anglais.

En résumé, Gorumna est une très belle île, mais on a le sentiment troublant de se trouver au bout du bout du monde. Le paysage est bouleversant, mais nous n'aurions pris une île dans le Connemara que si les Déon en avaient pris la moitié. Je suis sûre qu'on y devient fou l'hiver…

21 août

Comment accepter, à cinquante et quelques années, de ne plus pouvoir lacer ses chaussures sans souffler et de lever difficilement la tête vers le ciel, parce que la nuque est raidie et le dos voûté ? C'est inadmissible. Je parle de Paul, bien sûr ! Mais cela me donne envie de faire quelque chose cet hiver pour garder ma forme. Gym ? Au pire, oui ! Ce que j'aimerais, c'est faire de l'aviron : mais comment avoir un canot à Hyères ?

22 août

Paul est allé faire « ouigi » (pipi !) et j'ai empoigné mon haveneau pour aller explorer une petite baie très prometteuse juste avant Costelloe. En trente minutes grisantes, j'ai pris plus d'un kilo de crevettes, mais moyennes. Un seul bouquet, plus foncé et plus opaque, s'était fait prendre pour me montrer la différence. Le paysage marin est magnifique, mais la campagne est désolée. On y lit encore l'abandon des habitants gaéliques – petites fermes incendiées, chaume défoncé, barrières entre deux champs et, partout, ces murets de pierres sèches pour borner des champs minuscules où on peut lire l'histoire des pauvres gens, tenus de verser la moitié de leurs récoltes à l'occupant anglais.

On tourne la caravane vers la mer pour ne pas lire la triste histoire de ces chaumières éventrées qui crient encore leur malheur, deux siècles plus tard. Dans les pubs se réfugient la vie et la chaleur de ceux qui restent. Déon nous avait conseillé celui de Carna : tout est plus irlandais que nature dans ces ports du Connemara. Le pub ressemble à un décor de théâtre pour une pièce de Synge. Pour la figuration, assis sur les banquettes, une bonne sœur en cornette, un jeune prêtre « si beau qu'il fait pâlir le ciel », deux jeunes filles rousses aux yeux très pâles qui prennent le thé. Dans l'autre coin, un jeune géant à longue chevelure blonde orangée, avachi devant cinq ou six pints of beer, semelles béantes, discutant avec un vieil Irlandais à chapeau mou informe – saoul lui aussi – un gros trou dans son pantalon qui a dû être un beau tweed, il y a dix ou vingt ans… Ils étaient là apparemment depuis des heures et leurs éclats de voix ne semblaient pas déranger le sommeil d'un vieux paysan allongé de tout son long sur une banquette.

Notre Guide Bleu indique quelques ports de pêche à la langouste. Mais ni bateaux ni traces d'activité, dans les deux ou trois anses avec des digues plus ou moins effondrées. Nous apercevons quelques barques rassemblées à bord desquelles on ne voit que des fourches : en fait, ils pêchent du goémon pour engraisser leurs champs ! On ne croise d'ailleurs que des charrettes de tourbe ou de varech.

23 août

Arrêt à la shop énorme de Molls Gap, moche. Acheté l'incontournable clover leaf de l'Irlande pour la mère de Paul et une couverture mohair, mauve et rose, pour Blandine. Finalement il n'y a que ça à acheter ici : encore sont-elles rarement très belles de couleur. C'est beau par erreur !

Je n'ai pas osé demander à Paul d'aller à l'autre Handicraft, sur la route de Killarney. Comme tant d'hommes, il déteste « magasiner » comme disent les Québécois. Et puis, « tout est toujours si laid », répéte-t-il. Et alors ? Et après ? Il ne comprend rien au lèche-vitrines, aux achats, à la curiosité ! Et puis la route le fatigue beaucoup. Il s'endort à 21 heures. C'est vrai que nous avons sans cesse roulé sur des petites routes épuisantes, et à gauche. À chaque carrefour, il reprend ses réflexes de France.

Nous sommes au fond de la baie de Bantry, dans un charmant petit hôtel, devant deux bras de mer peuplés de cygnes. Les rives escarpées sont boisées. C'est très alpestre.

Glengarriff, traversé tout à l'heure, le Port-Manec'h de l'Irlande : plein d'hôtels et de villas, de jeunes campeurs et touristes de toutes nationalités. Beaucoup de magasins…

Hier, au dîner, huîtres minuscules à vingt francs les six, et saumon frais. Un Canadien français nous fait porter une bouteille de Bescherelle. Nous allons à sa table. Grand vieux manager à cheveux blancs. Seul. Il arrivait de Montréal et était tout ému d'entendre parler français. Accent terrible, il dit : « icitte et moué. » J'adore l'entendre ! On a bu une vodka avec un jeune Irlandais de ses amis, très inquiet du vote français et stupéfait que des Français comme nous, ayant une maison sur la Côte d'Azur, aient voté socialiste !

24 août

Dormi le long de la rivière salée. Réveillés par un soleil admirable. Pas une nuée de quelque côté qu'on se tourne. Ce n'est pas normal ! Les cygnes (cabalistiques) descendent majestueusement le courant parmi les algues (mirliflores).

Ce matin, j'ai trouvé, au pied d'un chargement de goémon, deux huîtres et pas mal de palourdes qui cherchaient désespérément l'eau dans l'herbe de la rive avec leurs pauvres pédoncules. Rejeté les palourdes à l'eau et mis les deux belles huîtres plates dans un bol d'eau de mer. Les avons dégustées au petit déjeuner : excellentes belons ! Puis œufs coque, jus d'orange, Irish dairy milk.

Nous lisons l'Olievenstein : – *Il n'y a pas de drogués heureux* – très intéressant : c'est son itinéraire spirituel et intellectuel. Belles pages sur le phénomène hippie des années 60 avec ce qu'il a apporté et changé dans nos modes de vie.

26 août

Nos valises sont faites et nous partons… Déjà !

Nous comptions dormir à Cork dans un hôtel agréable. Tout était complet. On a dû se rabattre sur un affreux caravansérail plein de calèches et de cars de touristes. À 21 heures, on ne servait déjà plus de dîner. Quant au petit déjeuner, on ne pouvait pas le prendre avant 9 heures. Ni partir avant cette heure, faute de personnel à la réception ! Alors on a payé et le portier nous a apporté des sandwiches de dindonneau dans le hall sinistre, au milieu des pauvres gueules des clients déversés ici par des voyages organisés au rabais.

La toilette, sans paravent, fait gulp-gulp sans arrêt toute la nuit. Les oreillers, douteux, sont grands comme des cache-théières ! J'ai été prendre un bain à l'étage ; baignoire pas nettoyée depuis quand ? Cernes noirs et poils au fond. Serviettes usagées par terre. Chambres cellulaires à énorme verrou : on se jurerait en prison. Absence de personnel et anonymat. Laideur et saleté. Cela sent la frite dans les couloirs, mais impossible d'en manger !

Paul ressent une certaine angoisse, d'autant qu'il lit les descriptions du monde asilaire par Olievenstein. Cet abattoir à touristes et à gogos est terrifiant.

Avec la pluie et la distance, plus question d'aller rôder dans la Cork pittoresque, hélas. Il est vrai que j'ai déjà acheté trois couvertures : une beige et noir et une autre « en tons layette », dit Paul, rose gris et bleu très doux que je garderai en attendant le premier enfant de mes filles. Il m'en faut encore une pour Michèle Rossignol. L'air ahuri de Paul chaque fois que j'en achète une…

Cork, c'est la Naples de l'Irlande. Sale. Papiers qui traînent partout, mauvaises odeurs, gens qui crient. Un vrai Sud en miniature !

Les travaux de notre maison devraient être terminés au printemps.

1979

25 mai

Arrivés il y a trois jours : la maison est à peu près terminée et nous y campons.

Nous avons apporté beaucoup de petits meubles, d'objets, de lampes. Journées laborieuses. Paul garde le sourire. Commandé quatre lits, moquette pour les trois chambres, et j'ai posé tous les stores du living. Mais pas trouvé d'étagères de salle de bains. Pas d'armoire à pharmacie. Pas d'égouttoir plastique. Pays qui attend tout du dehors.

28 mai

J'ai fait les rideaux des deux chambres d'amis. Les tringles de bois seront posées ces jours-ci. O'Sullivan, entrepreneur, livre demain nos pierres plates pour la grande terrasse. Trouvé une gardienne en la personne de Sheila O'Shea, femme de Sean O'Shea qui nous aurait emmenés aux Skelligs Rocks demain, si on avait été libres. Elle habite à un kilomètre en dessous de notre maison. On nous livrera un tracteur de tourbe cet été. On en use presque un grand sac par jour. Mais quelle satisfaction de faire un feu dans la petite cheminée et d'avoir de l'eau chaude. Les radiateurs ne marchent qu'au feu de tourbe : je suis assez fière de notre réalisation. À part la caisse de vaisselle blanche oubliée à Hyères, nous avons réglé tous nos problèmes.

Me suis aperçue que Foxall, lui, avait « oublié » tout moyen de chauffage dans la salle de bains. Une serviette humide le reste plus de vingt-quatre heures, alors qu'il fait beau. On a commandé une applique éclairante et chauffante et une tringle chauffante pour les serviettes.

On a choisi les couleurs : échappé au vert pomme pâle que le peintre allait appliquer sur la porte pivotante du garage. On a pris du vert foncé. Choisi du bleu marine pour les portes du couloir. Fait poser les carreaux bleus, apportés de Paris, car Foxall n'avait à proposer que des carreaux flamme chinés, même en bleu marine.

Dégotté au magasin de Hardware de Waterville l'affiche inouïe d'un chanteur qui chantera cet été. Jamais vu une tête pareille : clochard poilu, chevelu, vieux, hirsute, en veste loqueteuse.

L'Irlande… déjà les trois promenades que j'y ai faites, même seule, m'ont charmée… Bruits de ruisseaux partout. Des jacinthes sauvages, mille fleurs presque disparues chez nous. Une campagne authentique. Et partout, les moutons et les agneaux.

30 mai

Je me demande si, parfois, je ne vois pas poindre l'horrible sagesse, la minable résignation : ce n'est pas lassitude ou fatigue physique, c'est la vue répétée des atteintes irréversibles de l'âge qui arrivent de partout. Me reprend l'envie de supprimer toute cette sale peau en trop qui gomme les contours. Hier, c'était le menton : première fois que je m'avise qu'il n'est plus lisse et rond, mais un peu tavelé et marqué de légers trous. Déjà, au-dessus de la lèvre supérieure, des rides verticales se dessinent, particulièrement disgracieuses.

25 août

Michel Déon, tout bruni par les deux mois de soleil exceptionnel que vient de connaître l'Irlande, est venu inaugurer notre home. Le réchaud électrique et le frigo marchaient. On avait acheté deux homards, des salades et du pâté de foie de volaille dans le restaurant de Hunt.

Aujourd'hui blanc, et splendidement beau et chaud. Mais une lumière pas du tout irlandaise : une lumière de n'importe où qui voilait les lointains. Une mer brillante et lisse.

28 août

Paul refume. Cigarettes entre les plats à table, quand il travaille, dans la voiture. Après la divine surprise de son arrêt total, retrouver tous les cendriers pleins, recevoir la fumée dans le nez, le voir téter les mégots, ça me déprime. Le whisky, c'est reparti depuis longtemps déjà. Enfin, cela n'a pas l'air de gêner les personnes qui s'intéressent à lui ! Pas plus que sa canine cassée au ras, en mangeant des rillettes, ce qui en dit long sur l'état de sa denture ! Mais il ne se précipite pas chez le dentiste, malgré mes remarques en gros sabots.

30 août

Nous avons eu un dîner où on s'est dit soudain ce qu'on ne s'était jamais dit :

Lui : « Il y a beaucoup de choses que tu n'aimes pas en moi.

Elle : Moins que dans la plupart des couples. Et avant, ce que je n'aimais pas me faisait souffrir : maintenant, cela m'ennuie seulement. »

Ce qu'elle ne dit pas : comme c'est reposant de ne plus aimer ! Peut-être serait-il plus exact de dire ne plus être amoureuse. C'est vrai que tout est changé. Elle ne se dit plus : « Il faut que je sois brillante, que je LE séduise. » Elle se laisse exister tout simplement. Et advienne que pourra. On a parlé aussi de « L'Impromptu de Paris », émission qu'il faisait à la radio, et de celle qu'il faisait, tous les week-ends, dans une ville de France, produites par Aimée Mortimer. Il partait tous les samedis matin en province. Je ne l'ai accompagné qu'une fois ou deux, car j'avais les filles à garder, le dimanche. Il me semble aujourd'hui qu'il y partait avec Marie-Claire Duhamel, ma « rivale », celle qu'il a vraiment aimée et qui m'a tant fait souffrir. Mais il m'a répondu qu'il avait de bonnes raisons de savoir qu'il n'était pas avec elle.

« Avec qui, alors ? l'ai-je interrogé.

— Aimée Mortimer se demandait chaque semaine avec quelle comédienne, chanteuse ou assistante je passerais mon week-end à l'hôtel. »

Drôle ! J'avais l'impression globale que Paul était un terrible amateur de femmes en tous genres, un terrible trompeur, et pourtant, ponctuellement, je le soupçonnais peu. Par une innocence native, je n'ai pas imaginé le dixième : sinon, comment aurais-je survécu à tous ces week-ends ? Dans quel état ? Lui s'en accommodait divinement. Au fond, il m'a trompée tout aussi légèrement, et souvent, qu'il trompait Nicole, sa première femme. Que je l'aime plus ou qu'il m'aime plus (ce qui n'est pas prouvé) ne changeait RIEN à sa conduite.

Aujourd'hui, il est triste de mon indifférence. Il ne voudrait certes pas que je sois malheureuse, mais il ne voudrait pas non plus que je ne le sois pas du tout. Toujours cette utopie qui l'habite, à savoir qu'on peut continuer à aimer avec la même passion et accepter que l'autre ait besoin, ou envie, de mille autres plaisirs. J'accepte à merveille : parce que j'aime beaucoup moins. C'est aussi tristement simple.

« Nous avons de profondes divergences tout de même. Tu exprimes nettement que tu condamnes nombre de choses, de traits de mon caractère, insiste Paul.

— Pas sur des sujets essentiels : ni sur la religion, la politique, la liberté, nos enfants. Pas de divergences fondamentales : pas sur les idées en tout cas. C'est l'essentiel. Sur les comportements, peut-être. Mais moins que les autres couples.

— Je ne trouve pas.

— Cite-moi des couples plus unis sur l'essentiel, à condition bien sûr que l'un des deux ne soit pas écrasé, qu'ils aient chacun une personnalité. Si ELLE se tait, évidemment les divergences ne se voient pas.

— Pourquoi tu dis ELLE ?

— Parce que ce sont toujours ELLES qui sont gommées. C'est Michèle qui s'est tue pendant vingt ans, c'est Marie Dabadie qui n'ouvre pas la bouche. Bénita Poirot-Delpech, belle et muette. Les hommes en tout cas existent, ne serait-ce que professionnellement. »

1er septembre

Cette énergie que je ressens, cette allure jeune qui me fait passer pour jeune, dans quelle mesure les dois-je à Kurt ? Cette sensation d'être aimée à la folie vaut toutes les crèmes de jouvence. Mais comme le dit ma chère Michèle, l'avenir n'est plus qu'une peau de chagrin. Cette sagesse d'attendre encore deux mois pour le voir, n'est-ce pas la suprême folie ? La connerie majeure ? Et s'il tombait malade, paralysé, infarcté, quel espoir de refaire l'amour ? De le refaire comme ça, surtout. Mais sa femme menace de le quitter à chacun de ses départs même si, officiellement, elle ne sait rien. Et il a peur de rester seul, et à moitié ruiné, en cas de rupture. Aura-t-il le courage de foutre sa vie en l'air – à soixante-dix ans – sans engagement de ma part ? Il se désespère de mes atermoiements et je le comprends. Mais ce serait criminel de lui faire des promesses que je ne suis pas sûre de pouvoir tenir. Mais renoncer à nous, quel suicide, quelle impardonnable folie… Pour nous deux.

Moi qui ai toujours vécu sur des sables mouvants avec Paul, je marche maintenant entre deux certitudes : son amour et celui de Kurt. Le premier, je ne peux plus en profiter pleinement. Les beaux jours passés ne sont plus à venir. Et le deuxième, je n'en profite qu'épisodiquement, mais d'une manière qui me comble et illumine les autres jours. Situation ahurissante : être plus aimée à cinquante-neuf ans qu'à quarante !

2 septembre

À bord du *St-Killian*, 22 heures.

Quitté Bunavalla avec nostalgie. Déjà ! Encore un endroit à aimer : il est vrai que je n'aimais pas vraiment Doëlan jusqu'ici. Et Hyères ne me tient pas au cœur. La maison, oui. Mais le jardin me laisse assez froide : cette façon de fleurir, comme un fou, au printemps. Trop de roses, trop d'anthémises : on sent que les rosiers, trop sollicités, vont en crever ou rester traumatisés pour trois mois. Et puis les chats, qui chient sur les lavandes, me font chier !

Nous sommes arrivés de justesse, après trois cents kilomètres à quarante à l'heure de moyenne malgré un trois-tonnes-cinq vide. Paul a conduit comme un camionneur fou sur les routes étroites et sinueuses. Très beau jusqu'à Killarney : petits lacs roses du reflet des parois de roches lisses et mauves qui précèdent les forêts de rhododendrons en fleur. Après, ça se banalise. Mais les routes restent étroites et pleines de camions. On allait de plus en plus vite…

1980

29 février

Kurt est arrivé à l'heure à Roissy : pour un voyage professionnel, a-t-il dit à sa femme. Inchangé. Pas un brin d'âge en plus. Il a tout de même soixante-dix ans. On a hésité à passer rue de Bourgogne avant d'embarquer pour Cork, vite faire l'amour pour voyager plus léger ! Je l'aurais fait si j'avais su que l'avion aurait deux heures de retard.

Notre voiture de location nous attendait et nous avons dormi à Cork, où nous avons passé la matinée à faire des courses pour la maison : nourritures terrestres et des couettes et des draps, pour les chambres d'amis.

Déjeuné à Macroom, puis agréable route jusqu'à Bunavalla, même si la conduite à gauche, le volant à droite et les routes étroites rendent le trajet un peu fatigant. Foxall, notre architecte, nous attendait pour discuter des finitions. Kurt était ravi de parler argent et détails matériels. La lumière était merveilleuse.

Kurt est ébloui par le Kerry. Non, on ne s'est pas trompés : notre site est époustouflant. De toutes les fenêtres, c'est un carré d'Irlande puissance dix que l'on voit. Murets, champs verts, montagnes violettes, vaches toujours perchées au sommet des rochers. Puis les rochers du jardin et le sublime port, avec un magnifique bateau ancien à voiles brunes, mouillé au milieu. C'est proprement « amazing » de beauté. Kurt, assez blasé, n'a jamais rien vu de pareil.

2 mars

Ces quinze jours avec Kurt me paraissent quinze jours consacrés à moi-même : quinze jours où ON s'ingéniera à me servir en m'épargant tout effort, toute corvée. Et puis entendre à toute heure du jour et de la nuit : « I love you » déclenche en moi une giclée d'hormones bénéfiques, comme « haut les mains » déclenche une poussée d'adrénaline ! Répété dix fois par jour, c'est un traitement.

Avec lui, mes habituels schémas s'inversent. Il m'admire tellement et me désire tellement – et ne craint pas de le dire sans cesse – que je suis enfin rassurée. C'est lui qui me materne, me sert, et m'aide à écrire en me facilitant la vie matérielle. Je ne lui « vole » rien en me retirant dans mon travail égoïste d'écriture. Il est MA FEMME ! Et c'est d'une femme dont j'ai besoin : douce, dévouée, et effacée quand il le faut. Avec en prime, ce miracle d'être un homme la nuit !

Certes, que j'aime Kurt, c'est une anomalie. Et que je le fasse m'aimer est presque une escroquerie. Il faut dire qu'il y est venu tout seul. Mais c'est peut-être pour cela que notre amour est précieux, increvable, miraculeux : il ne devrait pas exister. En fait, il y a d'innombrables façons de tomber amoureux. Avec lui, tout a toujours démarré au quart de tour, comme déjà il y a trente-cinq ans. Pareil quand on s'est retrouvés, il y a dix ans. Avec Paul, c'est l'intellect qui a commencé puis tout déclenché : j'ai tout de même mis un an ou deux à l'aimer physiquement. A priori, il me déplaisait tout à fait. Mais je l'ai aimé farouchement et aussi, il faut bien le dire, désespérément. Toujours sur ma faim de lui qu'il semblait ne jamais avoir envie de satisfaire. Quand cette faim de Paul, cette magie qu'il exerçait sur moi, s'est estompée – avec le temps et surtout, l'amertume des années malheureuses où ma jalousie me restait sur le cœur – me sont revenus mes goûts naturels, mes penchants : et mon penchant me rend critique, parfois, pour le corps et les manières de Paul.

Tout de même, Paul… Kurt a été soufflé quand je lui ai raconté ce qu'il m'avait offert à Noël : dans une enveloppe, j'ai trouvé un billet d'avion New York-Paris ! « Pour être sûr que tu reviennes. » Admiration pour la trouvaille. Émotion devant le beau geste… Presque trop beau. Puis le sentiment d'être embobinée pour être mieux piégée, pour te manger, mon amour !

4 mars

Dégustation de whiskys : pour la première fois, j'aime vraiment. J'en ai goûté au moins dix : les Macallan, les Glen, ceux des îles d'Islay – les plus tourbés et iodés – ceux des Orcades... La panse de brebis, poivrée mais collante. Des « vieux » de cinquante ans, des « jeunes » de dix ans. Un gentil organisateur racontait l'aventure des Glen et autres. L'horrible rachat par Seagram's, le géant américain, de Glenlivet. Ils commencent par vendre tout le stock de whisky hors d'âge. Puis ils construisent de nouvelles distilleries, réforment les vieux fûts, y compris les fûts portugais à xérès. Puis ils mettent en service des cuves en inox et raccourcissent les délais de mûrissement à deux ou trois ans : et ça s'appelle Glenlivet ! Plusieurs distilleries ont été ainsi rachetées. Yamaha aussi « fait » du whisky...

5 mars

Kurt envisage de parler à sa femme pour avoir sa liberté, mais il risque le divorce. Et moi, je ne crois pas que je divorcerai : même si j'ai désormais une profonde tendresse pour Kurt et même si je deviens philosophe devant ses lacunes. Et puis, Paul fait des efforts maintenant, et c'est tellement peu son genre que ça me touche. Depuis Noël, il ne boit plus une goutte d'alcool, il a beaucoup minci, il est dynamique et drôle et il s'achète de beaux vêtements. Il est en train de me démontrer combien il est amusant, passionnant et distrayant de vivre avec lui. Mais tout ce qui me rapproche de Paul me fait mal à Kurt.

7 mars

Plus j'avance, et moins j'arrive à m'imaginer vieille. Je veux dire avec des cheveux blancs et ne faisant plus illusion à personne : surtout pas à moi-même. Pourtant, et malgré un deuxième lifting – une chance insigne –, mes années-lumière se comptent sur les doigts de la main. Alors quoi ? Un matin, je me réveillerai vieille ? Résignée à ne plus rien chercher ? À vivre de ce que j'ai ? À ne plus compter sur mon énergie ? Et personne ne me montre le chemin : toutes mes amies, y compris Flora, sont plus jeunes que moi. Et parfois de beaucoup.

À quel point est-ce l'amour de Kurt qui m'arrête encore au bord du précipice ? Il m'a redonné le goût, l'envie déraisonnable de l'amour. S'il disparaissait – je ne crois pas, qu'avant, il cesse de m'aimer – disons donc, s'il mourait, sans doute n'aurais-je pas le courage de chercher quelqu'un à aimer. Surtout avec le sentiment que jamais on ne m'aimera comme ça. Un amant, peut-être. Mais j'ai tellement plus avec Kurt. Et puis, cette merveilleuse faveur de pouvoir être aussi bête à soixante ans qu'à vingt quand il s'agit de cette connerie d'amour !

10 mars

J'aimerais rendre Kurt heureux : ce me serait si facile et j'aurais, en plus, le temps de vivre pour moi. Je n'ai plus envie d'aimer un Sartre ou un BHL : trop intelligents. Je m'ai, merci ! Je ne leur arrive pas à la cheville, mais je me distrais suffisamment et je m'exploite, ce qui me fait vivre. Bien sûr, c'est dix ans trop tard : Kurt est un peu trop figé malgré la folie de son amour pour moi. Je sais maintenant pourquoi j'ai dit non autrefois à sa demande en mariage, et pourquoi aujourd'hui je dirais oui, si j'étais libre. Je n'ai pas changé d'avis, mais d'optique : et le contexte n'est pas le même. Et peut-être aussi que je mesure mieux à quel point Kurt est rare. J'imagine parfois mon existence – au seuil de la vieillesse, paraît-il – sans l'élément Kurt, et je frissonne d'ennui. Malgré tout ce que j'ai, et qui est déjà immense, il y avait encore une place pour quelque chose d'encore plus immense : immense par la douceur dans laquelle ça me fait baigner, par l'espoir – qui ne devrait plus pouvoir être au rendez-vous et qui y est –, par l'attente de quelque chose alors que tout est arrivé. Et qui me dirait : « Que tu es mignonne quand tu fais “Pfff”, je voudrais te manger toute crue. » Idiot, mal adapté, d'accord ! Mais ce sont de ces choses qu'on ne m'a jamais dites, parce que je ne suis pas spécialement mignonne. Et alors ? On a aussi besoin de choses fausses.

12 mars

Kurt m'a longuement parlé de son enfance en Allemagne, où il est né, et qu'il a quittée avec ses parents et ses deux frères en mai 1925. Tout le reste de sa famille, juive, restée sur place a été exterminée pendant la guerre. Il a dû travailler très vite, plongeur, boulanger : il était recherché par la police, car trop jeune pour travailler. Six mois d'école à seize ans puis il est entré comme apprenti dans une fabrique de confiserie, où il est resté huit ans, jusqu'en 1934. Il ouvre une confiserie à vingt-quatre ans. Succès. Sa mère l'aide, comme comptable. Il trouve le moyen de faire des études gratuites, payées par le gouvernement, d'instructeur d'avion. Il se présente à l'école Dupont de Nemours en 1938 et il réussit son examen. Il devient instructeur manager en 1939. Quand ça ferme, en 1940, l'armée l'appelle comme instructeur. Il y reste trois ans avec, enfin, un peu d'argent et une voiture. Quand la guerre commence, il se présente à Chicago Airlines. Il doit apprendre la navigation aérienne et civile, plus le morse. Il est accepté par American Airlines, mais on ne prend pas les Juifs… Antisemitic Airlines. Il le leur fait avouer. Alors, il se fait recruter par l'armée. Il transporte des bombardiers et ramène des B29 et des B24, avec des blessés, dans le Pacifique. Il doit être transféré en Inde et au Japon mais, grâce à une secrétaire qui avait vu son ordre de transfert, et comme il parle allemand, elle change l'ordre. Il livre un C54 à Eisenhower, qui cherchait un équipage, et il devient son pilote privé. À la fin de la guerre, après Francfort et Paris – où on se rencontre –, il retrouve son magasin couvert de dettes. Eisenhower lui propose de rester dans l'armée. Mais Kurt savait qu'il manquait de la culture nécessaire pour arriver à un niveau satisfaisant. Il quitte l'armée en avril 1945 et entre au Philadelphia Bulletin, une grosse compagnie dont il devient le pilote privé. Il y reste vingt ans, pas très bien payé. Mais Mac Lean, son boss qui l'aime beaucoup, lui a assuré, en plus de sa retraite normale, quinze ans de mensualités, comme pilote toujours, pour arrondir ses revenus. Cinq ans déjà de passés.

14 mars

Son chagrin, à l'idée de me quitter dans deux jours, me brise le cœur. Un rien me ferait pleurer.

En juillet, je serai là avec Paul.

27 juillet

Arrivés hier à l'hôtellerie de Vey, à Clécy, site tranquille dans un parc. Il y avait une réunion des maisons Phénix. On s'est trouvés coincés avec la remorque, et dans l'impossibilité de faire marche arrière. Pendant que je cherchais la patronne, Paul dételait la remorque sous les injures des gens saouls et pressés de partir. Il s'est fait mal aux reins. Je le couve des yeux… J'ai besoin de ses reins : pas pour le bon motif, mais très besoin !

Traversée impeccable. Pas un nuage. Nous avons parlé de notre cher Antoine Blondin : on a été atterrés de le voir, pendant le Tour de France, à peine septuagénaire mais sans dents, et avec ce clapement de la mâchoire qu'ont les vieillards, quand ils entrechoquent leurs gencives.

Arrivés avec trente minutes de retard, mais ni douane ni rien. On prend la route par un temps splendide. La VW tire péniblement la remorque, et notre fille Lison, qui est du voyage, plus les bagages. Le temps devient gris vers Kenmare. « It drizzles » quand on arrive chez nous aux dernières lueurs du jour à Bunavalla vers 22 heures 30. Curieux de dire « chez nous », en parlant de l'Irlande !

Pas une ampoule électrique en place, sauf les tubes de la salle de bains et de la cuisine. Tout ce qui a été rangé dans les armoires est mouillé. Les lits sont entassés dans un coin. Le ménage hâtivement fait. De l'eau chaude, tout de même.

2 août

Grande marée de 95, alors, on file en bateau, Lison et moi, aux îlots de la passe. Temps doux et gris. Mer pas froide. On retrouve les joies oubliées : le silence, la solitude, les oiseaux presque familiers, les crevettes grouillantes, l'eau claire. On a pêché des oursins, des bouquets, dont une livre de moyens pour la soupe, des bigorneaux, d'énormes étrilles.

Lison étant là, elle m'apporte un renfort pour manger quand ça se trouve, et non à heures fixes, comme aime Paul : la marée commande et on est ici pour pêcher ! Profiter du jour et non pas prendre des repas à 12 heures 30 et 19 heures 30…

4 août

J'ai posé la boîte aux lettres apportée de Doëlan. Deux ou trois lettres chaque jour. Elles mettent quatre jours pour arriver, les postes irlandaises marchant mieux que les françaises. Quelle honte pour nous !

Pêché encore ce matin, vers la plage de l'est. Temps avec un rare soleil qui transforme en mer exotique ces eaux remplies d'algues de toutes sortes. Pins parasols mous et très verts, sable clair, cailloux multicolores. Le sable est plein de trous, que je ne sais pas encore déchiffrer : j'attends Michèle Rossignol et son œil de lynx.

Orages dans la nuit avec des pluies diluviennes. Le jour, médiocre. Mais c'est si beau ! Si beau que Paul, hier, a voulu prendre une photo : il se lève de table, approche de la baie vitrée et la casse, d'un coup de genou, en se baissant avec l'appareil devant les yeux. L'immense vitre se brise tout autour de lui. Miracle, un seul éclat le coupe : une longue et profonde coupure au petit doigt. Cela saigne beaucoup. On lui passe le doigt sous l'eau, sans penser qu'elle est jaune et rouge, provenant d'une source qui passe sous les champs à vaches. Puis, on file chez le docteur Pat Gilson à Waterville qui a un dispensaire de chirurgie, ouvert de 15 à 17 heures, par chance. Six points de suture.

Pas de corps-mort[1] : Paul devait le faire hier, mais il a le bras en écharpe pour quarante-huit heures, et il est handicapé pour une bonne partie du séjour.

7 août

Paul commence à aller mieux. Gant de cuir noir impressionnant, bras en écharpe. Il a pu se tenir devant Olivier, arrivé hier avec Michèle, pour lui faire faire son corps-mort, donnant des ordres de son bras valide.

Cette nuit encore, je couche dans la chambre de Lison, sans Lison, qu'on a emmenée Michèle et moi à Killarney pour y prendre son train pour Mallow, puis Dublin, où elle a bénéficié d'un charter pour Paris à trois cents francs.

Infernal Killarney : motos, jamborées de jeunes campeurs, queues de voitures et de calèches. Tout ça sous la pluie.

En rentrant, Paul et Olivier nous réservaient la surprise d'une langouste géante : trois kilos ! Sean

1. Corps-mort : masse au fond de l'eau, reliée par une chaîne à une bouée pour stabiliser le bateau.

O'Shea venait de la prendre au filet et elle s'était blessée. Elle était encore vivante mais il ne pouvait pas la garder au vivier. Il nous l'a proposée à moitié prix.

Inattendu d'apprendre que les langoustes peuvent s'apprivoiser en élevage et reconnaître leur maître. On ne les élèvera jamais en batterie car la larve passe par sept ou huit états pendant les premières années, états impossibles à maîtriser. Quatre seulement pour le homard, en un an ; mais il lui faut quatre ans pour atteindre douze centimètres, puis il ne grandit plus que d'un centimètre par an. Vit très vieux, trente et peut-être cinquante ans.

Avant hier, 5 homards : 50 francs le kilo ! On s'est bâfrés. Dans les pattes, d'énormes allumettes de chair.

8 août

Pansement de Paul aujourd'hui : un point a saigné mais le doigt est propre, la plaie nette.

On a une vaste planche devant la fenêtre qui nous prive de la moitié de la beauté du monde. C'est hideux, et ce sera comme ça tout l'été, hélas ! Temps toujours aussi médiocre : frais sinon froid, vent de suroît, averses fréquentes, pas de soleil, nuées sur les montagnes.

Là-haut, j'entends ronfler Olivier. Grâce à un régime, il a perdu cinq kilos, mais son visage n'a pas retrouvé sa grâce ni son charme. De plus en plus incapable de s'exprimer. Il ne bégaie plus, comme autrefois, mais il bute sur les adjectifs signifiants : toutes ses phrases restent en l'air…

9 août

Encore une journée où la brume traîne bas, masquant les Skelligs, les Scariffs et les deux tiers des montagnes. En montant à la route, on entre dans le coton. D'ici, on voit la baie.

Ce qu'on appelait les fleurs des champs n'existent plus en France : peut-être en Lozère, ou dans les parcs naturels, qui ne le sont justement pas ! Ici, les bouquets sont attendrissants. Pas les éternelles marguerites ou boutons-d'or, mais mille fleurettes, notamment les globulaires bleues dont on se souvient, soudain, pour les avoir vues dans l'enfance, au temps où on ne regardait pas.

On est montés au Scariff Inn hier soir : « Ballads every Friday » vers 21 heures 30. Petit orchestre : deux filles, un gars. Chants patriotiques et d'amour, toujours tristes. Puis, dans tous les coins de la salle se sont levés des volontaires, hommes et femmes de tous âges qui chantaient sans accompagnement, avec souvent de très belles voix et des effets de tyrolienne assez curieux.

On nous a apporté trois cafés irlandais (Paul n'était pas monté because his finger) offerts par un homme assis à la table voisine. « En souvenir de De Gaulle », nous a-t-il dit en baisant la main de Michèle. Très agréable soirée.

Ce soir, un verre chez notre voisine, Wendy. Puis, au retour, on a mangé du saumon fumé, en gros bouts, c'est-à-dire coupés dans l'épaisseur. Avec de la vodka. Paul avait peut-être bu, avant : il était en tout cas saoul à la fin du dîner. On a parlé du couple, pas vivable aujourd'hui, selon lui : il faudrait détecter l'amour, dès qu'il naît, pour le tuer ! Et autres propos d'ivrogne. Quand on a vécu en couple, trente ans, on est malvenu de dire ça. Puis il a répété, comme il le fait parfois quand il a bu et que ça se voit, ce qui est rarissime : « Moi, si Benoîte me quittait ou mourait, je vendrais toutes les maisons, je ne garderais rien ! » Curieuse phrase chez l'auteur des *Choses de la vie*.

« Tu as besoin d'elle pour vivre, a cru pouvoir conclure Michèle.

— Pas du tout : je vivrais autrement avec quelqu'un d'autre. Je n'ai pas besoin d'elle. (Beaucoup trop d'orgueil pour se reconnaître un besoin.) Mais la vie telle que nous la vivons ne m'intéresse qu'avec Benoîte. C'est tout, c'est simple, non ?

— Quelle déclaration d'amour total », répétait Michèle.

Oui, bon, dans un sens, mais c'est aussi une déclaration de mainmise. Je sais qu'en m'en allant, je tire la nappe et tout le couvert. D'ailleurs, quand je lui ai dit bonsoir avant de me coucher, il m'a demandé, comme s'il en avait été question entre nous :

« Finalement, est-ce que tu crois que nous finirons notre vie ensemble ?

— Oui, je le crois. À moins d'une rencontre qui bouleverse toutes mes idées. Et nous ne sommes plus tellement à l'âge des rencontres. Je ne vois pas ce qui pourrait me séparer de toi. » Avec une moue dubitative, Paul soupire : « Enfin, disons jusqu'à début septembre… » (où je retrouve Kurt à Doëlan).

« Mais pas du tout… Je sais comment est ma vie : il n'y a pas d'élément nouveau. Pas plus en septembre que maintenant. Pour ma part, je crois profondément que nous vieillirons ensemble, dans la mesure où ça dépendra de moi, bien sûr. »

En fait, Paul vit très mal, mais le niera jusque sur son lit de mort, que j'aime Kurt et que je vive cette histoire dans un certain équilibre – ou même, un équilibre certain – sans qu'il puisse me reprocher une humeur, un fait, un acte. Sauf lors de la naissance de Violette, notre première petite-fille, où il a pu exploser sur un merveilleux prétexte (c'est Kurt qui était présent, Blandine ayant accouché avec un mois d'avance) sans que ça ait l'air d'être de la jalousie : mot exclu, banni, honteux.

10 août

Lit-il les lettres de Kurt, cachées dans mon sac ? Ou bien est-ce la date de mes retrouvailles avec lui qui approche sans lui fournir de motif de plainte ? Ce qui laisse sa jalousie en porte-à-faux…

Il était ce soir parfaitement bizarre : presque un peu pitoyable dans son refus d'appeler les choses par leur nom. « Il n'y a pas de solution dans le couple, répétait-il. — Il n'y en a nulle part, a répondu

Michèle. Ni à la vieillesse ni à la solitude. Ce qui est vécu est vécu. On continue toujours à jouer au coup par coup. »

En tout cas, il aborde maintenant ces discussions exactement dans l'état où je les abordais avec lui, autrefois, le cœur et l'esprit à vif, vulnérable. Aujourd'hui, c'est moi qui ai la paix, plus lui. Je n'arrive pas à m'y habituer. Je suis toujours aussi éblouie de ne plus du tout souffrir, de ne plus avoir peur de rien. Indifférence ? Non. Mais évidemment, quelque chose en moins. Comme a toujours dit Paul : « On n'a qu'un certain capital à dépenser. » Je vis maintenant dans l'insouciance, car j'ai épuisé mon stock de souffrance.

11 août

Même type de temps : deux averses aujourd'hui et deux heures d'éclaircies. J'ai bricolé. Si ce temps continue, je n'aurai plus rien à faire dans la maison ! Michèle cousait les dessus-de-lit ; et moi, je devenais la reine des perceuses, ne déclenchant plus la chute d'énormes écailles d'enduit à chaque tentative de percement. Fixé l'armoire à pharmacie et le support à papier-cul. Peint le frigo, que j'avais prêté à madame Rosa, rue de Bourgogne, et qui repart ici pour une troisième jeunesse.

Fait des courses à Waterville où j'ai emmené Paul se faire enlever ses fils. Il a trop plié le doigt et une partie de la cicatrice est encore béante. Précautions à prendre.

On allait mettre le couvert quand Foxall est arrivé pour demander qui voulait aller à la pêche. Paul ne doit pas mouiller son doigt. Michèle était « frigorifiée ». Olivier préférait attendre tranquillement le dîner avec un verre. J'y suis allée.

Vieille barque de lac avec un moteur Seagull. On passe dans des défilés où la mer écume, on franchit la barre de houle, puis on arrive là où la mer « respire » d'une manière impie. Spectaculaire ! On arrête le moteur et on pêche à la dandinette[1]. En quarante minutes, on a pris 14 lieus et 6 maquereaux. Pas de panier de pêche : des seaux d'enfant. Tout est bricolé. Dans cette mer-là, c'est impressionnant. Et il paraît qu'aux Skelligs, c'est dix fois plus impressionnant. Foxall se mettait aux avirons, de temps à autre, pour ne pas aller sur la roche. On a dû remplir le réservoir du Seafull en route.

En rentrant, saumon fumé divin avec salade, lieus frais et éclairs au chocolat.

Deuxième couche de peinture au frigo, et au lit !

12 août

L'Irlande ne me – ne nous – déçoit pas. Paul aime cette maison, entre autres parce qu'elle est plus commode à vivre qu'aucune de nos maisons : ce garage derrière, et l'auvent abrité qui nous mène à

1. Pêcher à la dandinette : pêcher avec un leurre animé verticalement de façon répétitive.

la cuisine, cela n'a l'air de rien… Mais nous n'avons jamais joui de ces commodités dans nos maisons à étages et d'accès difficile.

J'ai même un fil à linge ! J'ai toujours rêvé d'une arrière-cour un peu ingrate où je pourrais mettre à sécher du linge, entreposer quelques merdouilles. Enfin, j'ai ! Partout ailleurs, mes minuscules jardins, tout en façade, interdisent l'étalage du linge, du bois ou tout coin à ordures. Bref, on aime !

Relevé ce matin le casier posé hier à l'est de l'île qui longe notre côte : un homard d'une livre dedans ! Plus 3 énormes étrilles. Curieusement, pas de bouquets. J'assieds ma réputation de pêcheuse française auprès de Foxall, qui n'a pas pris de homard cet été, avec pourtant quatre ou cinq casiers. Je crois qu'il ne place pas ses « pots » avec assez de minutie et qu'il utilise des machins de plastique rafistolés dont les homards se méfient.

Quand on voit le Radeau de la Méduse sur lequel O'Shea emmène des palanquées de touristes ! Le gouvernail ne tient que par un clou. Pas de ceinture de sauvetage. Si, une pour vingt personnes ! Pas de canot de survie, ni ancre ni voile. Si le tas de rouille nommé « engine » tombe en panne, pas d'avirons et aucun salut à attendre de cette côte terrible.

13 août

Je n'arrête pas, même pas le temps d'écrire à mon Kurt. Entre la pose de divers gadgets, la réception chez notre voisine, la pêche, l'aménagement du jardin… J'ai planté cinquante-sept hortensias, dont dix-sept devant la façade, et deux vignes vierges. J'ai installé une terrasse pour bains de soleil nudistes sur la façade est et j'ai dégagé tous les reliquats des ouvriers : des boîtes de conserve, des 7-Up, chiffons, polystyrènes, débris de carrelage, bouteilles de soda cassées…

14 août

Encore une journée entière de pluie. Non, pas de pluie, pardon : de drizzle !

Rien dans nos casiers pour la bonne raison que je n'avais que deux vieux crabes pour les boetter ! Ce matin, j'ai mis un demi-maquereau dans chaque. C'est peu.

O'Shea a travaillé toute la nuit sur son bateau : il doit changer son arbre de direction. Ce jeune futur enseignant s'est reconverti à la vie simple dans une roulotte, avec une jeune femme infirmière psychiatrique. Lui, bon, mais elle, elle n'aime pas la pêche ni le bateau. Alors, qu'est-ce qu'elle fait toute la journée dans sa roulotte ? Le ménage et la cuisine ? Autant l'asile. Je vais en savoir plus long, ils viennent dîner ce soir.

L'été ici, c'est la grande saison des rhumatismes : mes deux auriculaires, surtout le gauche, sont légèrement gonflés à l'articulation et me font mal quand je les plie à fond. Les petits salauds ! L'amplitude du mouvement est d'ailleurs un peu réduite : je me demande ce que ça aurait donné dans le Midi ? Rémission, sans doute.

Et Flora, ma sœurette qui me manque, est en Chine, à c't'heure ! L'heure où l'on déboulonne les statues de Mao sur toutes les places, et où il sera peut-être subversif d'être en possession du Petit Livre rouge.

15 août

Les cous blancs, presque translucides, des Irlandaises – et des Irlandais – me frappent et m'émeuvent !

Mis le tramail avant-hier au fond du port, près de la plage, dans très peu d'eau. Relevé hier par très fort vent noroît qui avait enfin balayé les nuées pluvieuses : une dizaine de carrelets, ou plies ? Et surtout des crabes, des crabes… J'ai passé trois heures, au soleil grâce au ciel, à nettoyer le filet, installée sur le pignon sud où nous faisons faire une terrasse. Si écœurée par la mise à mort – par arrachement ou écrasement – de tous ces crabes, qu'au soir j'avais l'appétit coupé. Cauchemar : *La vengeance des crabes morts.* Un beau titre !

Ce matin, réveil dans la bouscaille. Grosses pluies tout le jour. J'ai pêché une heure et demie : moche, juste de quoi faire une soupe. Je suis rentrée trempée sous mon ciré. Et on annonce une nouvelle perturbation pour demain. Si ça continue, je serai contente de partir. Malgré le chauffage central, RIEN ne sèche et mon rhumatisme du doigt gauche devient presque douloureux.

Trois lettres de mon Kurt hier, folles amoureuses. Et je me dis qu'il est finalement aussi difficile de rendre amoureux un con qu'un génie. Avec son moralisme américain, il était aussi difficile à sortir de l'ornière qu'un intellectuel libéré de chez nous. L'idée que dans un mois je me servirai de mon corps, autrement que pour des efforts, comme vingt minutes d'aviron tous les matins, me ravit.

16 août

Rien dans les casiers ce matin, sauf hélas 50 crabes verts, plus un tourteau et une étrille.

Le temps est meilleur ; à midi, ça se lève. Lumière splendide sur Lambs Head où nous pêchons.

« Mes yaourts ? J'ai plus de yaourts », dit Paul avec une gentille indignation, mais une indignation tout de même, en ouvrant le frigo. Voilà ce que je ne pourrais jamais dire quand je découvre que je n'ai plus « mon lait » ou « mon jus d'orange ».

18 août

Paul n'est pas le genre de monsieur qui fait l'amour deux fois de suite. Le soir, et le lendemain matin à la rigueur. Et encore. Mais deux fois la même nuit, non. Autant que je sache ! Il faut et il suffit, pour ces récidives, une des conditions suivantes : premièrement, être d'un tempérament glouton. Deuxièmement, être avidement amoureux du corps de l'autre. Paul n'est évidemment pas concerné par numéro 1. Il aime trop tout pour aimer follement quelqu'un ou quelque chose. Quand au numéro 2 – as far as I am concerned – ça n'a pas été le cas non plus. Bien sûr, je suis tentée de penser que c'est son comportement habituel. Mais il ne faut jamais croire que l'homme qu'on aime est le même ici qu'en face. Je l'ai plus voulu qu'il ne m'a voulue. Mais quand nous étions amants, il était plus vite rassasié que moi et me quittait sans désolation apparente. Peut-être qu'avec Marie-Claire, qui lui était mesurée et pour laquelle il a éprouvé un coup de foudre – ce qui n'a pas été le cas pour moi –, il a été victime de ce désir insatiable ? Moi, je ne suis pas gloutonne de nature. Mais l'amour, quand je suis vraiment amoureuse – ce qui est rare –, me donne cette avidité, ce désir toujours recommencé bien qu'assouvi.

Enfin une vraie belle journée. Nous décidons d'aller pêcher à la voile. On commence à l'enverguer dans la baie : le vit-de-mulet[1] casse en deux. On remet le moteur et on décide de pêcher à la traîne : on tombe en panne. Nolan, appelé à la rescousse, tombe en panne aussi ! Alors, on rembobine et on rentre à la godille, sans trop de douleur.

À peine rentrés, on voit se profiler une voile immense : le *Pen Duick VI* ! Tabarly, Jacqueline, sa fille et une copine débarquent, après une entrée

1. Vit-de-mulet : articulation en métal reliant une vergue à un mât.

spectaculaire sous les yeux ébahis des voisins. Ils dorment à la maison, après un dîner arrosé de vodka, vin et café irlandais que je bois sans dommage ! La vie physique, l'aviron, l'activité seize heures sur vingt-quatre me font déborder d'énergie. J'aime de plus en plus ce pays. À Doëlan, je n'éprouve plus cette énergie, ce goût permanent de la pêche qui m'animait à Kercanic. Je suis traumatisée par les pêches médiocres, la mer noirâtre, jamais transparente, le port couvert de mazout, de mousse verte et de débris diarrhéiques beiges qui nous viennent de la Laïta polluée par Bolloré. C'est sale comme les Sargasses. C'est tout ça qui a tué peu à peu ce désir d'être sur l'eau avec mes filets, qui était aussi le désir de regarder l'eau dans le fond des yeux. Je suis de plus en plus sûre que l'Irlande va me rendre ce goût d'embarquer. Je remonterai là vingt ans en arrière – ou cent ans ! Port impollué et mer transparente. Et la pêche ? Là aussi le miracle.

19 août

Paul m'a réveillée ce matin à 8 heures 45 : il s'ennuyait tout seul !

La vie est parfois bien faite. C'est au moment où on ne peut plus avoir d'enfant qu'on n'a plus la moindre envie d'en avoir. En revanche, que Blandine soit devenue mère me fait plaisir. Même si elle me fait presque pitié car elle va être investie par la maternité pendant quelques années, et elle n'a pas de force vitale, comme Colombe par exemple, la fille de Flora. Elle va « perdre » trois ou quatre ans : tout n'est pas perdu, bien sûr. Mais SOI.

C'est curieux comme Paul est très attaché à l'idée d'enfant, au principe de Violette, notre petite-fille, mais fuirait plutôt l'enfant lui-même. Moi, au contraire, je suis attachée à la présence de l'enfant et le principe m'inquiète un peu, me fait peur. Mais non, le caca de Violette ne me dégoûte pas – elle a cinq mois, ça ne sent pas la merde – pas encore ! J'aime lui laver ses deux petites amandes philippines, la sentir dormir sur mon sein, la tête dans mon cou. Voir sa volupté quand elle tète son biberon et se sourit. Le drame, c'est que si on n'a pas assez de vitalité, on s'engloutit dans la maternité. Blandine ne lit plus, ne regarde plus la télé, toute à ses angoisses. J'espère qu'elle SE reprendra, au sens littéral. Cela me donne une admiration accrue pour Colombe, je le lui ai écrit : son énergie tous azimuts pour assumer TOUT. Lison sera comme ça. À moins que je me trompe… Comme ma mère écrivant dans son journal, quand j'avais environ douze ans : « Rosie (mon prénom jusqu'à dix-huit ans) ne sera jamais une créatrice : elle n'a pas de don créateur. Maintenant, je le sais. » On a la vie pour se révéler. Et le miracle, c'est qu'on a encore des choses à révéler : à tout âge.

22 août

Kurt a eu une grande explication avec sa femme : elle SAIT, maintenant… Elle a voulu le foutre à la porte : de leur maison qu'il a construite de ses mains, en grande partie. Les épouses américaines ont tous les culots ! Elle ne veut plus sortir avec lui, raconte à tous leurs amis quel « bastard » il est. Mais elle accepte très bien qu'il continue à faire les courses et à cuisiner, à jardiner et à lui servir de chauffeur. Il a au moins gagné le droit de filer maintenant, sans avoir à mentir. Il m'écrit que tout lui est égal. : « I live for you. » Mais quelle life ?

Au fond, je me sens maintenant proche de Colette n'ayant besoin, sur le tard, que d'un Goudeket – d'un Kurt – pour me consacrer tranquillement, l'esprit libre, à ce que j'ai envie d'écrire. Et non à un homme – malgré toutes les riches heures que cela procure – avec qui il faut tout partager. Impérativement. Sous peine qu'il soit malheureux. C'est vrai que Paul n'est pas préparé à ce changement de ma part. Je n'ai plus le désir de couver un écrivain aimé mais qu'on me couve, moi. Paul ne peut pas et on est, tous les deux, dans nos égoïsmes de « créateur », avec les mêmes besoins. Les siens ont été longtemps comblés. C'est fini. C'est injuste et dur, sans doute. Et oui, on est égoïste quand on veut FAIRE quelque chose d'autre qu'assurer l'harmonie de son ménage.

1981

9 juin

À bord du *St-Patrick*. Nous sommes partis, Kurt et moi, par calme plat, ciel pâle, petit soleil. Mais dans la nuit, on a « essuyé » un bon coup de torchon. Ce matin, vent force 5.

Au petit déjeuner, en changeant de main pour ouvrir un pot récalcitrant, je me suis surprise à penser : « Bah, je n'aurais qu'à utiliser mon pouce droit au lieu du gauche. Ce n'est pas trop grave, vu le temps qu'il me reste à vivre… » Il y a dix ans, ou plutôt quinze, j'aurais tenté quelque chose. Mais à soixante ans sonnés, je peux me débrouiller avec un pouce faible. Drôle, comme ça m'indiffère. Est-ce parce que je renonce à plaire ? Parce que je plais à Kurt, avec ou sans pouce efficace ?

Paul, retenu à l'Élysée, m'a dit : « Embrasse l'Irlande pour moi », mesurant en le disant que j'allais embrasser effectivement, mais pas forcément l'Irlande ! Il est heureux et il se fait valoriser dans une autre famille, celle de Mitterrand, où il se sent sans doute plus rare, plus précieux, plus choyé. En tout cas, plus important. Je ne regrette pas de ne pas y être : je n'aime pas tellement l'atmosphère rituelle et patriarcale que Mitterrand fait régner, entouré de femmes moins intelligentes que lui (et que moi !) et qui assurent l'intendance et la claque.

11 juin

Il pleuvine sur la grise Erin. Exactement le même temps qu'en août dernier : on ne distingue pas la vache dans le pré d'en face !

Retrouvé avec joie la maison. On a abattu un travail fou : posé les rideaux de douche, tapissé le coin à réserve de bois près de la cheminée, bouses de vache séchées autour de mes rhododendrons, lavé toute la vaisselle des parents de Paul apportée de Saint-Mars-la-Jaille.

Kurt et moi, nous sommes divinement bien dans la maison pour nous tout seuls, avec du temps encore devant nous – douze jours – assez pour ne pas nous mettre à pleurer à l'idée de la séparation. Il envisage de plus en plus de quitter Peggy et son pays, mais il a peur et je le comprends. Que deviendrait-il si je me détachais de lui ? Et comment lui jurer que je resterai toujours dans les mêmes dispositions ? Il n'aurait même pas assez d'argent pour retourner s'installer aux États-Unis. Et à son âge, toujours cet âge fatidique, il ne trouverait plus un vrai travail.

13 juin

J'en ai marre d'être vêtue comme en novembre. Il me manque même des gants, tant l'air est froid ! Gros chandail, imper et foulard, chaussettes de laine, semelles de crêpe…

Mais j'ai pêché une soupe de crevettes ce matin, une demi-livre de beaux bouquets et 6 oursins.

Au moment où je crois que je ne serai pas trop malheureuse de quitter Kurt, peut-être pour toujours, il me touche par je ne sais où et je redoute de me trouver démunie pour le restant de mes jours. Démunie de son amour total, oui bien sûr ; mais aussi d'amour tout court, car tout ce qui m'irrite en lui, quand il est vertical, s'évanouit à l'horizontale ! Je ressens avec lui une sorte de jubilation amoureuse qui ne ressemble à rien de ce que j'ai connu. Même si j'ai déjà été aussi amoureuse (de Paul seulement), je n'ai jamais été aussi comblée. Et jamais je n'ai eu le sentiment de donner tant de plaisir. Car j'ai toujours été trop soucieuse et inquiète du plaisir de l'autre pour me laisser aller au mien. Là, je ne me soucie de rien. Je me sens enfin admirée et pleine de pouvoir et de grâce. Ce qui ne m'était jamais arrivé.

Mais hélas il est bien tard pour l'écarter de ses habitudes de connerie. Il en sort de redoutables : « Comme dit mon fils, quand on a vu un château, on les a tous vus. » Évidemment, il est pour la peine de mort… Très Amérique profonde : les vols, les viols, les crimes, ce sont les Noirs, les Haïtiens et autres « métèques ». S'il n'était pas juif, il serait antisémite !

Par bonheur, il a souffert d'être juif et cela l'a obligé à comprendre. Un peu. En même temps, il possède une grande finesse psychologique pour deviner les êtres.

17 juin

Blandine m'a écrit une lettre adorable : « Je pense à vous deux, amoureux, heureux à Bunavalla. Profitez-en, il est si court le temps des cerises… » L'adultère avec la bénédiction de ses enfants, c'est-y pas beau, ça ? Et de savoir qu'on a aussi la bénédiction de ses enfants, quoi qu'on décide de faire de sa vie. « La seule chose qui compte à mes yeux, c'est que tu sois heureuse. Alors sois égoïste, maman, et n'oublie pas que la vie est courte. Ceci est un conseil de ta "jeune" fille pleine d'expérience à sa "vieille" maman pleine de jeunesse. Mais je te plains d'avoir un choix si difficile à faire et je ne vois pas comment on pourrait t'aider, ni Lison, ni Constance ni moi. Sinon en te disant : quoi que tu fasses, on trouvera ça bien. »

Je regretterai d'être morte pour une première raison : ne pas voir le chagrin déchirant de mes filles !

20 juin

Premier jour où j'ai pu utiliser mon maillot de bain : deux heures !

Hier, nous avons longuement parlé de l'avenir : du courage qu'il aurait, ou non. Mais on bute toujours sur son âge. Un âge que je commence à discerner sur lui : il lui tombe dessus avec dix ans de retard, mais il arrive maintenant et il va s'appesantir. Paul est prématurément vieux, Kurt est tardivement vieux. Mais ça fait tout de même deux vieux ! Moi, à part mes rides, je ne sens aucun signe de vieillissement. Et je m'aperçois à quel point c'est vrai que l'amour vivifie une femme et vide un homme : surtout quand il exécute régulièrement des doublés ! L'idéal serait de le voir tous les deux mois : pour qu'il ait le temps de faire tout ce que j'inscris sur la liste et aussi de me combler d'amour. Mais là, je n'en ai pas encore vu le bout. Il me rend insatiable. Je ne crois pas l'avoir jamais été. En fait, j'ai une infinie tendresse pour lui, et un très grand désir de sa façon de me faire l'amour. Et du goût pour sa silhouette, ses particularités et, peut-être plus encore, pour ce qu'il a été que pour ce qu'il reste. J'aperçois parfois sa gueule de vieillard, qui apparaît sous l'autre, et ça me désespère. Je préfère fermer les yeux, à certains moments, pour me réfugier dans mes sensations. Qui me dit qu'il ne pense pas la même chose, d'ailleurs ? Mais j'ai huit ans de moins que lui. C'est gigantesque à cet âge.

24 juin

Temps merveilleux pour l'Irlande, c'est-à-dire nuageux à couvert avec de très brèves éclaircies et deux ou trois giclées de drizzle.

Je viens de faire trois fois l'amour depuis ce matin. Il est 16 heures. Je me dis qu'on peut vivre sans ça, après tout. À nos âges ! Mais quand revient mon envie de lui, de ses mains sur moi, je me désespère de le quitter, de quitter tout ça. Car faire l'amour à la va-vite ne me tente pas. Ou plutôt, si, mais ça ne remplace pas cette amoureuse attention dont il m'enveloppe en permanence. Et puis bon, sa façon de m'aimer, c'est pour moi du Calon Ségur ou je ne sais quel château Soutard. Le reste, c'est du Kiravi… Quand ce n'est pas du gros qui tache !

Bon, bref, on n'a pas du tout rompu. On se reverra en septembre ou octobre. Il pourra s'évader sans forcément déclencher le cataclysme qu'il souhaite presque, maintenant que Peggy sait. Je saurai alors comment Paul évolue dans ses fonctions qui le grisent. M'oubliera-t-il davantage, du fait que je ne compte pas être sa compagne de gloire ou sa muse ? Si je dois vivre sept ans seule à Hyères pour pouvoir écrire, la perspective est assez sinistre. Mais prendre Kurt à l'essai pour sept ans ne serait pas non plus honnête. Alors, j'attends. Quoi ? Je ne le sais pas moi-même. Dommage tout de même que Kurt soit si insuffisant intellectuellement : il ne parle même pas le français… Heureusement pour Paul, sinon je crois que je ne résisterais pas au plaisir de vivre aimée et servie ainsi.

26 juin

Journée morne hier. Kurt était sombre. Il pressent que tout ce que nous avons dit n'est que words words words. Je vois ses yeux se mouiller sans cesse en me regardant à mesure qu'approche notre séparation.

28 juin

À bord du *St-Patrick*. Je commence déjà à avoir la nostalgie des attentions de Kurt, ces attentions que Paul n'a jamais eues pour moi. On me regarde, on m'aide, on sait où je suis, on m'attend pour traverser. Douceurs que je vais perdre. Pour toujours, peut-être…

26 juillet

Arrivés avec une belle lumière, après une route de drizzle. Sheila n'était même pas venue après notre départ à Kurt et à moi. Lit ouvert, mais modestement, pour ne pas donner d'idées à la très catholique Irlande. Bols, miettes et beurre encore sur la table… Un vrai régal pour Paul qui répétait : « La pute ! Non mais la pute ! » En parlant de qui ? Il est mignon tout de même : j'avais la flemme de changer la couette. Il n'a rien dit et s'est enfilé dans le lit de mes ébats… refroidis, il est vrai, depuis un certain temps !

Parlé comme rarement pendant le trajet Cork-Bunavalla : « Que diraient les filles, si nous divorcions ? » On tourne autour du pot, mais on dit des mots : on sonde la profondeur du fossé. J'ai l'impression que Paul me découvre. C'est vrai d'ailleurs que je suis une autre : je ne suis plus attentive et craintive devant son moindre froncement de sourcils. Rien ne m'angoisse, ou ne me fait vraiment mal, de ce qui pourrait venir de lui. C'est un tel changement que, moi aussi, je le regarde comme un homme différent : peut-être plus fragile et dominable que je ne le pensais. Mais cela ne m'intéresse plus de le dominer.

« Je ne peux envisager de continuer à vivre avec toi sans ton estime. Or tu n'as plus d'estime pour moi.

— Tu exagères. Je n'ai plus l'admiration aveugle, non, le mot n'est pas gentil, disons l'admiration systématique que je t'ai manifestée pendant vingt-cinq ans.

— En revanche, moi, j'ai de plus en plus d'estime pour toi.

— C'est que tu en avais peu autrefois. Les équilibres changent dans la vie. »

En fait, je mesure le bonheur d'une certaine indifférence. Si Paul trouve notre vie invivable, c'est à lui de prendre une décision. De toute façon, moi, je ne compte pas me forcer ou faire semblant. Et je ne serais pas malheureuse. Quand je repense aux blessures que me faisaient ses phrases, il y a dix ans encore… Sans doute est-ce moi qui le blesse, aujourd'hui, en ne protestant pas quand il constate : « Maintenant, c'est moi qui t'aime plus que tu ne m'aimes. » En tout cas, il ne manifeste pas de douleur. Il se contente de discuter en termes de décisions à prendre. Oui, c'est vrai que je le juge souvent avec un esprit critique, et que je ne l'estime pas sur bien des points et des traits de caractère. Il a vécu jusqu'ici dans un si merveilleux cocon d'amour et d'approbation : ça doit rendre frileux. Mais pour moi, la blessure de ces années si malheureuses, pendant lesquelles Paul était amoureux de Marie-Claire, est restée inguérissable ou, du moins, jamais cicatrisée. On se blesse toujours en vivant : on ne peut espérer traverser l'existence en restant intact.

28 juillet

Belle journée hier. Le premier jour chaud depuis un mois, nous dit-on. Mais en mer c'est la brume opaque. Sean O'Shea était perdu aux Skelligs avec ses quinze passagers. Il a droit à dix !

On a prêté la maison de Doëlan aux Badinter. Robert doit écrire son discours contre la peine de mort. J'aime que cette maison serve – en plus pour une si belle cause – et je suis ravie car j'aime Élisabeth et je l'admire. Idem pour Robert.

On a cassé la goupille du moteur ce matin. Rentrés en pneumatique, à l'aviron, sans vent heureusement. Et un homard, un tourteau, du bouquet et un congre dans le panier pour nous donner du courage !

Hier, on s'est aperçus que j'avais oublié à Hyères le réservoir du moteur. Sean en avait un vieux dans son épave de voiture abandonnée sur la cale : un tas de rouille mais, miracle, il a marché. On s'est aperçus aussi que le vit-de-mulet commandé ne correspondait pas du tout. Impossible de mettre le dériveur à l'eau. Heureusement qu'on a le pneumatique, mais le moteur Johnson n'a pas marché, et tomber en panne avec un pneumatique très dur à manœuvrer à l'aviron a de quoi vous glacer les sangs dans ces parages ! Impossible de se dépanner ici : on court à Tralee pour une vis ou une goupille. Il n'y en a pas : « Vous n'avez qu'à mettre un clou ! » Les journées se passent à pallier la pénurie.

Bref, le bateau – quel qu'il soit – continue à faire des siennes, à inventer tous les jours ! Mais heureusement, Paul est assez actif. Ce changement complet de vie lui fait du bien. Il avait les yeux gonflés et cernés en arrivant, plus le teint blême. Il va déjà un peu mieux et oublie la politique. Il faut dire que nous avons aussi nos problèmes politiques… Mais l'atmosphère est plus gaie et plus tendre qu'elle ne l'a été depuis longtemps. Gaie, mais triste en dessous : en tout cas pour Paul. Il m'a fait quelques confidences sur la femme dont il est un peu amoureux en ce moment. Et aussi sur Marie-Claire Duhamel, celle qu'il a tant aimée et qui m'a rendue si malheureuse, autrefois. Mais nos souvenirs ne sont pas forcément les mêmes. Je me souviens, moi, qu'elle l'appelait tous les matins, quand nous étions encore au lit à prendre notre petit déjeuner. Elle lui racontait son travail, ses projets. Je me souviens de notre voyage à 4 (avec son mari) en Grèce. Paul utilisait tout le temps sa caméra pour elle… Je me souviens de mes larmes à Myconos, alors que je ne savais rien – ou ne voulais rien savoir – à cette époque (1952). Pourtant, dans mes cauchemars je les voyais faire l'amour... Mon corps, lui, savait : j'ai d'ailleurs eu deux boutons de fièvre pendant notre croisière, et une jaunisse en rentrant.

29 juillet

L'Irlande est un état d'âme, c'est un mode de vie. Et j'aime ce mode de vie-là. Je respire l'air comme on déguste une eau très pure. Il vient de quatre mille kilomètres d'Atlantique et il en a le goût. Je retrouve mes impressions d'enfance et de jeunesse à Concarneau : de mer vierge, de plages dans leur innocence originelle. Et les chemins creux, pleins de fleurs rares, comme avant que les touristes ne les détruisent et ne finissent par les anéantir.

On est partis pêcher : au bout de quinze minutes à peine, où on a pris des lieus sans arrêt, Paul me dit : « Si tu en prends un autre, je te gifle ! » et il m'interdit de remettre ma ligne à l'eau. Interdit de pêcher !! Même des vieilles pour ma saumure : les voisins en laissent des dizaines sur le quai. Et nous ne sommes que tous les deux pour manger tout ça...

Sur son visage raide de jeu de cartes, un profil brique, un profil vert ! Paul inaugure la crème hydratante Dior pour homme que J. (son amoureuse) voulait lui faire tester. Mais il déteste les crèmes sur la peau, ça le dégoûte. Il faut dire que tartiner une crème grasse, sur un visage plus ou moins bien rasé, n'est pas appétissant. Cela s'étale tellement mieux sur une peau de femme !

Fait forger un vit-de-mulet par Franck, joyeux drille qui chante au Scariff Inn. Avec l'espoir de faire enfin de la voile.

30 juillet

Eh bien le vit-de-mulet marche. Mais la mise des voiles est complexe ; je ne me souviendrai jamais de tout ça, l'année prochaine ! Déjà, je ne sais plus mettre la voile au tiers, d'une année sur l'autre…

Paul n'est pas venu à la pêche à pied avec moi ; il a écrit toute la matinée. En rentrant à 13 heures, la vaisselle, que j'avais faite hier soir, n'était pas rangée. Ce n'est pas lui que je blâme, c'est moi. Paul laisse son pyjama en tas, toutes ses chemises et chandails empilés, ne remet pas la couette du dessus-de-lit, ni le matin ni après sa sieste. Il n'a jamais tenu un balai. Cela lui laisse le temps d'écrire. Il le prend. Moi, mes devoirs humbles et quotidiens me collent à la peau : je ne peux travailler qu'après. C'est-à-dire que, sans aide extérieure, je ne travaille pas. Car je n'ai pas l'âme en paix, ni l'esprit assez vide pour travailler dans un foutoir.

Paul, qui est devenu un tourteau, appelé aussi dormeur, s'est assoupi après le déjeuner !

31 juillet

Marée de 94. Essayé la presqu'île face à Castel Cove. Traversé le bras de mer en Tabur, notre nouveau petit bateau. Abordé sur une plage repérée de la côte. Toujours les mêmes trésors, plus des palourdes et des coques. Vers le S.E. franchir un pan de lande en suivant le sentier semé de bouses, et on aboutit à un paradis du bout du monde. Trois ou quatre plages de neige fine, trois ou quatre jolies maisons blanches qui se partagent cette beauté. Personne ne pêche. Si, à Castel Cove, deux Anglais avec des engins maison : énormes poches de gaze ficelées sur des manches à balai. Plein de sternes hurleuses sur cette pointe et ces drôles d'oiseaux noir et blanc, à long bec rouge, qui cancanent ou croassent. Je crois tout le temps que quelqu'un parle ! Mais pas âme qui vive.

En tout cas, je fais ce que j'ai envie de faire maintenant. Je vais au soleil après déjeuner et je n'hésite pas à dire : « Je vais à la pêche à marée basse. » Je n'ai plus peur de dire, c'est-à-dire peur de déplaire à l'Autre en le disant.

Un temps sans égal pour aller aux Scariffs ce matin. Mais le Johnson a recommencé à ne pas vouloir démarrer et Paul n'a pas voulu y aller à la voile. Pourtant, on y allait à merveille par N.E. avec retour par vent d'ouest. Il parle maintenant d'y aller demain… Mais ce temps est si miraculeux qu'on n'ose jamais espérer qu'il passera la nuit ! Je retrouve le Paul qui n'a jamais voulu aller à Houat ni Belle-Île pendant tant d'années. Paul n'est pas un navigateur.

Il préfère toujours rester à terre et rêver qu'on irait à Belle-Île. J'ose m'en apercevoir maintenant.

Plus le temps de rien faire depuis les grandes marées ! Même pas d'écrire à Kurt ou à mes filles.

1er août

Le temps irlandais est revenu. Un beau temps pour l'Irlande : gris avec passages presque de soleil.

Pas de pêche à pied aujourd'hui : je me repose avec joie. Ici, je fais fonctionner mon corps à plein régime et je suis moulue de partout. Mais cette maison, où je ne voulais pas travailler, est si belle, contrairement à toute attente, et si pleine de souvenirs de toutes sortes, que je la brique sans relâche. À quatre pattes avec une spontex, un chamex et un couteau, j'ai traqué les innombrables gouttes de peinture semées sur tout le carrelage. J'ai fait des bouquets sauvages merveilleux : petites fleurs roses des dunes, capucines de Dominique, bruyères violettes. Flora et Bernard, qui arrivent le 16, vont être surpris du charme des lieux. Quand je ne rame pas, je couds. Et j'écris dans la petite chambre derrière la nôtre, donnant sur la butte de beau granit où s'accrochent des scabieuses sauvages, des ajoncs nains et des avoines folles et blondes. Je ne vois pas la mer, mais ce petit échantillon de lande celte est touchant et me plaît.

Malgré les apparences, je ne suis pas une femme de devoir, mais de plaisir. Parce que tant de choses me font plaisir que je n'ai pas à me forcer.

3 août

Encore un « Grand Débat », « Cartes sur Table », « Face à Face », ce soir. C'est volontiers Paul qui commence : « Tu ferais la plus grande connerie de ta vie si tu décidais de vivre avec Kurt, sans avoir essayé de cohabiter trois mois avec lui. » La plus grande connerie de ma vie, non. Ce ne serait pas pire que d'avoir épousé Georges, et fait dans la foulée mes deux filles, sans non plus avoir essayé de vivre avec lui, même huit jours ! Ce serait prendre les mêmes risques que toutes les mariées d'autrefois : énormes. Mais vivre un an avec quelqu'un, est-ce une garantie de durée ? Je sais que, dans mon cas, trois mois seraient assez pour savoir si Kurt m'horripilerait ou serait par trop insuffisant. Ou bien commencerait à être physiquement moins magique, ce qui est fatal. Mais le désir et le plaisir peuvent durer quelques années encore. À nos âges, c'est l'éternité ! C'est en tout cas ce qui nous reste de vie active. Et justement, ces trois mois, il ne peut pas les prendre. Et maintenant que tout m'est égal, dans une certaine mesure, que rien ne me fait trembler en tout cas, je découvre toutes les fuites et les zones aveugles, volontairement occultées, de Paul.

« Tu essaies de te faire passer pour une martyre, dans cette histoire, alors que tu as toutes les cartes en main. Deux hommes prêts à faire quelque chose d'assez rare pour toi : Kurt à briser sa vie, moi prêt à ce qu'il vienne en France avec toi si tu le veux.

— Mais je ne me fais pas du tout passer pour une martyre. J'ai conscience d'être la moins menacée d'être malheureuse, quelle que soit l'issue de cette situation. Il y a un "martyr" là-dedans : c'est Kurt.

— Ah ? dit Paul incrédule.

— Kurt est en retraite, sans espoir de joies professionnelles, même s'il pilote encore un peu et, si nous renonçons, il restera face à une femme avec laquelle il n'a plus aucune relation intime, pas même de tendresse.. Toi, tu viens de choisir avec Mitterrand une direction qui te passionne, tu as dix ans de moins que Kurt, de l'argent, des amis, une vie animée et amusante, des femmes qui t'aiment…

— Bon, en somme, c'est à moi d'attendre votre bon plaisir et votre décision ?

— Et pourquoi pas ? Cela t'humilie ? Tu es toujours libre de décider que je n'en vaux pas la chandelle et de te séparer de moi. Moi, j'ai attendu très longtemps, plusieurs années, dans l'indécision et l'angoisse de ne plus être aimée. Et à un âge où on a moins de patience. Mais si tu ne peux pas attendre…

— Je n'ai pas envie d'attendre cent ans…

— Moi non plus. Je t'ai dit que nous serons obligés de prendre une décision cet automne.

— Quand ? J'ai besoin de savoir quand, pour m'organiser moi aussi… (Cette façon de ne pas pouvoir être en reste, rester seul à attendre, si moi je ne suis pas seule. Et combien de fois l'ai-je été, seule ?)

— Si j'ai quinze jours de liberté, poursuit Paul, je veux le savoir d'avance pour en profiter au maximum. (Il n'aura pas quinze jours de liberté, il n'a déjà pas un week-end par mois. C'est quelque chose qui m'a toujours déplu cette façon de remplir les vides.)

Alors en somme, je n'ai qu'à attendre le bon vouloir de Kurt ? C'est lui qui va décider ?

— C'est nous deux, oui. Cela se trouve comme ça. Quand on aime, on dépend parfois de l'autre.

— Ce que je trouve terrible, c'est que nos trente ans de passé ne comptent plus pour toi.

— Non, effectivement : ce n'est pas parce qu'on a passé trente ans ensemble que je me sens tenue d'en passer encore dix. On s'est toujours heurtés là-dessus : trente ans de vie ensemble, disons de bonheur, c'est merveilleux. C'est trente ans de vie gagnés. En aucun cas, ce n'est une raison de continuer. Toi, tu restes avec moi à cause du passé, je le sais.

— En tout cas, je ne pourrai pas continuer à vivre avec toi comme ça ; comme depuis quelques années.

— Mais même si Kurt mourait demain, je ne redeviendrais pas comme il y a dix ans ! Et moi, je trouve qu'on peut vivre comme ça. Je ne vais pas prendre des résolutions, changer de… de quoi au fait ? À nos âges, nos personnalités se sont endurcies. On ne va pas se mettre à faire des "efforts"…

— Si tu me disais : j'ai envie de continuer à vivre avec toi, tout serait réglé. Le reste s'arrangerait. J'accepterais très bien Kurt.

— Tu es irréaliste : tu m'as déjà imposé une vie à trois. Je n'ai pas pu. Tu ne pourrais pas davantage. Et on vivrait où ? Kurt et moi dans le petit appartement du haut de la maison de Hyères, et toi en bas ? Je descendrais pour jardiner ? »

9 août

Pluie ! Quelle surprise, on vivait en espadrilles depuis des jours…

Quand je vois Paul remonter ses épaules, laisser s'enfoncer sa tête dans son cou, comme une tortue, j'ai l'impression d'un vieux crustacé qui se calcifie et rentre en lui-même sous sa carapace durcie ! Je baisse mes épaules et je tire sur mon cou…

15 août

Flora et Bernard arrivés en même temps que Constance, il y a deux jours. Bernard, irlandais par sa mère et père anglais, grâce à qui nous avons découvert l'Irlande, il y a quatre ans, date de notre coup de foudre. Il était complètement saoul, hier soir. Il a tenu des discours sur les gauchers et les droitiers – et les ambidextres qui seront les hommes de demain – tandis que Flora, qui a bien bu aussi, discourt à grand renfort de mains et d'épaules sur sa connaissance des gauchers à travers sa fille Colombe. Ses efforts pour les comprendre, sa certitude que la main gauche est la main artiste. Puis discute avec Constance sur les maladies psychosomatiques, les seules selon elle : « Refuse », dit-elle à Constance, atteinte elle aussi de diarrhée verbale, et qui raconte ses phlegmons pour se justifier ! Pendant ce temps, les homards achetés au Huntsman font leur œuvre : Constance a vomi tout son dîner. Flora, heureusement, n'avait pas mangé son demi-homard jugé trop mou.

17 août

Après deux grandes marées ravissantes en face de Lastcove Pier, Bernard, toujours téméraire, s'est baigné. On a pêché des pétoncles, des palourdes, des praires et des coques. Plus 2 kilos de bouquets, dont près de la moitié très gros.

Balade aux Scariffs l'après-midi : on pêche de gros lieus. Apprendre le maniement du moulinet à Bernard, qui ne sait même pas allumer le gaz, est un tour de force ! Il est le seul à n'avoir rien pris d'ailleurs.

Bernard lit *Ireland, a tragic beauty* de Léon Uris et le déclare violemment anti-anglais dans sa vision de l'Irlande. Comment ne pas l'être ? Puis il nous a fait une tirade sur les femmes voilées et enfermées qui me hérisse le poil et chatouille même Flora. C'était à propos des femmes afghanes derrière leurs grilles : « Ce n'est pas parce qu'elles sont enfermées qu'elles n'ont pas de pouvoir. Elles ont une influence énorme sur les hommes et se mêlent de tout… »

19 août

Dîner délicieux hier au Huntsman. Nous sommes rentrés joyeusement, Flora et moi, rigolant comme deux pochardes. On a continué à boire et, à un moment, Paul, sentimental à cause de l'alcool, a dit : « Tout ce que je souhaite maintenant, c'est d'avoir assez de temps pour aimer suffisamment Benoîte… — C'est parce que tu ne l'as pas aimée assez jusqu'ici ! » s'écrie Flora qui ne lui pardonnera jamais l'épisode Marie-Claire ; ni les autres amours contingentes. Paul a préféré ne pas répondre, pour ne pas créer d'incident, mais il avait sur la langue : « Je ne sais pas si je l'ai aimée assez, mais en tout cas plus longtemps que toi Michael » (son premier mari).

20 août

Ils sont partis ce matin par un temps gris : « Tu conduis admirablement, me dit Bernard en me quittant à l'aéroport. Et tu es admirablement increvable ! Levée à 8 heures pour fumer le haddock et relever les casiers. Ensuite, la pêche, et maintenant, cinq heures de route aller et retour ! Je t'admire. »

C'est vrai que ce climat me dope et que je ressens une griserie à pouvoir me passer, enfin, de Paul. Et je m'aperçois qu'en le perdant, je n'irai pas moins en mer. Au contraire ! Je découvre, maintenant que mon regard est froid, que Paul a toujours préféré avoir son bateau dans un port, sous ses yeux, et rêver qu'on part demain. Quand demain arrive, il trouve une raison : météo et, s'il n'y en a pas, il se foule un poil ! Il est à la fois timoré et ennemi de l'effort physique. Et le rêve est tellement plus beau… Et puis j'ai l'impression de lui imposer un effort quand il doit porter le Johnson sur la cale : un effort qui gâche presque son plaisir. Je commence à avoir le sentiment d'être un chien de traîneau : je hale un Paul qui ralentit et traîne de plus en plus.

Le petit Johnson marche très bien sous ma main inexperte. C'est comme tout : on attribue à l'autre un talent inégalable. On n'est tout simplement pas initié. Je m'y mets, et ça marche ! Je n'en suis pas encore à démonter les bougies, mais ça viendra. J'en tire une grande fierté, quand je fonce en pneumatique dans la baie avec Constance. Comme un homme !

Mon amie hyéroise, Nicole, m'a écrit pour me donner son sentiment : « À te voir en couple, je préfère mille fois fréquenter Paul qui est notre ami. Mais à te voir toi, en couple, je te préfère ces dernières années, telle que tu apparais en présence de Kurt : moins tendue, plus chaleureuse, plus gaie, moins furieusement adulte. » C'est ainsi que je lui apparais ? Eh oui, furieusement adulte : il le faut, par réaction contre l'éternel adolescent sans bagage qu'est Paul.

Du plaisir de l'Irlande pour moi fait aussi partie cette lassitude de l'Irlande qui me vient à la fin de nos séjours. De l'incommensurable tristesse du paysage, qui finit par vous entrer dans l'âme comme s'insinue l'humidité, vous laissant une odeur indélébile. Malgré deux homards en deux jours – plus les kilos de bouquets journaliers – je suis contente de partir. Nous sommes, nous autres Français, abominablement gâtés. Et moi, encore plus. La perspective du soleil sec de Hyères, de la tiédeur de Doëlan, de l'excitation intellectuelle de Paris, de mes filles, des amis, du cinéma, face à l'austérité d'une vie comme celle de Susan Foxall entre ses six oies, deux vaches, quatre poules et ses carrés d'échalotes. Ne pas sortir et n'avoir pour tout potage que son mari… Et tout ça dans le climat irlandais où l'automne commence fin août.

Constance et moi, on a tout rangé, nettoyé, avant d'aller pêcher une dernière fois.

21 août

Je passe par des heures – le matin surtout – où il me semble impossible de tout caser dans cette vie si savamment orchestrée, dans tant de maisons tellement plaisantes. Et par d'autres heures – le soir surtout – où l'idée de ne plus être aimée visiblement, suivie des yeux, couvée, de ne plus faire l'amour et de ne plus rigoler comme une jeune bécasse, me semble une amputation impossible à supporter. Alors ? Faut-il choisir le soir ou le matin ?

23 août

Quinze jours sans lettre de Kurt… Seule la mort pourrait l'expliquer. Je ne plaisante pas. Ou l'infarctus grave, ou la paralysie. J'ai téléphoné trois fois à 8 heures du matin où, d'habitude, lui seul est levé. C'est sa femme qui a répondu. Je bâtis des scénarios dont aucun n'est rassurant : il est sans doute à l'hôpital. Bien sûr, je peux y aller. Mais comment le voir sans que Peggy soit mise au courant ? Accident d'auto ? Hémiplégie ? Ce serait étonnant : ses examens médicaux de pilote, tout récents, étaient plus que parfaits.

J'avoue que toutes ces éventualités me glacent. Mon dernier amant, peut-être. En tout cas, je n'en aimerai pas d'autre à ce point. Avec, en plus de l'accord physique, toute cette sentimentalité accumulée en quarante ans, et cet amour inconditionnel qu'il me porte. Il faudrait en faire mon deuil. Et le deuil de mon corps, de ma jeunesse, de mes escapades avec lui. Que le monde me paraîtrait terne et quotidien, malgré ma belle vie, sans ses lettres passionnées. Tout ce qu'il y a d'improbable dans ma vie serait réduit à néant. Improbable à soixante ans de recevoir tous les jours : « I adore you. » Improbable d'avoir un amant plus passionné que tous ceux du passé et qui me comble à ce point. Je retomberais dans le normal. Une femme encore étonnante physiquement, mais qui approche dangereusement de la vieillesse, et du renoncement à l'amour. J'aurais très peur de ne plus avoir le courage de rester jeune.

25 août

Une lettre, enfin, qui a mis seize jours pour arriver. Mais mes imaginations morbides se dissipent mal. Il a fallu que j'entende sa voix, ce matin, pour m'assurer que rien n'avait changé, qu'il était vivant et dans les mêmes dispositions. Il décroche toujours l'appareil en disant : « I love you, my Darling. » Un bip, avant la sonnerie, lui signale que c'est un coup de téléphone international.

26 août

Les basses pressions vous donnent des rhumatismes à l'âme.

1982

1er août

Traversée d'huile sur le *Quiberon*, gros ferry qui, d'habitude, « fait » l'Angleterre. Voiture très chargée : quinze kilos de gros sel dénaturé, plus un kilo pour la cuisine. Trois casiers sur le toit, un dans la voiture. Deux haveneaux, une table de nuit en plastique, une chaise, un store, un tapa pour notre chambre. Une carte des fonds de la rivière de Kenmare, encadrée et sous-verre plastique, plus un affreux tableau qu'on nous a donné et qu'on dirait peint avec de la merde et des cendres ! Plus les valises, bien sûr, et les cinq bidons de dix litres de vin de Cahors. Plus le réservoir du moteur qu'on avait oublié l'an dernier.

Paul n'avait pas très envie de quitter Doëlan. Et puis l'Irlande nous subjugue toujours : plus belle encore, plus belle que dans notre souvenir.

2 août

On a joui aujourd'hui de la dernière journée des six semaines méditerranéennes de l'Irlande : 25 °C le soir à 9 heures ! Il a si peu plu que la pelouse, plantée par Christophe, est maigre et pelée. Mais la maison est sur un fond de verdure. La haie est plantée d'olearias piquants plus deux bouleaux au fond. Les rhododendrons sont mourants, eux…

3 août

Paul, depuis ce matin, bricole et cloue, chose aussi inouïe que le temps qu'il fait ! Il a suspendu tous nos tableaux. La maison est impeccable, liliale, immaculée, sans une tache d'humidité.

Déjeuner avec Jean Glavany, un « jeunot » – trente-deux ans – chef de cabinet de Mitterrand, et sa femme, charmante, très Sud-Ouest. Lui est breton.

L'après-midi, on a gonflé le pneumatique et on a essayé le moteur, non sans quelques émotions, car il cale si on embraie sans accélérer. Nous avons mis le tramail à 11 heures pour faire de la boette. Mis la ligne : 3 petits lieus. Relevé le tramail à 17 heures : plus de 10 kilos de poisson ! Deux lieus d'1,5 kilo et un de 2 kilos. Un congre de 2 kilos et deux grosses vieilles d'1,7 kilo, et 5 kilos de vieilles moyennes.

Nettoyé les filets. Remonté le Johnson, un six-chevaux beaucoup plus lourd que l'ancien. Coupé et mis à saler une vingtaine de vieilles. Fait la soupe au congre et poissons.

4 août

Temps que je trouverais affreux partout ailleurs : rafales très froides et 13 °C ce matin. Mais belle pêche, même sous la pluie, puis le drizzle. De grosses étrilles, quelques bigorneaux. Et plus loin, je remonte les deux casiers à crevettes, pleins de ces beaux bouquets vert pâle des fonds de sable. Vingt minutes d'aviron : je rame tout doucement pour ne pas effrayer un couple de hérons qui habite dans le coin. Je rentre trempée jusqu'au ventre. Jamais douche chaude ne fut plus exquise ! Ce soir, je suis délicieusement percluse de courbatures aux épaules.

5 août

Fort vent N.O. qui a un peu gâté ma pêche. Les grosses crevettes avaient fui… La mer ne déchalait[1] pas et le Johnson n'a pas redémarré. On a dû rentrer à l'aviron avec le pneumatique. Très pénible.

Paul porte un foulard rouge, noué à l'indienne autour de la tête, avec une longue plume de mouette piquée dedans. Ça lui va comme à Bison Futé ! Il a un vrai visage d'Indien, à la stupéfaction des gens qui

1. Déchaler : action de la mer qui descend.

passent en voiture et voient un Sioux qui se promène devant la façade !

6 août

Cette année, Paul a obtenu un résultat important qui aura infléchi le destin de la France sur un point qui n'est pas mineur. L'impôt sur les œuvres d'art a été supprimé du projet Fabius, sur demande personnelle de François Mitterrand. Paul lui avait envoyé une note très ferme – pas dans sa manière – pour lui faire valoir combien ce serait un mauvais coup pour la peinture française : expos qui n'auraient plus lieu, œuvres d'art revendues à l'étranger, etc. Mitterrand a été étonné que Paul parle sur ce ton et s'est laissé convaincre.

On a décidé de changer de bateau. On vend le dériveur breton, trop lourd, trop voilé, et on prend un vilain canot de plastique de onze pieds avec trois bancs et deux paires d'avirons, très pratique pour la pêche.

Belle journée irlandaise, commencée dans la grisaille, avec quelques grains, terminée avec un ciel ardemment bleu. J'ai été poser en Tabur mes trois casiers à homards. Demain, je mettrai mes deux casiers à crevettes.

7 août

Retrouvé mes pêches solitaires du matin. Ici, personne n'est levé avant 9 ou 10 heures. Les oiseaux sont chez eux sur la mer déserte. Calme plat dans l'Anse à Lison. Les étrilles grouillent. Un bonheur tranquille que rien ne peut troubler.

Les goélands ont retrouvé le trou à « ordures biodégradables ». Ils passent majestueux puis, comme l'hermine, se gorgent de poissons pourris et de vieux ossements.

Déjeuner à Caherdaniel au Dominique, restaurant adorable sur une courette pleine de pois de senteur et capucines. Un treillage sur le muret de parpaing, qu'ils ont monté pour s'isoler d'une autre courette, genre traditionnel irlandais : dépôt de ferraille, vieux frigos, matelas, pots d'échappement, sacs plastique. Et les fenêtres du Freddie's Bar donnent dessus ! C'est pareil en Martinique : on jette le frigo dès qu'il a un faux contact. Mais la végétation a vite fait de tout recouvrir. Ici, c'est sordide.

Dominique, inchangée, nous dit : « Le mois de juillet a été épouvantablement chaud. » Elle en a marre de cuisiner – elle a ouvert il y a trois mois ! Ne peut plus manger ni viande ni poisson. Elle a beaucoup maigri d'ailleurs. Elle nous dit qu'elle commande sur catalogue des pistaches, des fruits, des coquilles Saint-Jacques (congelées) et que le camion arrive vide. Tout manque, sauf le thé.

Chez Freddie, supermarket, le deep freeze est tiède. On renifle la viande avant de servir.

8 août

Inauguré le *Drennec*, notre nouveau bateau, dans des conditions époustouflantes : calme argenté, grande marée basse. La mer comme une immense aigue-marine où seraient enchâssées les roches et les algues de toutes les couleurs, mirliflores comme dirait l'autre…

Nous avons commencé par les deux casiers à bouquets à l'anse de la petite digue : grouillants ! Une livre de « bœufs » ! Paul godille doucement jusqu'à la roche, les casiers sont dans un mètre cinquante d'eau. Puis dans l'Anse à Lison, mes trois casiers.

Ensuite, nous avons tranquillement posé le filet norvégien de surface, là où j'ai vu sauter un saumon hier. Puis, histoire de dire, on a fait un tour dix minutes entre la Roche à Lison et la passe : un lieu d'1 kilo !

On s'est hâtés de rentrer.

À midi, les nuages s'entrouvrirent. À 14 heures, grand bleu et soleil brûlant malgré un petit vent de suroît. Dans le rond découpé dans le tissu de la lande, pas un souffle. Nudisme et extase. À gauche, montagnes en patchwork violet et vert et la baie – grecque – avec ses quelques yachts. À droite, le large : Bull's Head, the 2 Heads, la péninsule de Beera et les Caha Mountains. Indicible. Alors tais-toi !

10 août

Dans le Rond des Sorcières : le vent d'ouest est imperceptible ici, et la vue bouleversante de tous côtés. J'aperçois dans le sud-ouest notre bouée du casier plastique : un bidon de vin du Quercy de cinq litres, apporté de Paris, qui connaît un sort glorieux en plein Atlantique ! À propos de glorieux, ça continue. Ce matin, peu de bouquets : 400 grammes environ et quelques étrilles. Mais dans le filet norvégien, où l'on voyait depuis deux jours des trous incompréhensibles, puisqu'il est tout neuf, et jamais posé dans aucune mer. Eh bien ce matin, on trouve un énorme mulet d'1,5 kilo en train de casser les mailles – très fragiles – pour s'en sauver. On l'a eu, sans doute de justesse ! On l'a mangé à midi, en croûte. Paul cuisine comme un dingue à tous les repas : pommes soufflées, tarte aux pommes (home made). Ce soir, je suis menacée d'un stew de bœuf avec la viande trop fraîche ramenée hier.

Je couds ici chaque fois que je ne pêche pas : mal d'ailleurs, je ne fais aucun progrès ! J'ai fait deux dessus-de-lit, pour la chambre du premier, avec un grand en coton indien rose vif, acheté en solde au Bon Marché.

Que c'est LONG d'avoir des enfants. Écrit aux trois en deux jours. On continue à se répandre en conseils, encouragements, discours… Sinon, pourquoi faire des enfants ?

11 août

Je le savais que Paul serait furieux quand je reparaîtrais avec ma pêche : 4 kilos de bouquets… Une livre donnée à Foxall. 2 kilos pour la soupe – sublime –, le reste pour les Déon ce soir. Et une douzaine d'oursins, une coquille Saint-Jacques et d'énormes bigorneaux. Le drame, c'est qu'il faut manger sa pêche et, autre drame, la cuire ! Les tourteaux de ce matin, les crevettes, la soupe, le lieu à saler. Reste un demi-mulet en souffrance.

En période de grandes marées, impossible d'écrire. La relève des casiers puis retour pour changer de tenue et d'instruments. Puis vingt minutes d'aviron en Tabur, avec haveneaux et deux paniers de pêche. Puis la cuisson de tout ça… Puis mettre à sécher mes boots et mon jean mouillé jusqu'au nombril. Avoir soulevé à bout de bras des tonnes de laminaires, porté à m'en scier l'épaule la hotte chargée de kilos de bouquets, résultat : les reins moulus.

Michèle Rossignol vient de se bloquer un disque en faisant le ménage avec sa mère en Normandie : huit jours de chaise longue. J'aimerais mieux me le bloquer autrement ! Mais nous continuons, Paul et moi, à être miraculeusement indemnes de ce côté-là.

12 août

Encore une journée à 22 °C. Mais un vent froid s'est levé soudain, à marée haute. Foxall en a profité pour aller faire un peu de planche à voile, vers 19 heure 30, l'heure où son après-midi commence. Nous, on a mangé des crevettes, pour changer ! Et j'en ai donné 2 kilos à Foxall.

Vers 21 heures 30, on est montés à Scariff pour la soirée chantante de Catherine et Mary. 70 % d'enfants, presque tous merveilleusement beaux avec des petits profils fins, des yeux d'un bleu perçant, des taches de rousseur. Quelques colosses. Des belles gueules de vieux, un verre dans chaque main : un Paddy, une bière Smithwick. Les femmes, après le troisième ou quatrième enfant, sont foutues, épaisses. Comme elles ne vont ni chez le dentiste ni chez le phlébologue, elles tournent très vite au sac à œufs avec des parois en mauvais état.

Une ou deux ravissantes renardes sous des cheveux auburn frisés, et puis elles se lèvent, trois ou quatre petits mômes presque jumeaux pendus à leurs jupes. Je ne m'ennuie jamais une seconde dans ces pubs. Même avec plein de mômes qui courent partout, au point que la chanteuse en était assiégée. Ils renversaient son pupitre à musique et s'escrimaient, juste sous sa guitare, sur un nouveau jeu électronique. Quelques touristes prétentieux, deux ou trois Lady Di, avec toutes le même tic pour relever leurs cheveux qui sont mis en plis pour leur tomber dans les yeux. Fascinant ! Mais aucune ambiance ce soir. Les gens rigolent ou se lèvent et s'en vont, sans un regard quand elles commencent une chanson. Mais même une soirée ratée est réussie grâce à cette atmosphère unique de singing pubs. Paul avait beaucoup bu avant d'y aller, et il a continué : l'arrivée prochaine de Kurt, le 17 ? Il est tombé sentimental comme on tombe enceinte !

Il va beaucoup mieux : d'abord le visage hâlé et, surtout, plus ce creux sous les yeux, ces traits froissés, cet air épuisé. On a dormi huit heures la nuit dernière : et lui encore deux heures cette après-midi. Se prend un Témesta pour pouvoir rempiler : « Je ne veux ni penser ni rêver ; je veux un sommeil bien ivre sur la grève. »

Je voudrais écrire de la poésie ici : j'avais apporté mes vieux poèmes pour en faire un ou deux projets de chanson pour Pauline Julien. Elle vient de lire mon dernier livre et m'a écrit une lettre merveilleuse. J'en reçois plusieurs chaque jour d'ailleurs. Toutes insistent sur le réconfort qu'elles y trouvent, et c'est ce qui me fait le plus de plaisir. Je suis ravie de recevoir mon courrier et mes journaux en Irlande : *Le Matin* de six jours reste très frais ici et vous amène l'air de France… Dans *L'Obs*, reçu cette semaine : « La Saga de Monaco ». Rainier, le menton gonflé comme un Bombard, habit et nœud papillon, entouré de ses deux filles, comme deux choux de crème fraîche, dans des robes du soir blanches. On dirait une couverture de *Jours de France*. Mais Bretécher est toujours aussi percutante : qu'elle épingle les milieux hospitaliers, bas bretons, intellocrates parisiens ou jeunes cons.

13 août

Je n'ai finalement pas écrit de poésies… Il fait trop beau et on pêche trop : les jours sont si pleins ici. C'est ce que j'aime dans cette vie irlandaise. J'y déploie une activité physique bouleversante après tant de mois assise à écrire. Je me régale d'efforts, de courbatures, de vaisselles, de corvées, de vieilles et de saumure, et au total, je me retrouve souple, vive, musclée.

14 août

Non, ce n'est pas vrai : l'Irlande nous offrira-t-elle toujours ces spectacles caricaturaux d'elle-même ? On a pris, sur un chemin entre Sneem et le Gap of Dunloe, un autostoppeur, sac au dos, qui se rendait au Youth Hostel avant de faire l'ascension du plus haut sommet d'Irlande : 1 040 mètres. C'était un Irlandais du Nord, vingt, vingt-cinq ans. Il se disait écrivain et il avait sous le bras un gros livre : Joyce bien sûr !

À un moment, on s'est arrêtés en haut d'une côte, bloquant la route étroite, pour admirer la vue : une voiture de police est arrivée – mais que faisait-elle là ? –, deux flics sont sortis et se sont approchés de nous. On s'est dit qu'on allait se faire « engueuler ». Pas du tout : ils se sont mis à s'extasier avec nous de la beauté de la vue, de la beauté de l'Irlande ! Impensable en France.

On s'est un peu perdus ensuite, grâce à une carte approximative : on est tombés sur une sorte de relais de rouliers du XIXe siècle. Avec des dizaines de carrioles, des chevaux partout, grands ponies irlandais broutant leur picotin dans des sacs accrochés à leur cou, comme autrefois… Ces sacs de chanvre beige que je n'avais pas vus depuis si longtemps !

Partis à 15 heures, rentrés à 21 heures. Retrouvé près de la côte ce ciel idiot, totalement bleu. Et près de Dunloe, ces nuages qui sont irlandais et ne se comportent pas comme les autres. Ils s'amoncellent, comme des tas de neige sur les sommets, et s'étalent en draperies dans les failles, épousant le profil des montagnes qui, elles, font comme si elles étaient de vraies montagnes. Par endroits, on se croirait au Pérou, en Afghanistan, dans la Cordillère des Andes. Immenses plateaux désolés, entre des pentes de rocs gris ou violets enrobés de bruyères, d'ajoncs et de taches d'herbe occupées chacune par un mouton. Aussi fous que les Irlandais, les moutons… Et que les petites vaches alpinistes.

15 août

Insomnie à 4 heures du matin : j'ai rarement, heureusement, de soudains aperçus de la vie de vieillard, de MA vie de vieillarde. Et je les refuse. Je me respecte trop pour subsister au rabais et je n'aime que FAIRE. Non, je ne subirai pas l'atroce vieillesse et je crois que j'aurai le courage de me faire mourir. Malgré ma curiosité : mais les choses ne m'amuseront plus, sinon je ne serais pas vieille justement ! Je refuse la décrépitude, la mort lente assise dans la chambre « d'un asile de déchets », comme l'a écrit Sylvie Caster. C'est une pensée rassurante : pourquoi avoir peur et horreur de la vieillesse, si on sait que l'on pourra l'éviter ?

16 août

Reçu une lettre pathétique de Kurt : Peggy s'invente de nouvelles douleurs chaque jour pour mieux l'esclavagiser. On lui a fait des radios des vertèbres. Son cancer est en rémission : son mal au dos est un moyen de clouer Kurt auprès d'elle. Mais il arrive tout de même demain !

17 août

Paul part cette après-midi et Kurt arrive presque simultanément. Pas une journée de répit et de solitude.

Je m'en veux de souhaiter davantage l'arrivée de l'homme de peine que de l'homme de joie ! Mais je lui fais, et je me fais confiance : la joie viendra car « la joie venait toujours après la peine, t'en fais pas, mon amour ». Mais n'oublions pas les derniers mots : « J'vieillirai. »

18 août

« Je t'appelle pour te dire que j'ai passé de très bonnes vacances avec toi. » J'ai entendu ces mots imprévus de Paul qui m'appelait de l'aéroport hier, avant d'embarquer. Ils m'ont touchée. Et le fait que Paul ait réussi à n'avoir presque pas une seconde – si, une ou deux –, ce ton amer qu'il prend quand l'heure approche de laisser la place à un autre : ses allusions vulgaires ou désabusées, en voyant changer les draps et mettre les « draps de l'amour ». Sauf pour l'amour, justement, c'est vrai que le séjour a été charmant, agréable, gai. Mais il souffre de ne plus être le Roi incontesté, le Dieu admiré. Autrefois, je me sentais menacée : j'avais l'impression que tout amusait Paul autant que ma personne qui lui était trop acquise. Il traversait la vie à l'aise, grâce à son charme et grâce au rempart d'amour – de mon amour – qui l'accompagnait partout. Le fait que je ne sois plus à sa dévotion lui gâche un peu le plaisir de plaire à d'autres. Pourtant, je le flatte encore. Je l'ai toujours flatté. Instinctivement et amoureusement pendant vingt ans. Par prudence et affection, maintenant. Mais je me contrains à ne pas lui dire tout ce que je pense. Il m'aime, oui. Mais il ne me fait pas cadeau de sa vie. Il m'offre en cadeau de partager la sienne. J'ai longtemps pris ça pour le plus beau des cadeaux.

Encore une fois, mon mécanisme a fonctionné au quart de poil : j'ai lâché Paul à Cork à 16 heures et retrouvé Kurt au Jury, trente kilomètres plus loin, à 16 heures 30 ! Il était venu de Shannon avec une voiture louée. Un bon café irlandais et en route après un premier baiser poli. Je ne parviens nulle part, même en rase campagne, à l'embrasser amoureusement après trois mois d'absence. Je ne peux pas rentrer bille en tête en amour avec ce visage toujours un peu estompé. Pourquoi lui ?

Mais notre intimité se recrée vite au premier Martini Dry qu'il me prépare.

19 août

Combien de temps aurait duré cette ardeur, eussions-nous vécu ensemble ? Longtemps, je crois, car elle est tout enrobée de douceur et de tendresse. Je ne me suis jamais sentie désirée autant, ni soutenue par un amour si solide, si constant, si attentif. Et puis, peut-être cet abord simple, presque fruste de Kurt me dénoue-t-il ? C'est bon parfois un non-intellectuel !

Étonnamment en accord avec lui physiquement : le goût de sa peau – je lui trouvais déjà un goût de gomme Éléphant en 1945 !! –, de son souffle quand il dort. Son absence d'odeur forte d'homme, et de sueur, alors qu'il est athlétique. Ses hanches étroites et ses très larges épaules. Pas de ventre… Mais la vieillesse, sous forme de grains de beauté trop nombreux sur le dos et le torse. Des mollesses sous le menton. Et une calvitie légère sur le dessus. Mais ses cheveux sont drus, blancs et noirs, légèrement frisés. Cela me ravage de le savoir si vieux, en tout cas si menacé à brève échéance par l'âge. Moi aussi, me direz-vous : mais d'abord, j'ai dix ans de moins et bander c'est sans doute plus dur que de se la faire mettre en douceur !

Je me raisonne. Je me répète que je me lasserais vite de la vie quotidienne avec lui. Comme je l'ai déjà fait il y a quarante ans. Et que le désir, ça s'émousse à force de servir : comme une lame. C'est l'absence qui l'aiguise. Je me le répète. Sans grand résultat. Et même sans résultat du tout ! Je n'ai jamais été aimée comme ça. Et puis cette certitude chez lui que j'ai été, que je suis l'amour de sa vie.

Ce que j'aime en lui c'est le contraste entre son esprit terre à terre, pragmatique, peu doué pour s'exprimer, et sa finesse, son respect de l'autre, son intuition dans le domaine physique. Il n'a jamais eu un geste déplaisant ou déplacé. Cela vaut bien l'intelligence : pas pour toute une vie, certes – mais quand on a beaucoup profité de l'intelligence, de trop d'intelligence, et qu'on a été obligée d'être intelligente aussi – c'est bon de donner libre cours à la grosse imbécile heureuse qu'on porte en soi. Ou du moins, que je porte en moi ! Je me régale à dire des choses bonnes à dire parce que évidentes, au lieu de me casser le ciboulot à me montrer fine ou profonde. Et le romantisme de cette grande carcasse m'enchante.

Et puis l'envie de ne pas être déjà une retraitée de l'amour. Kurt réalise le miracle d'avoir l'âge de mes souvenirs – pas son âge d'état civil – et une jeunesse physique qui m'abasourdit.

20 août

Pour moi les caresses, le cunnilingus – le mot vous dégoûterait de la chose – doivent culminer par la pénétration, et la suite. Comme un dîner se termine par le dessert ou l'alcool. Le plat de résistance, c'est tout de même la mise en commun de ses organes. Le reste, si adorable et intense que ce soit, n'est que zakouskis. Phénomène culturel ? Peut-être. Car je discerne très bien que la jouissance des zakouskis est réelle, objectivement : égoïste, orgasmique. L'autre est fantasme. Et alors ? Si on brûle la chandelle par les deux bouts, si on tire son plaisir par la tête et le cul, pourquoi pas ? Le total atteint une manière de perfection.

Les photos de Kurt et moi prises à Miami, il y a trois mois, éclatent de bonheur. On est tous les deux si hors du monde, si parfaitement et incroyablement accordés, unis, grisés, imbéciles, que ça a dû impressionner la pellicule ! Je suis plus rayonnante et jolie que je ne l'ai jamais été… Et lui respire l'ébahissement d'être si heureux. Au point que je ne les ai pas montrées à Paul. Ce n'est pas criant, c'est hurlant ! On ne se photographie plus, Paul et moi ; d'abord, il a un appareil encombrant et excellent. Résultat, on ne l'a jamais quand on le veut. Ensuite, je n'ai plus envie de le photographier avec son atroce casquette délavée qu'il ne quitte pas, grasse et noire autour de la visière, rouillée, tachée, pisseuse : ça, plus la bedaine. Eh bien, nous n'avons plus de photos. Alors qu'à Kercanic, sur le *Kenavo*, on se prenait sous tous les angles. Maintenant, on ne prend plus que le jardin, toujours beau, lui.

21 août

Hélas, pour le récent patron d'un nouveau bateau avec un moteur à peine rodé, le temps est devenu irlandais depuis le départ de Paul. Drizzle et vent d'est, par moments assez fort. Et mon vieux mousse ne sait ni ramer, ni tenir une ligne ni la remonter, et il n'a jamais démarré un hors-bord. Ce qui fait que je suis à l'aviron, au moteur, aux casiers. La vigie des mille et un dangers qui ne m'ont jamais paru si évidents depuis que Paul n'est plus à la barre… et que la mer est grise et houleuse.

Quand on n'est pas en mer, on est au lit ! Ou alors, je l'utilise dans une autre de ses spécialités : les réparations domestiques. Cette après-midi, on a rebouché la fissure sous la fenêtre de ma chambre et passé du vernis antihumidité, avant de la repeindre demain. Toujours aussi bon spécialiste. À terre…

Son incompétence intellectuelle me terrasse parfois : comment peut-on vivre dans un monde où l'on ne sait rien ? Je lui demande combien il croit qu'il y a d'habitants en Irlande, puisque nous en parlons avec les Joannon.

« Je ne sais pas… Cinquante millions ?

— Mais c'est le nombre de Français en France !

— Ah bon ! »

On lui dirait deux cents millions, alors qu'il connaît assez bien la désertique Irlande de l'Ouest, il le croirait.

22 août

Visité l'île de Valentia. On se demande pourquoi un pont vers cette île sans grand intérêt : côte plate et caillouteuse, villages abandonnés. Les ruines qui parsèment ce pays sont si abandonnées et squelettiques qu'on dirait des ruines de ruines…

Hôtel des Dunes vide derrière ses hortensias fous. On s'arrête à Lavelle, dans « le meilleur restaurant de l'île ». Affiche classique de sea-food : mussels, lobster, etc. En fait, ils ne servent que des sandwiches jambon-fromage à déjeuner. Les fruits de mer sont surtout le soir. Mais je suis bien tranquille qu'en dehors de la plaice (plie) qu'ils appellent black sole…

Voyage brumeux. Ballinskelligs dans une région plate et tourbeuse. Puis le grand port de Portmagee : deux ou trois chalutiers qui ressemblent déjà à des épaves. Maisons en ruine. Et ce pont qui ne mène nulle part.

Temps orageux et trop chaud : 20 °C ! Les couettes sont inadaptées et rien, c'est tout de même trop peu.

À peine rentrés de pêche à 10 heures 30, on croisait Sean O'Shea qui nous proposait de partir aux Skelligs à 11 heures. Pas de vent. Ciel sombre mais belle lumière. On a foncé ! Pas décevant. Mais je ne le ferai pas deux fois : j'ai trop le vertige. Escalier de pierres plates taillé dans trois cents mètres de roche, absolument à pic. À soixante-douze ans, Kurt a monté devant moi les six cents marches et était le premier arrivé au monastère.

Mais la petite Skellig est plus fascinante encore : blanche de la plus grande colonie d'oiseaux d'Europe avec les Hébrides. Trente mille fous de Bassan, pétrels, cormorans géants nichés sur chaque replat d'une corniche terrifiante, volant et hurlant autour du rocher déchiqueté en dents de scie. Je suis redescendue derrière Kurt, pour ne pas avoir la panique de quelqu'un dans mon dos. Pas un rayon de soleil, hélas, mais pas de pluie.

Deux heures trente de mer au retour. Je sens qu'on va trop à l'ouest, mais, peu sûr de son compas, O'Shea veut sans doute reconnaître la pointe nord de Waterville. On longe la côte, imperceptible, pendant près d'une heure. Navigation d'apprenti. On arrive à 18 heures, transpercés d'humidité mais contents.

L'*Oursin* – la baignoire qui sert de bateau à O'Shea – inénarrable ! Dans tous les angles du cockpit s'accumulent les débris de l'âge, des touristes et de l'usage : vieilles capsules, peaux de bananes, sable, débris divers. Les taquets géants sont tous les quatre cassés au ras du centre. Le grand coussin arrière, dehors toutes les nuits, n'est qu'une éponge : crevée d'ailleurs. Les touristes qu'il embarque – une dizaine – arrivent en short et chemisette, robe à fleurs, bas nylon : sans ciré, sans veste, et O'Shea ne leur donne pas un conseil. Mais très rapide et efficace pour se faire payer à l'arrivée !

À 21 heures, on part pour le Waterville Lake Hotel voir un groupe de très jeunes filles qui chantent sans accompagnement. Elles tricotent des gambettes avec une dextérité incroyable.

« You liked it ?

— It was different, me répond-il.

— Only that ?

— Well, it's nice to see different things. »

C'est la principale raison qu'il trouve. Mais voir les Skellig et sortir jusqu'à minuit, impensable avec Paul.

23 août, avant-dernier jour

Après trois jours de drizzle, de vrai beau sale temps irlandais, la belle canicule bleue est revenue.

Je lui fais mener une vie dingue à mon endorphin : mais je le nourris de crabes et de bouquets, voire de homard bi-hebdomadaire ! Hier matin, on a rentré un casier et mis dans les cinq autres tout ce qui restait d'appâts. Ce matin, grand branle-bas. Après tout, on n'avait fait l'amour qu'à 10 heures du soir, il avait eu le temps de se refaire !

Nous sommes allés chercher nos 300 grammes de bouquets et quelques crabes. Ramené le tout à terre dans le cher *Drennec*. Tout débarqué, y compris le moteur Johnson. On avait descendu la remorque : hélas, le ressort qui tient la rotule bloquée était cassé, malgré les affirmations tout à fait rassurantes de Paul. Il a fallu bricoler et manœuvrer comme des fous pour la remonter, devant le garage, en marche arrière.

Puis on a nettoyé les casiers et les toiles cirées avant de tout monter au grenier. Enfin, on a rincé le bateau et remis le sel dans des sacs plastique, après l'avoir fait sécher au soleil. Il était 11 heures 15, l'heure de ma marée basse. J'ai permis à mon endorphin de nettoyer la voiture au jet et d'aspirer l'intérieur, pendant que je filais en Tabur au bout du Lamb's Head pêcher 1,2 kilo de très beaux bouquets. Fait une soupe sublime.

Le couvert était mis à mon retour : de travers, mais mis ! On a mangé rapide pour aller un peu dans notre coin – clairière au grand soleil. Endorphin fait « Han » chaque fois qu'il se lève ou s'assied. Tous les muscles rompus, y compris le pénien !

Le soir, moments difficiles : la passe à franchir est rugueuse et la perspective, de l'autre côté, sinistre. Il refuse d'aborder ce sujet pour ne pas gâcher le séjour mais, un jour ou l'autre, on se laisse coincer. Kurt était de mauvais poil – et il en a beaucoup ! – depuis la veille. L'idée qu'il ne peut plus rien espérer pour notre avenir – il constate que je ne divorcerai jamais – le rend amer cette fois, plus que triste peut-être. Nous venions de prendre un verre sur la terrasse de Nolan, devant une baie calme à pleurer, pleine d'oiseaux de mer : Paddy Nolan, beau, torse nu et pantalon bleu clair en coton, me récitait :

« Et maintenant seigneur que j'ai ce calme sombre
De pouvoir désormais
Voir de mes yeux la guerre où je sais que dans l'ombre
Elle dort pour jamais… »

Avec Kurt, jamais nous ne récitons autre chose que des proverbes. Il ne connaît ni Poe, ni même Shakespeare. Nous avions eu des mots, avant, quand il proposa de laisser le *Reader's Digest* pour Bernard, le mari de Flora. J'ai répondu que, pas plus que moi, Bernard ne lisait le *Digest*. – « What makes you so sure ? » Comment lui dire que, « nous autres intellocrates », méprisons les Digest et que ce n'est jamais de la littérature. Il croit s'y instruire et oublie tout dans la semaine qui suit. Bref, si seulement il était Paddy Nolan, plus l'homme qu'il est la nuit !

Il me dit que ce ne serait pas suffisant, que je suis « trapped » comme lui, et n'ose pas changer de vie. Mais sa trappe est sinistre et ne débouche que sur la mort lente, auprès d'une femme malade qui se couche à 18 heures 30. Il ne sort pas, ne reçoit pas et ne s'intéresse à rien. Ma vie lui semble un torrent de richesse et de variété. Et en plus, je suis libre de la vivre comme je veux, ou presque.

25 août

Toujours aussi ardent dans sa tête et dans son cœur. Toujours la même passion. Me dit « Que tu es belle », en me contemplant tandis que je lui dis des choses peu amènes. Et alors que je suis particulièrement moche en ce moment. Devrais-je me contenter de ce plaisir rare et qui ne me sera plus donné ? Mais en même temps, il ne choisit plus, il ne me préfère à rien, puisqu'il n'a rien dans sa vie : rien qui lui fasse plaisir, rien qu'il aime. C'est pire et plus triste qu'un chien. MAIS… Son beau regard ébloui et bleu quand il dit avec tendresse : « Benoîte ! » Les compliments dont je m'aperçois soudain que je n'en reçois presque jamais. De mes filles, oui. Mais amoureux… Et ils sont si injustifiés, ces compliments, qu'ils me vont droit au cœur. Devrais-je dire à l'orgueil, à la vanité plutôt ?

26 août

À bord du *Quiberon*. Mer d'huile. Cabine 105, une merveille : rez-de-chaussée, une grande fenêtre, WC, douche. L'Endorphin bâille sans arrêt. On n'a pas déjeuné, il est vrai. Mais tout de même… Il se tortille du col comme une tortue. On n'a pourtant fait l'amour que deux fois cette nuit : au coucher, au réveil. Quoi de plus naturel pour un homme de soixante-douze ans ? soixante-treize aux premières neiges…

Beau ciel irlandais pour nos adieux à la côte de Cork. Mais Kurt ne s'intéresse qu'à la trace d'un jet dans le ciel et ne remarque pas les maisons multicolores.

On voit son sous-vêtement à col rond dans sa chemisette et il porte, avec son pantalon marron trop court, ses immenses chaussures toujours bien cirées. Manque d'argent, manque de goût ? Perte du souci de soi en vieillissant ? Ses yeux, qui n'ont jamais été beaux, rapetissent et sont rougeâtres. Comme les miens ! L'âge, quel assassin…

Suis au lit avec mon grand Kurt et ses secousses spasmodiques qui agitent son sommeil. Il se défonce et voudrait mourir en faisant l'amour. On s'y emploie, mais il ne meurt pas du tout : « Hélas ! » dit-il. Et moi, je vis et fais le plein de vit. Il est par moments crevé. Mais il ne s'agit pas de se reposer : il nous reste cinq jours à Paris. Je vois venir l'échéance dans une paix étrange. Un affreux sentiment de salope, sans doute. Je suis responsable de l'atmosphère sinistre entre lui et Peggy : sans lui avoir jamais rien promis, je l'ai laissé avoir de l'espoir et saboter gaiement une existence qui ne demandait que ça. Maintenant, je le regarde repartir vers son petit enfer climatisé, me laissant aimée, riche et célèbre… Et même pas trop malheureuse de son départ. Et pourtant : hier, je ne pouvais parler de rien, sous peine de fondre en larmes devant son chagrin qui s'affichait par une nervosité, des mouvements incessants, des phrases idiotes pour remplir les vides.

En y pensant, je sais ce qui se passe entre Kurt et moi : il est possédé. Je pèse mes mots : pour me couver d'un tel regard et se montrer si ardent, si attentif et adorateur de mes moindres recoins qu'il connaît par cœur – et là aussi je pèse mes mots – pour n'avoir jamais varié dans sa passion, pour faire l'amour à en mourir, il ne peut être que possédé. Comment rejeter un sentiment si rare, qui m'enveloppe sans cesse, même lui absent…

1983

1er août

Encore une traversée sur un lac. Il a fait splendide jusqu'à Sneem, puis le vent d'ouest a pris le dessus et nous sommes arrivés par brume et nuages.

En dehors de la « pelouse », Peter Grehan n'avait pas menti : tout ce qu'il a planté est mort. Il ne reste que les hortensias de la terrasse, plantés par moi, une des vignes vierges et une rose trémière admirable. Le petit parterre est plein de fleurs moutarde. Les fuchsias du coin soleil ont disparu, brûlés paraît-il, par le feu mis aux broussailles par les voisins.

Repris le moteur chez Charlie à Cork : gardiennage gratuit ! Acheté de l'huile, mais sa caisse étant bouclée pour le week-end, il n'a pas voulu qu'on le paie. Nous cherchions une bombe à colmater les crevaisons de pneu pour la remorque du bateau, l'employé en avait une dans sa voiture, dont il ne s'était jamais servi : il nous l'a donnée !

À Kenmare, je voulais le *Cork Examiner* pour les marées ; la dame n'avait plus que celui de la veille :

« Je ne vais pas vous vendre le journal d'hier, je vous le donne ! »

La maison n'a pas souffert de l'hiver et elle est propre : car il n'y a pas de poussière en Irlande. Le ménage est mal fait, mais tout est presque propre.

3 août

On aime tant cette maison parce que plus le dehors est inhospitalier, plus on apprécie le dedans. Plus la mer est dure, plus l'abri est doux. Tous ces contrastes me comblent.

Belle pêche ce matin : tourteaux, étrilles, et bouquets dans les casiers.

Je voulais acheter des boutons, introuvables apparemment, même les plus ordinaires. À Waterville : « People don't sew any more, you know. And they have zippers. » À Caherciveen : « Buttons ? No, we don't sell that. You will won't find much of that in this town. » Effectivement… Pas trouvé non plus de cafetière électrique.

Dans un pub sale, trois types – comme sur les cartes pittoresques – boivent. Le plus jeune porte un complet veston, dont la veste doit être suspendue à un crochet qui laisse une grande bosse vide dans son dos. Veston troué. Les deux grands vieux palabrent devant le comptoir noirâtre. Dans un coin, le minuscule âtre plein de vieux papiers, et deux choses de cuir qui ont été des fauteuils et qui rappellent que quelqu'un, un jour, rêva de donner un air de pub à ce coin.

Caherciveen se délabre : magasins fermés ou en ruine. Impossible de trouver du persil.

Les maisons aussi ont leurs mini-climats. Ici, comme en Bretagne, la salle de bains ne sèche jamais : une culotte mise sur un fil le matin est exactement aussi mouillée le soir. Il y a pourtant une fenêtre et du soleil, comme dans celle de Doëlan. Mais l'humidité sourd des murs.

Avons longuement parlé de notre cher René Fallet, mort récemment à cinquante-six ans. Cinquante-six ans seulement, comme disent tous ceux qui ont plus… Sous un physique assez « paysan », il cachait un romantisme échevelé. En amour tout particulièrement. Il a fait la cour à Blandine, à une époque lointaine, mais je l'avais mise en garde car tous les détails, les plus personnels et les plus scabreux, se retrouvaient dans ses excellents romans. Par exemple dans *Comment fais-tu l'amour, Cerise ?* Tiens, on ne lui a jamais reproché, à lui, de se servir de sa vie pour écrire…

4 août

Fort vent de N.E. et fortes pluies. Feu de tourbe toute la journée. Paul, pas très bien : bizarre, le cœur qui bat, pas faim. Est-il sensible aux basses pressions = dépression ? Je le croirais. On meurt par basse pression, plus volontiers.

Je lis une biographie de George Sand : je découvre qu'elle a poussé la liberté des mœurs à son extrême, tout en travaillant – soixante et onze romans, pour ne parler que d'eux –, en élevant avec passion ses enfants et petits-enfants. Elle a parlé de l'amour comme aucune femme avant elle. Du coup, elle a été haïe et calomniée : « Il flotte sur elle une odeur de lupanar » (Lamennais), mais c'est Baudelaire qui a été le pire. Cela m'amuse de voir qu'elle n'a pas hésité à aimer des hommes plus jeunes qu'elle et surtout, beaucoup moins brillants. Manceau, en particulier, son fidèle compagnon pendant quatorze ans : amant, homme de compagnie, serviteur privé lui facilitant son travail, toujours nocturne. Quand il est mort, de tuberculose – comme mon premier mari –, soigné fidèlement par elle depuis un an, elle avait soixante-trois ans à peu près. Mon Manceau pourrait être Kurt ! Cela n'empêchait pas Sand de fréquenter Flaubert, Delacroix, Sainte-Beuve and Co. Je me retrouve aussi dans son appétit pour la vie et son refus du malheur.

5 août

Enfin le vent tombe un peu : c'est une sorte de mistral N.E. avec de fortes et soudaines rafales. L'hiver, dans le port qui paraît si abrité, les assurances refusent d'assurer les bateaux. Des tourbillons descendent de la montagne et les soulèvent littéralement de l'eau. Le vent de N.E. est vicieux.

Ce matin, on a mis les deux casiers à crevettes et les trois à crustacés. Plus le tramail de surface. Paul, formidablement opérationnel. Fait beaucoup de cuisine pour nous deux : stews, desserts variés. Par une sorte de tropisme inconscient, il me suit partout : il voudrait m'empêcher d'avoir quinze minutes pour écrire à Kurt, il ne s'y prendrait pas autrement ! Par un hasard, tout aussi « motivé », c'est toujours lui qui voit le facteur mettre dans la boîte l'unique lettre que nous recevons : celle de Kurt. Dans quelques jours arriveront les journaux français et le courrier renvoyé de Doëlan...

Donc, il me suit machinalement, comme un enfant ou un chien : il rôde dans la chambre quand je me change, ou dans le salon où je vaque à peindre la table du jardin. Il passe son temps libre à marcher de long en large et je bute dix fois sur lui au cours de mes innombrables pérégrinations. Il ne fait même plus de sieste, cet espace de liberté pour moi. Moi, je vais très bien : plutôt laide avec des cheveux trop longs et crêpés ! Et pourtant j'ai beaucoup trimé pour ne pas enlaidir : hormones, liftings, piqûres de Gérovital et Placentafil. Massages et même gymnastique, parfois. Bons coiffeurs, bons produits. Tout, sauf me ménager et me priver de soleil.

6 août

Journée fantastique : levés à 7 heures, inquiets de notre tramail de surface. Un ciel totalement pur et pas un souffle. Dans nos casiers, 300 grammes de belles crevettes, étrilles et tourteaux. Dans le filet, deux gros mulets, 1,3 kilo et 900 grammes. Puis on a traîné et pris un lieu par inadvertance !

Croisé Foxall à 10 heures 30, sur le chemin du retour, qui nous a proposé un tour de voile sur son Canna vers Deenish. J'avais envie de connaître Deenish depuis qu'y a été refaite cette petite maison blanche, image de la solitude, vue de la table de notre salle à manger.

Vite rentrés pour cuire le bouquet, mettre au vivier les crabes pour Bernard et Flora qui arrivent demain, et nous changer un peu. Partis à 11 heures pour Deenish au moteur car peu de vent. Vu mon premier phoque – tête de chien ou de mouton – il suivait le pneumatique. Enfin vu un phoque autrement qu'avec un ballon sur le nez ! Rentrés à 14 heures par une gentille bise de travers.

Le ciel achève de se couvrir. Paul part en sieste. Le drizzle s'installe, le vent passe à S.O. alors que le baromètre et les prévisions annonçaient « fair ». Ce pays vous surprend et vous fait faux bond sans cesse.

Paul heureux, enfantin : influence des objets de ses parents partout ? Chante « Au clair de la lune » tout du long avec toutes les paroles. Joie de pouvoir se montrer puéril.

7 août

Arrivée de Flora et Bernard ce matin. Juste quand Paul se lassait de manger des crevettes !

Au fond, c'est très bien organisé : d'abord, huit jours seuls tous les deux, très réussis. L'Irlande est si ardente, et nous la sentons si passionnément qu'elle nous apporte le feu qui manque à nos relations. Puis Flora et Bernard et, ensuite, les filles qui viennent avec leurs maris, mais sans leurs enfants. Six dans la maison, ce sera rude avec une minuscule salle d'eau et des gendres peu ordonnés. Mais ce sera merveilleux de revoir l'Irlande avec leurs yeux. Enfin, je serai seule quelques jours après leur départ et ensuite celui de Paul. Je ne m'en plains pas. Je garderai le Tabur avec mes casiers et j'aurai le temps d'écrire, quand j'en aurai envie : à mes filles, à Michèle, à moi-même. Je pourrai jardiner, visiter la Péninsule de Beara et devenir poète, si je dois jamais l'être.

9 août

Hier soir, j'ai retrouvé Paul comme à la pire époque de tension : morne, taciturne, hostile même. Je revenais de balade avec Flo. Il écrivait à la table de notre chambre, puisque Flora et Sir Bernard occupent la chambre du haut. Les lettres de Kurt étaient dans un sous-main. Je suis intimement sûre qu'il en a lu au moins une, et qu'il a parcouru des pages de mon cahier, pourtant autocensuré quand il est là. Il semblait l'avoir digéré plus ou moins ce matin. Heureusement, nos activités adorées nous rapprochent et occultent nos éventuels griefs. Et puis, cela nous rapproche aussi de nous sentir plus souvent d'accord ensemble qu'avec nos invités !

Ce soir, il a évoqué avec insistance le pari gagné contre Serge, le mari de Lison, qui croyait que le référendum aurait lieu. Un magnum de Dom Pérignon dont il ne lui fera pas grâce, car c'est trop naïf de parier sur un sujet comme celui-là avec lui qui est forcément au courant… A resurgi mon irritation à le voir vaniteusement insister sur le fait qu'il ne peut avoir que raison, et que les « ceusses » qui ne sont pas de son avis sont des zozos. Je ne renchéris pas. Paul répète. Il veut qu'on reconnaisse sa sagesse, sa connaissance des affaires. Je dis : « Quelle importance ! Tu ne vas pas lui prendre ce Dom Pérignon ? — Si, me répond-il, et ça va TE coûter très cher. » Parce que Serge, en ce moment, emprunte de tous les côtés, dont à moi. Paul s'endort sans me dire bonsoir. Quel boudeur au fond, si facilement offensé. Qui s'en doute ?

J'ai relevé ce matin les casiers pleins de crabes qui se battaient entre eux comme d'habitude, Bernard était ravi de découvrir la vérité de l'expression : « Un panier de crabes » ! Puis j'ai posé le tramail que j'ai relevé avec Flora, vers 17 heures. Ils ne savent rien faire à bord. Mais Flora est serviable, ce qui est beaucoup plus ennuyeux ! Elle lâche toujours le cordage qu'il ne faut pas et fait du zèle d'une manière touchante. Mais en bateau, j'aime mieux qu'on ne bouge pas, si on ne sait pas. Bernard fait ce qu'on lui dit mais ne propose rien.

10 août

Ce soir nous sommes allés au Ted's Bar nous offrir des cafés irlandais. Puis rentrés à la maison et, en attendant que le gigot cuise, quelques Paddies. Puis beaucoup de vin. Puis de la fine... Bernard, fin saoul, se répétait. Flora l'a vite rejoint. Il faut dire qu'ils étaient saoulés de mer aussi !

Il ne fait pas beau, mais si beau. Pas pris un bain de soleil depuis mon arrivée. À qui cela importe ? Je ne vois pas d'homme, nue, jusqu'au 20 octobre.

11 août

Excellente soirée hier au Dominique's Restaurant où ils nous invitaient. Dîner remarquable : coq au vin et délicieuses glaces pralinées maison.

On a parlé poésie, récité du Hugo dont Paul connaît beaucoup de vers : « La cabane est pauvre mais bien close »... Flora connaît mieux, et même très bien, Verlaine, Apollinaire and Co. Elle a toujours une mémoire époustouflante. Soirée exquise, où je la retrouve naturelle comme rarement : drôle, spontanée, brillante.

En rentrant, elle me fait remarquer que Paul boit beaucoup. Elle ne « voit » pas Bernard qui boit trois fois plus ! Chaque femme ne croit-elle pas que le mari de l'autre est impossible à supporter ?

12 août

Au retour de la pêche, j'ai trouvé Paul sombre et fermé : je suis de plus en plus convaincue, et Flora aussi, qu'il lit soit mon *Journal*, soit les lettres de Kurt.

Il s'est remis à son roman : il fera moins de cuisine ! Je mesure ses progrès, son efficacité, en voyant Flora se taper Bernard qui n'arrive pas à déplier une chaise longue. Ce matin, il a demandé de l'aide pour verser l'eau de la bouilloire à thé : modèle ordinaire, même pas électrique, English typique. Bouleversant !

La roulotte de Foxall, l'infâme épave jaune, a été enlevée hier ! Tout le paysage en est changé, de la place où je m'assieds à table.

13 août

Après le départ de Flora et Bernard, revenant de Cork avec Alain, Blandine, Lison et Serge, j'apprends par Paul que l'eau ne coule plus dans les robinets : vingt-quatre heures de panique de civilisés qui ne peuvent plus se laver le cul ! Puis on prend le taureau par les cornes et l'eau par son origine. On grimpe dans les champs jusqu'au bassin pour trouver tout sec, le ruisseau tari. Et notre cuve du grenier est réduite à quinze centimètres d'eau boueuse, pleine d'animalcules. Les gendres vont chercher de l'eau (sale) au ruisseau du port, et on s'organise comme au Sahel. Abattement de ces demoiselles qui voulaient se laver les cheveux.

14 août

À 13 heures, rentrant de pêche, Paul, ménageant ses effets, annonce qu'il a fait resurgir la source d'un coup de baguette magique : la grosse bêche en l'occurrence ! Et que notre cuve du grenier, où Serge et Alain avaient déjà monté deux bidons de vingt litres, s'était remplie. Ah ! Le petit bruit de l'eau qui rentre dans une citerne ! Une heure plus tard, je prenais une douche. On économise car la source « divertie » par Paul n'est qu'un filet d'eau, mais l'euphorie est revenue. Un optimisme modéré est de rigueur car aucune pluie ne s'annonce.

On avait pris trois douzaines d'oursins très pleins, même les petits, du bouquet, une coquille Saint-Jacques et des pétoncles. Lison est folle de la pêche à pied, comme moi et comme Jeanne et Germaine Boivin autrefois. Elle est insatiable.

L'Irlande rend fou et est douce aux fous. Ici, le temps a le temps et vous bouscule autrement. On est vannés, on vit avec les nuages, le ciel et le vent. On retrouve de vieilles valeurs qui ne sont plus que références littéraires ou sentimentales…

15 août

Réveillée à 5 heures 30 par Paul, toujours un peu empoisonné par l'eau du fond de la cuve. Partie à 7 heures 30 pour aller relever le tramail : 6 lieus.

Puis nettoyage de la cuve boueuse dans tout le fond : une corvée à prévoir de toute façon. Ensuite

Alain s'est mis, sur les indications de l'index de Paul, à raser à la machette le trou de fougères pour rejoindre un muret dont les pierres vont nous servir pour le bas du champ. Serge avait un poil sous le pied qui l'empêchait de travailler !

Joie d'être sans les petites-filles. On ne les aime jamais autant ! Mes filles sont de jeunes fiancées qui ont choisi de passer dix jours avec leurs hommes. Pas des mères partageant les tâches parentales avec un époux qui se défile. Si gentiment…

16 août

Les jours de marée sont terribles. On déjeune à 16 heures. Tout le monde – sauf moi – part se coucher, fourbu ; même Serge qui n'est pourtant pas venu parce qu'il était crevé… On dîne vers 10 heures. Paul, qui a dormi de 5 à 8, a disparu après le dîner. Je l'ai retrouvé à 11 heures 30, endormi, déjà à des années-lumière de moi…

On vit en écoutant goutter l'eau dans le réservoir du grenier. Les Nolan ont eu la même idée que Paul et ont, à leur tour, diverti le filet d'eau à leur profit vers leur cuve. On ne se lave plus. La vaisselle reste douteuse… Car on mange du homard à l'américaine, du lard aux choux, de la soupe de crevettes.

Lison est cyclique : vite irritée par les siens. Avec de bons moments. Alain, toujours actif, construit le mur au fond du jardin. Serge fait l'enfant gâté et se fait brocarder toute la journée, mais le cherche. Blandine se repose de sa fille en dormant presque autant que Paul ! Moi, je range les chandails qui traînent et les chaussures mouillées. Je vide les cendriers et je les lave. Je savonne la toile cirée, à moitié essuyée par leurs soins. Je mets les lieus qu'on n'arrive pas à manger dans le sel. Je les ressors pour les mettre dans le casier.

Tout de même, le Nord, ça existe. Vachement, pourrait-on dire ! On est au cœur de l'été. Il fait assez beau : soleil tous les jours, soirées splendides. Dès que le soleil se couche, ou qu'un nuage passe, il fait froid comme en octobre en Bretagne. Jamais de douceur dans l'air. Sans cesse, ça vous rappelle qu'on est au Nord.

17 août

Blandine commence à peine à se remettre de son indigestion. On avait décidé d'aller écouter des ballades irlandaises ce soir au Silver Strand. À 20 heures, Blandine fait un court somme qui la laisse éreintée. Serge se retranche derrière une vague fatigue après sa journée de golf. Paul est épuisé par une espèce de crise de foie : jambes coupées, nausées, suite aux deux jours de grande marée qui ont décalé nos repas, lui donnant des prétextes pour boire cinq ou six whiskys, puis du vin, puis du café irlandais. Résultat, on est allés se coucher. À près de minuit d'ailleurs, mais comme des vieux ! Flora et Bernard seraient venus, eux.

Au bout d'un certain temps, pesanteur d'une présence, de toute présence…

19 août

Tout le monde est parti. Même Paul. Il fait mauvais depuis…

La race irlandaise – ou le peuple irlandais – et les Anglais à un moindre degré, sont époustouflants d'indifférence au temps. Vers 15 heures, Wendy Nolan est arrivée, en short comme d'habitude, comme si elle se moquait bien de ses grosses cuisses. Beau visage de rousse. Tête nue sous l'averse orageuse, et ses deux fils en maillot : l'un venant de faire de la planche à voile, l'autre de poser ses casiers. Presque nus, forts, ravis de leur « nice day ». C'est affreux, j'aime de plus en plus les gens beaux : j'en veux aux autres !

Dans les rues, la moitié des habitants semblent ignorer les imperméables. Les enfants vont nu-tête, nu-pieds, en chemisette.

Le baromètre a chuté à la verticale ! Je ne m'inquiétais pas car la météo marine n'annonçait qu'orageux. Erreur, ce fut un rude orage avec rafales violentes. L'Irlande est un pays toujours à la veille d'une tempête ! Alors j'ai cousu, réparé, balayé, rangé, bref, tout ce que Sheila ne fera pas.

20 août

Inutile de le dire : la cuve est pleine, les ruisseaux débordent.

Déjeuné à 15 heures de ma pêche : crevettes, crabe, melon d'Espagne. Ma pêche me nourrit et je ne m'en lasse pas.

21 août

Pour une fois, un rêve intéressant ! J'étais morte, mon corps sur le carrelage d'une salle de bains, et j'étais debout à le contempler comme une sorte de double. Kurt était dans les parages et me conseillait de lui faire de la respiration artificielle. Ce n'était ni tragique ni impressionnant. Je traînais le corps dans le salon et m'agenouillais pour l'insuffler par… le premier bouton de la boutonnière de mon pyjama ! Pas de résultat, mais pas la moindre hâte ou panique. Kurt alors saisissait le corps par les pieds, comme celui d'un nouveau-né, et le tenait à l'envers. Je vomissais tout un repas et du liquide. Il me reposait par terre et je reprenais la respiration insufflée et presque immédiatement, je retrouvais vie. Assez clair, me semble-t-il !

22 août

Je suis saoule de beauté : payée cher après trois jours d'orages, d'averses, de grisaille. Aube éblouissante… Une aube comme celle-là devrait pouvoir guérir n'importe quelle névrose. Malheureusement, les aubes ne durent pas. Surtout ici.

Pêché des oursins admirables dans une mare profonde. J'ai dû mouiller mes bottes, et le reste, et attacher mon baquet à mon cou. Descendue jusqu'au nombril, plongé les bras jusqu'au cou. J'en ai pris 12 (quinze francs pièce à Paris !). J'aurais pu en prendre le triple.

22 °C, soleil blanc mais exquis. Ce moment de perfection, proprement « out of the world », encore que ce soit tellement « in this world », je ne vois pas ce qui pourrait le rendre plus beau…

Hier soir, écouté Cohen, encore et encore. Belafonte que j'aime tant ne va pas ici, trop sucré. J'écoute Cohen un peu comme on se livre à une activité secrète, un peu honteuse. C'est de l'onanisme ! Je transcris les mots, les lignes que je comprends, toujours les mêmes, hélas : je n'avance pas beaucoup ! Et toujours les mêmes me font fondre : « gentle this soul, gentle this soul », « humbled in love, forced to kneel in the mud… next to me » et « let's be married one more night…[1] » C'est tellement Kurt et moi.

---

1. « Cette âme si dense… rendue humble par l'amour, forcée à t'agenouiller dans la boue près de moi… Restons mariés encore une nuit. »

En un sens, il faut me réjouir que Kurt n'ait pas pu venir en Irlande cette année : sa femme est à l'hôpital avec une pneumonie. Il aurait dû repartir tout de suite ! Voyage dépensé, perdu. Je l'ai eu au téléphone, tout à l'heure : il s'efforce de paraître normal. Mais avec l'âge, son fatalisme reprend le dessus. Il admet presque que tout soit foutu. Je le travaille au corps, par la voix et par mes lettres, pour qu'il réagisse, prenne des risques. Je sais que je n'en prends pas, moi. Mais vivre avec une conne bornée comme Peggy, ça se paie. Et que lui reste-t-il dans la vie, sinon moi ? Je veux le réduire au désespoir pour qu'il trouve la force de dire : je pars huit jours.

Ce vague à l'âme, que je déteste tant, vient tout simplement du vague de mes projets pour retrouver Kurt. Jamaïque ? Venise ? Paris ? Il semble qu'il soit décidé à venir en octobre. Et pas septembre ? Mystère de l'alchimie vénéneuse des couples. Remède du vague à l'âme ? Le boulot manuel : j'ai frotté, astiqué, jardiné…

Je me suis lavé les cheveux hier. Un peu moins l'air de « la commerçante de Limerick » comme l'a fait remarquer – très justement – Lison qui ne craint jamais de dire des choses désagréables en public. Par légèreté, absolument pas d'autre motif. Et puis cette vague rancœur qu'elle n'en finit pas d'assouvir contre son enfance, c'est-à-dire moi. Je ne vois pas avec qui je partagerais ça : entre un Georges inexistant et un Paul pas du tout intéressé, ni hostile d'ailleurs.

On a beau s'améliorer la peau, il y a un moment où la beauté se dissout de l'intérieur. Surtout les yeux qui n'ont plus leur éclat. On n'a plus sa chevelure drue, non plus. Et j'ai le dessus de la bouche semé de ridules verticales, ce qui est particulièrement hideux. Alors oui, mon ovale, oui, mon cou. Mais il me faut les yeux de Kurt pour que je ne sente pas mon âge sur mon visage. Ailleurs, ça va. Enfin, parce qu'on n'habite pas un pays tropical et que je ne suis pas confrontée tous les jours à mon décolleté et à ma taille flasque. Habillée, ma silhouette est très bien.

23 août

À 19 heures ici, c'est l'heure de la baignade. Toute la colline est dans l'eau : les Nolan, les O'Sullivan, les touristes. Des planches à voile sillonnent le port, on court sur la plage. La digue est pleine d'enfants à demi nus, mouillés, qui paraissent aussi heureux que des négrillons à Mombasa !

La maison est remplie de bruyères de toutes les espèces. J'ai fait un bouquet de chardons gris, avec des fleurs d'un bleu intense, dans le pot de chambre blanc sur la nappe jaune de Laura Ashley. C'est difficile de voir un plus beau bouquet. C'est tellement plus rare que des roses, et plus difficile à trouver et plus douloureux à cueillir. J'en emmène un à Doëlan car on n'en trouve plus sur nos dunes, piétinées par trop de touristes. Disparition de toutes ces espèces qui rendent la campagne si émouvante ici. Cinq ou six variétés de bambous des marais avec des épis noirs et serrés, ou rougeâtres et légers comme des épis d'avoine immenses. Bouquet japonais garanti.

Paul a téléphoné deux fois aujourd'hui : « Pour rien. » Il est heureux de ses vacances. Et heureux de partir demain, en avion spécial avec Fabius, pour Brégançon où sera présent le président de la République irlandaise ! Et Bormes, où les Fabius ont une maison. Comment ne pas être heureux ? Il ne m'a pas perdue et je veille sur ses maisons. Et la confiance de Fabius le grise. On serait comblé à moins.

25 août

Sur la route de Killarney, vers le bateau du retour : le temps a changé dix fois, chaque fois plus menteur et plus beau ! Ici, le ciel est plus grand qu'ailleurs : il s'y passe tant de choses, en profondeur et en largeur. Et les montagnes jouent les grands sommets avec un talent inégalable : plus belles que les vraies d'être imaginaires. Encore une fois, que vaut un pied, un yard, un gallon ici ? C'est une question de magie. Qui parle chiffres ?

À bord du *Quiberon*. Tant de jeunes… et de beaux jeunes forts, que c'est déprimant. On se sent nègre. Ou pire : vieille négresse !

Deux Irlandais très blonds ont la bouche si fine qu'on se demande avec quoi ils s'embrassent.

Je termine la biographie de Vita Sackville-West et cela me donne la nostalgie de toutes ces amitiés féminines : Vita est aussi sensuelle vis-à-vis des femmes que des hommes. Quelle richesse ! Je l'envie sans pouvoir l'imiter. Pourtant la passion de Françoise Gange pour moi ressemble à celle des amies de Vita : Dottie, Margaret Voigt, Harriet, Virginia Woolf. Lettres quotidiennes, alors qu'elle continue à écrire chaque jour à son mari. Sa fidélité à toutes ses amours ou amitiés féminines, son maternage, son amour des jardins, sa capacité vitale me font un peu penser à la mienne. Mais elle ne se sort pas de son éducation d'aristocrate et, qui pis est, de british aristocrate.

1984

27 juillet

La pêche est bouleversante : à la traîne, maquereaux et lieus sont très gros et ils se succèdent sans interruption. L'ennui, c'est que Paul apprécie de moins en moins les poissons et se lasse très vite des crabes, à peine moins des crevettes. Or il faut en manger tous les jours ! Heureusement, Flora arrive bientôt. Elle va être crevée, encore immergée dans sa biographie de Marie Laurencin. Elle en est à 1951 : une chance que Marie soit morte en 1953 !

Le temps a été, disons-le, sinistre, mais avec des coups de lumière, des éclaircies d'une heure, sublimes.

31 juillet

Je suis courbatue et la vodka me réussit moins qu'avant, hélas. Mon organisme me dit nettement : « Pas de ça, Lisette ! » Je n'ai pas l'habitude de l'écouter, mais si c'est pour avoir envie de dormir après déjeuner, ou avoir mal à la tête comme aujourd'hui... Il est vrai que j'avais mal dormi.

Regarder Paul, en ce moment, est un spectacle d'épouvante ! Depuis huit jours, il se laisse pousser la barbe et il s'habille en clochard ; jean innommable et grosses chaussettes de laine glissées dans des espadrilles savates. Et comme il a mauvaise mine puisqu'il n'y a pas de soleil pour le hâler, il ressemble à Peter Dunne, ce chanteur irlandais dont j'avais le poster, « hirsute, menaçant » !

1er août

Longuement parlé avec Paul ce soir, près du feu de tourbe, devant une soupe de crevettes – « En tout cas, une chose est sûre, dit-il, personne ne dit à personne : c'est lui ou c'est moi. Pas de chantage. »

Oui, c'est vrai, mais que l'on est malheureux de ne pas pouvoir le faire, qu'il faut se faire violence ! Je le sais, je l'ai su – longuement, profondément, avec déchirement –, j'espère seulement que c'est moins dur pour lui.

Au détour de toutes les allusions au fait que je suis amoureuse de Kurt, et lui de moi, une demi-seconde de blanc. Mais je n'y insère pas de dénégation. Oui, je dois être amoureuse de Kurt, et mille fois oui, il l'est encore plus de moi. Et je l'ai voulu ainsi : « Pour être aimé, tout simplement », comme disait Paul ce soir en parlant de ses nombreuses dames sur les rangs qu'il voit tendrement, mais sans être amoureux : « C'est tout simplement pour me sentir aimé », répète-t-il. Nous en sommes tous là. Encore voulons-nous être aimés selon notre goût, notre besoin du moment. Paul m'aime. Mais c'est autrement que je veux qu'on m'aime. C'est contrariant !

Paul a beaucoup changé : à mon avantage ! Il m'enveloppe de son amour et de ses tendres remords… Un peu comme une araignée tisse sa toile pour emprisonner sa mouche ! Car je me sens mouche, moi, maintenant. J'ai envie de voler, çà et là, et de bourdonner. Paul a envie, lui le vagabond de nos débuts, de rester dans un cocon avec moi. Dire qu'autrefois, je rêvais de l'encoconner… Et j'avais peur en même temps qu'il s'ennuie avec moi.

2 août

Journée étonnante comme on n'en passe qu'ici : commencée sur coup de suroît, ciel bas, mais comme il y en a toujours deux superposés, en plus du bleu, toutes les variétés de temps se sont succédé.

Mer assez forte : étonnants jeux de houle sur les brisants de l'entrée du port.

Attendu la basse mer (86) pour aller boetter mes casiers. Puis j'ai été voir les quatre casiers de la Baie des Anglais : énormes bouquets, 700 grammes d'étrilles et ouf, pas de crabes verts. Replacé, à une algue près, les quatre casiers, ce qui est un tour de force en Tabur par fort vent de suroît. Obligée de m'attacher à l'avant, à une algue sur un rocher, pour ne pas dériver pendant que j'accroche l'appât ou vide les casiers. Rentrée vent arrière à toute vitesse.

J'ai les épaules chaudes d'effort : relever un casier en Tabur, surtout les deux grands, les basculer dans le bateau sans basculer moi-même relève de l'acrobatie. Plaisir immense malgré deux forts grains.

Soirée… comme elles sont ici. À 22 heures, personne dans le beau bar-pub du Lake Hotel. À 22 heures 30, deux clients et des Irlandais de tous âges, plus une femme enceinte. Les femmes dansent entre elles. Une ou deux, très bien. Une grosse vieille, une mince à cheveux gris, le teint rose comme son pantalon ! Un très bon guitariste chanteur et des percussions. Pourquoi se sent-on si bien dans ces pubs ? Je trouve la réponse : ce n'est pas l'occupation par les jeunes. Tout le monde existe et s'amuse. On a le droit de danser le swing, la bourrée si on ne sait rien d'autre, le rock, et surtout n'importe quoi. Tout le monde est sur la piste sans distinction d'âge, d'élégance, de beauté. On a le droit de venir, à quatre-vingts ans, regarder les autres en buvant sa Guinness ou en fumant le cigare, comme la grosse femme, genre Christiane Rochefort, de cent kilos et en robe boudinée.

Et toujours ce regret que je ressens à n'avoir jamais osé – ou jamais su – danser avec cette liberté. J'ai su danser, à condition d'être collée à mon danseur. Mais je n'ai jamais osé voler de mes propres pieds, comme faisait la petite Irlandaise rigolote, rousse, pas belle, mais brusquement exquise : retirant ses chaussures, des ailes lui poussant aux pieds, aux bras, le corps devenant mouvement et grâce. En face d'elle, une dame carrée, en robe à fleurs et permanente, raide, gauche mais qui s'amusait… J'enviais ce défoulement que lui donnait la danse. Si j'étais née vingt ans plus tard, je sais que j'aurais su. Et je reste fascinée par la liberté de mouvement et la grâce – mystérieuse – complètement indescriptibles de certaines filles. Des trois miennes, entre autres. Pourquoi n'ai-je pas su apprendre avec elles et rattraper mon retard, mes années perdues, et vaincre ma timidité ? Quand elles avaient vingt ans, il était encore temps pour moi : je n'avais que cinquante ans.

Je n'avais sans doute pas le don de savoir bien bouger : mais la joie de faire marcher tout le corps m'aurait tenu lieu de grâce. Peut-être…

3 août

En fait, j'aurais tenu parfaitement jusqu'à soixante-cinq ans : sans sentir de différence avec les autres femmes, sans me sentir d'une autre génération. Je crois qu'en gros, cette ère est close : mais ça a été formidable jusqu'à maintenant.

4 août

Incroyable ! Déon nous l'avait dit d'ailleurs. À 22 heures, on toque à la fenêtre de la chambre où je lisais et où Paul dormait déjà. Je lui avais dit, cinq minutes plus tôt, que j'entendais marcher sur la terrasse… Quand on a frappé, Paul a bondi et entrouvert le rideau… C'était James Galvin qui venait se faire payer son mur, à 22 heures !

J'ai enfilé un surpyjama et suis allée lui ouvrir. Il est entré avec son odeur, sa volubilité, sa gentillesse. Heureux qu'on apprécie tant son travail. Il a tout de suite avisé la cheminée : « On voit trop le ciment entre les pierres, a-t-il décrété. C'est pas du beau travail ! » On a bavardé jusqu'à minuit en buvant des whiskys.

5 août

Nouvelles alarmantes de la femme de Kurt : son cancer flambe, elle ne se lève presque plus. L'idéal serait qu'elle soit hospitalisée quand Kurt sera ici… Elle a ses enfants et ses parents. Kurt, lui, a l'alibi d'avoir dix jours de boulot en Europe..

6 août

On dit gris, on dit brume : mais le gris irlandais c'est mille gris fugitifs, bouleversants. Travailler en haut, devant ma fenêtre, c'est presque impossible. J'ai monté les jumelles !

Vingt planches à voile à Derrynane où les gens se baignent comme par une belle journée d'été ! On dirait qu'il va pleuvoir, et c'est le soleil qui perce. Puis une brume arrive et change d'avis : tout redevient net et vif. Dix minutes après, c'est la purée, lumineuse, argentée. Puis l'horreur sinistre. La plage s'est vidée, la mer remonte. Qui devinerait que les Irlandais viennent de croire à un lovely dimanche ?

7 août

Une heure pour relever quatre casiers. 500 grammes de très beaux bouquets. Mais renoncé à aller voir la pêche dans l'Anse à Lison, tant les rafales et la pluie étaient fortes. Je rentre moulue.

Étrange d'être contrainte à s'excuser, quand on va travailler. Je tergiverse, n'ose pas l'annoncer :

« Encore ? dit Paul.

— Eh oui, j'ai un texte à finir…

— Il se trouve que je suis là… »

Mais moi, j'ai signé un contrat et je dois remettre mon texte en septembre. Et mon travail ne se calque pas miraculeusement sur le sien. Et je n'ai jamais trois semaines de vacances totales. Je passe en fait rarement huit jours sans écrire. Mais je me sens coupable. J'ai tort d'avoir du travail. De ne pas m'être débrouillée pour être totalement disponible… Pour lui ! Que mon travail m'amuse, ce n'est pas un argument. Avec Kurt, je suis presque fière de travailler ! Sa sollicitude constante m'y aide.

Je ne le dirai à personne, surtout pas à Michèle, mais quelle débâcle généralisée ! Je découvre chaque jour des lâchages irréversibles dans la grande glace. La fesse a perdu son bombé et se termine, en bas, par une goutte qui se détache de la courbe. Sur le flanc, une zone tavelée sous le bras. Le gras du bras, n'en parlons pas : plein de dénivelés. Cuisse interne de même. Habillée, la forme générale fait illusion. Et grâce à mon lifting, mon cou impeccable trompe son monde. Mais à soixante-cinq ans, c'est la fin de la beauté du corps nu. Reste l'habit. Reste la pénombre. Reste la silhouette. La vie qui l'anime. Et il reste l'amour qu'on vous porte. Là-dessus, je suis servie, par bonheur.

Ce soir, devant le ciel désolé et la pluie qui tombait en écrasant le vent, nous disions : « Pourvu qu'il fasse ce temps-là demain, nous pourrions sortir le bateau. » Notre idéal étant qu'il fasse aussi mauvais qu'aujourd'hui !

Les soirées sont longues sans journaux – on a oublié de les faire suivre –, je voudrais travailler mais je n'ose pas laisser Paul seul, devant la pluie, après dîner. Mais avec ce temps, j'aurais fini mon *Olympe de Gouges*, si j'avais été seule.

On pense à la bouffe d'une façon excessive. On pense même déjà aux plats qu'on va faire aux « Gros » (Flora et Bernard) !

8 août

On voulait un beau lieu pour l'arrivée des « Gros » demain. On est sortis vers 16 heures avec le soleil.

Miracle, on en a pris 3 en trois minutes : un de plus de 2 kilos, puis un petit, puis un maquereau... On a finalement réussi à rembobiner... en perdant un poisson.

Paul, avec sa barbe de dix jours, a de plus en plus l'air du salaud des westerns. Et pleutre, par-dessus le marché ! Il attend les cris d'horreur de Flora avant de se raser. Pris tout un stock de photos d'épouvante, son cigare collé à la lippe, sa casquette irlandaise posée à l'envers...

Vers 18 heures, la voiture de Claude Sérillon descendait par hasard à Bunavalla quand il m'aperçut, sortant de chez Foxall, avec mon lait. Et trois capucines volées dans une main. Image rustique et charmante !

Ils sont venus dîner. Paul était resté en « immonde » : chaussettes tricotées et informes coincées dans des espadrilles, un jean délavé et flasque. Son vieux cachemire plein de trous, avec des cheveux sur le col qu'il ne brosse jamais. Ils ont tout de même été frappés. Sa barbe là-dessus...

Paul retrouvait son climat, comme un chameau retrouve l'oasis. Il s'épanouissait et racontait le camping-car en 1977, les flics s'extasiant avec nous du paysage, le vieux fermier aveugle de Castelcove que son fils conduit sur la digue, les soirs d'été, pour lui décrire le ciel et le vol des mouettes. Tout y est passé pour ce très bon public qui avait, en plus, tout intérêt à bien écouter le Haut Autoritaire !

On va relever les casiers avec eux demain. Ils sont minces, on sera très bien à quatre.

Ils ont mangé les 600 grammes de bouquets mis au frais pour Bernard et Flora. Va falloir en pêcher d'autres demain.

Je repense, pour m'en désoler, à ma bonne éducation, plus ma timidité naturelle plus, il faut le dire, mon manque de repartie. Le soir d'« Apostrophes » où Michel Tournier a sorti à propos de mon livre *Les Trois Quarts du temps* : « Mais quelle haine des hommes là-dedans… » J'aurais dû lui répondre : « Et chez vous, quel amour des enfants, un amour qui se termine par la mise à mort. Ma "haine" des hommes se termine par des histoires d'amour. »

9 août

800 grammes pêchés ce matin, contrat honoré !

10 août

Flora et Bernard arrivés avec des cadeaux plein les valises. Délicieux dîner où nous avons évoqué Israël. En 1973, Bernard y était ambassadeur d'Angleterre. Il nous raconte que, lorsque Golda Meir est devenue Premier ministre, tout le monde avait peur : elle était tout le temps malade. Elle est devenue increvable : Conseil des ministres à minuit en sortant de banquet, parle deux heures d'affilée sans notes, etc. ! On lui demande comment il se fait qu'elle ne soit plus jamais malade. – « À dire vrai, je crois que j'étais malade de ne pas être Premier ministre ! »

Merveilleux souvenir de notre voyage à l'ambassade, en 1973 justement. Je me souviens des admirables crevettes mangées à Césarée. Les Hébreux n'en mangent pas, ni les crabes. La religion n'autorise que les poissons à écailles : quelle connerie. Je pense aux Irlandais, morts de faim pendant la Grande Famine qui, eux non plus, ne mangent pas les crabes ni les homards…

11 août

Bernard et Flora, arrivés hier, ont l'impression d'avoir passé une semaine ici : on a vécu tous les climats – à part la chaleur ! – à plusieurs reprises. Tempête de 9 ou 10 ce matin : une mer affolante qu'on a été contempler à la Pointe. On s'est assis dans une déchirure de soleil, dans un triangle abrité du vent par une roche verticale. C'était presque calme. Bernard a pris un coup de soleil. On a regardé les masses émeraude et blanches se ruer sur la falaise sombre et exploser en gerbes pour retomber devant nous, sur l'autre versant du rocher. Journée qui paraissait foutue pour la pêche… Et puis à 16 heures, à marée basse, le vent a brusquement faibli. On est sortis, Bernard et moi, relever les casiers et les reboetter : très grosses étrilles et 950 grammes de bouquets magnifiques.

Ce soir, Scariff Inn, avec un chanteur guitariste plus harmonica. L'habituel public et beaucoup d'ados. Paul, tout épanoui de trouver du monde, après ces dix jours de face-à-face avec moi, prenait par le cou des « jeunes » qui jouaient aux machines à sous. Un poivrot éperdu qui cherchait de la compagnie – même des enfants ! Le voir, tout souriant et affable, dans un groupe de gosses de dix ans était stupéfiant. Mais en rentrant, Alka-Seltzer (l'alcool ne lui réussit plus aussi bien) et puis dodo. Tandis que Bernard qui s'endormait presque (l'alcool ne lui réussit plus aussi bien non plus !) était affalé dans le salon, l'œil fixe et très injecté. Flora et moi, en pleine forme, dansions sur les chants cornouaillais de Brenda Wootton. Mes deux whiskys irlandais me donnent des ailes et Flora tournoyait comme un cabri sur des rythmes de Fest Noz. On aurait bien continué toutes les deux.

Flora est d'une gaieté et d'un dynamisme qui ne se relâchent jamais. Elle est époustouflante : même pas l'air fatigué malgré cet énorme boulot que représente son livre sur Marie Laurencin. Même si, depuis ce terrible lumbago qui l'a immobilisée un mois, elle a reçu le premier coup de pioche dans sa forteresse : l'ennemi est entré. Je la rassure en lui avouant que, presque chaque matin, j'ai mal partout quand je me lève. Aux dix doigts, aux chevilles. Parfois aux genoux. La machine s'ankylose la nuit. Je pense avec douleur à la maîtrise TOTALE du corps qu'on a, à 20, 30, 40, 50 et même 60 ans. À 65, ça baisse. Depuis un an, c'est fini, je sais que je dois ruser avec mon instrument : je descends vite du métro, mais plus jamais en marche. Je n'ose plus traverser en courant, des fois qu'une douleur idiote me poindrait une cheville, ça dure trois secondes – le temps de tomber devant mon autobus… Chez moi, ce qui flanche, ce sont les amortisseurs : mes jambes ne sont plus élastiques, je me reçois sur des bouts de bois, articulés certes, mais qui ont perdu toute souplesse. Le cerveau aussi baisse : je m'interdis de dire « truc » ou « machin ». Je cherche le mot. Je ne passe pas à mon cerveau ses paresses. Peut-être parce que j'ai l'exemple adverse à domicile : « Tiens, il faudra qu'on fasse ces trucs à midi parce que Machine vient déjeuner »… Si on se relâche, les noms propres filent entre les mailles puis, bientôt, les noms communs, et enfin la pensée.

Retourné chez le boucher de Sneem qui m'avait laissée espérer qu'il ne jetterait pas ses cervelles et me les garderait. Il avait oublié : les cervelles lui étaient sorties de la tête !

12 août

J'ai enfin lu le manuscrit de Flora sur Marie Laurencin, ma marraine et le grand amour de notre mère : Flora reste assez discrète là-dessus, parlant d'une amitié amoureuse, sans plus… Mais son livre est excellent, chatoyant, farci de références, de citations, poèmes de Marie et de ses amis (Apollinaire bien sûr), très bien amenés. Surtout, on y découvre un personnage fascinant, attachant, déroutant. Marie a une qualité rarissime chez un peintre : elle ne s'exprime que par de brefs aveux ou des boutades sur la peinture, sa peinture. Avec une vraie modestie et aucun discours pompeux. Une grâce.

Puis j'ai commencé la biographie de Sappho que Bernard a écrite directement en français : style parfois un peu maladroit, mais passionnant parce qu'il est passionné par son personnage. Il installe enfin cette presque inconnue parmi les littérateurs. Belle traduction des poèmes de Sappho, par Sir Bernard himself, notre distingué helleniste.

13 août

Kurt m'annonce au téléphone que Peggy vient d'être hospitalisée… Pourvu qu'elle ne meure pas, juste avant son arrivée.

Le temps ? Pareil. Je sens mes articulations se révolter : l'eau de mer et l'eau du ciel s'infiltrent dans chaque articulation. J'ai des élancements aux auriculaires, quelques symptômes à l'index, plus une raideur et des crampes à tous les doigts. Tant pis, c'est parti et je ne vais pas mettre mes mains dans du coton et renoncer à tout ce que j'aime faire. Quand mes doigts ne pourront plus serrer un cordage, quand mes jambes ne pourront plus me porter, ni mes bras tirer sur les avirons, on avisera. Avoir des mains déformées, du moment qu'elles fonctionnent, quelle importance ? Un jour, je me ferai attacher, comme Renoir son pinceau, mon stylo aux doigts pour pouvoir continuer à écrire ! Paul en est attendri, ça me rend plus vulnérable, un peu plus proche de lui. Mais pour moi, il s'agit de maintenir mes capacités d'action et d'efforts au niveau de mes goûts et de mes envies. Tout est là et résume le combat que je perdrai certes, mais lentement !

Paul ? Après des journées très douces et complices, redevenu comme aux pires jours : 1000 kilos d'hostilité. Flora stupéfaite de tant de ressentiment. Ce soir, après une journée de silence, il est parti se coucher à 21 heures 30 pour lire cette imbécile de *Dame du Nil* qu'il reprend tous les ans. Il a sombré dans le sommeil dès mon arrivée dans la chambre. Il avait déjà fait la sieste, longuement, pendant que nous faisions les courses. Il s'arrange, dans ces moments, pour n'aider en rien : il laisse son ciré dans la voiture, le seau de crevettes ou les avirons. Je ne manifeste aucune humeur et j'agis comme toujours : j'ai fait une bisque de crabes et un gâteau au chocolat pour le dîner.

14 août

Paul m'a déclaré que c'était lundi et non dimanche qu'il rentrait à Paris. Je regrette de n'avoir pas fouillé son sac, il y a un mois, pour voir son billet d'avion, dont il a toujours fait mystère, feignant de ne savoir ni l'heure ni le jour exact. Vers le 18…

Et je ne voulais pas insister pour ne pas avoir l'air d'être pressée, à une heure près, de retrouver Kurt. Et si je lui dis qu'il a fait exprès de se tromper de jour, si je lui dis que sa jalousie lui a inspiré ce mensonge mesquin, la colère, la haine, l'humiliation d'être jaloux l'étoufferaient et il me tomberait dessus. Je n'ai rien dit : lâcheté ? Peur de faire mal à son orgueil ? À cette vanité de toujours paraître à son avantage ?

Je me suis laissé avoir, je lui ai fait confiance : j'ai eu tort. Kurt va passer deux jours à l'hôtel : très emmerdants et très chers. Paul va-t-il vraiment s'en réjouir ? Ai-je été moche, moi aussi, quand je brûlais de jalousie ? Faut-il s'émouvoir que l'amour le pousse à ce point hors de sa nature ? Je n'y parviens pas. Il me quitte si volontiers pour ses festivals, ses courses sur des grands voiliers, quand il me sait seule à Hyères ou à Doëlan. Mais me savoir heureuse, riant, baisant, aidée, admirée, lui ôte le goût de ses escapades. Je pourrais être touchée, mais il se rend si odieusement lourd qu'il tue dans l'œuf ma tendresse. Littéralement lourd : même la nuit, où il stagne au milieu du lit et m'envoie ses nageoires dans la figure, ou en travers du corps ! Paul a une façon d'être malheureux qui décourage la compassion. Il est de ces êtres à qui seul le bonheur sied.

« Sublime », dirait Duras, quand le corps trahit à ce point. Le double sens de trahir : tromper ou, au contraire, dénoncer la vérité profonde. La langue en sait plus que nous qui l'utilisons.

La semaine qui m'attend me pèse : le vent, la pluie, et cette présence qui marche, qui va sans cesse d'une pièce à l'autre, surgit ici et là. Il va boire trop : être trop tendre par ivresse, ou trop dur par amertume et rancune. Comment prévenir Kurt ? Pourra-t-il changer son billet ?

15 août

Après notre dernier dîner avec Flora et Bernard, Paul s'esquive en pleine conversation : il se lève et quitte la pièce, sans un mot pour prendre congé ou souhaiter bonne nuit. Et il ne reparaît plus. Pourtant, il avait été très agréable : il avait parlé de Saint-Stanislas, son collège, et de son enfance pauvre, puis il a embrayé sur la bataille du Pont Milvius. Ensuite, on a ripé sur Shakespeare, les contraintes qui ont paralysé le classicisme français et, soudain, la flamme était morte. Il est parti dormir.

On en a parlé avec Flora. Mon diagnostic, c'est qu'il est en train de mourir ; déjà il détache les liens, rentre dans son squelette. Il meurt tous les jours un peu : aux attraits du pouvoir, à la curiosité artistique, à l'envie de plaire et de briller qui l'a tant aiguillonné dans sa vie. Il mourra sans combattre, il accepte déjà la mort. Cela ne veut pas dire que ça ira vite, au contraire. Il louvoie avec le courant, descend le fleuve en freinant à peine vers le vide constitutif de l'océan.

Moi, je me bats, je fais des moulinets. Il faudra qu'elle frappe un grand coup, la mort. Ses sales coups annonciateurs, je feins de les mépriser.

16 août

Ce matin, grosse chute du baromètre, vent force 7, pluies lourdes. Et très froid : 9 °C ! Et cette après-midi, annonce d'un avis de tempête force 10. On a ramené le canot sur la cale.

Mes cheveux tombent, c'est une débandade. C'est ma façon de surmonter la dépression de Paul en restant gaie, et à peu près heureuse de vivre. Pourtant, il fait tout pour m'abattre. Il a tout essayé au cours des années : grossir, se laisser aller, boire et fumer. Je lui disais hier soir au lit sur lequel il restait assis, tête baissée, mains pendantes, muet :

« Tu as l'air d'un paysan qui a perdu ses vaches !

— Justement, dit-il, il faut que tu le saches : j'ai des moments de dépression. Je ne sais pas encore si ma dépression vient de l'analyse que je fais de nos rapports… ou si l'analyse que je fais de nos rapports m'occasionne cette dépression. Mais c'est un élément dont tu dois tenir compte. »

Silence lourd. Menace ? En tenir compte comment ? En rompant avec Kurt ? Qui lui se meurt à petit feu : je n'exagère pas.

Par ailleurs je SAIS que, si mes cheveux tombent, c'est que Paul m'envoie des rayons : il me fait une chimiothérapie destructrice. Faut-il donc que dans un couple l'un soit toujours malade de l'autre ? Paul m'a rendue malade pendant vingt ans. Maintenant c'est lui : qui l'eût prédit ? Et c'est trop con. Nous avons tellement plus de raisons d'être heureux que la moyenne des gens qui nous entourent.

J'aimerais écrire sur l'amour, l'amour pour mes filles. Pour Blandine, bêtement, un premier amour maternel, comme si elle était restée l'unique : plus fragile, plus menacée. J'ai toujours envie de la soulager d'un effort, d'une peine. Et pourtant j'aime moins son goût, ses rythmes de vie que ceux de Lison…

J'ai justement reçu une lettre adorable de Lison à propos de mon lifting : elle se demande ce qui se passe dans ma tête pour cette « ultime bataille » contre l'inévitable qui, de toute façon, me rattrapera et me vaincra. « Bouillon de sorcières, bave de crapaud et fontaine de Jouvence, billevesées à côté du scalpel. » J'ai tenté de lui expliquer mes raisons. J'ai fait ça par propreté : refus des démissions et du laisser-aller. Pour épater les téléspectateurs ! Pour ne plus me voir, chaque matin, si laide en ce miroir. C'est si beau, un jeune cou d'arbuste. Le mien est beau actuellement. Il faudrait refaire les bras… ou prendre dix kilos. Et puis, je me sens l'allant et l'énergie d'un nouveau visage. Et pas du tout l'âme plissée ! Mais je sens bien qu'il y a quelque chose d'anormal dans l'aspect de mon visage : pas affaissé, pas ridé, mais je ne sais quoi dénonce la supercherie, fait que les traits ne tiennent plus ensemble comme avant. Cela trompe la plupart des gens. Pas moi. C'est pourtant très réussi, mais la dernière fois, la tricherie était moins marquante. En fait, le premier lifting n'est qu'une rectification : on remet les traits à la place d'où ils n'auraient jamais dû bouger. Le deuxième, là, on triche : on recrée un visage qui n'existait pas.

17 août

Deux anecdotes résument pour moi l'Irlande : celle de Sheila, attendant la veille de mon retour ici, l'année dernière, pour faire la vaisselle du petit déjeuner pris en avril, avec Kurt qui pis est…

Et celle de Sean parti mettre avant-hier un filet à saumon (totalement interdit, 1 000 livres d'amende) avec Patty et Lucy. Il avait refait un bout de banc, avec une planche posée n'importe comment. Mer mauvaise. Le bout de bois, sous le poids respectable de Patty et Lucy, défonce la coque ! Sean et Patty retirent leurs chandails pour colmater la voie d'eau, et Sean se couche sur le bouchon ainsi formé pour qu'une vague ne l'expulse pas. Lu la même chose dans *Les Îles d'Aran* de Synge…

Racines blanches, mèches qui tombent, ongles des mains cassés et sans vernis. Ce qu'il faut d'argent et d'efforts pour avoir l'air civilisé. Comme on retourne vite, et facilement, au primitif. J'aurais vite l'air d'une vieille femme des îles d'Aran en restant ici. Je prendrais dix ans en un an. Mais costaud !

18 août

Paul lit avec passion *Trinity* de Léon Uris : très belle étude sur l'Irlande de Cromwell aux Pâques sanglantes. Nostalgie de n'avoir pas le temps d'être historienne ; ou médecin ou chercheuse au CNRS. Cela fait trois vies ! Je regrette aussi de n'avoir pas mieux profité de mes études à la Sorbonne : je n'avais encore que le goût du travail. Pas d'esprit critique, ni même le moindre jugement. J'ai ingurgité comme une conne la culture qu'on choisissait pour moi.

Paul me lit une phrase d'Uris : « l'Irlande n'a pas d'avenir. Seulement un passé sans cesse recommencé. » Le climat, les gens, l'histoire tragique… Lequel a engendré l'autre ?

Après une journée d'accalmie, où on a un peu séché nos vieux os, déjà arrive du nord une nouvelle perturbation. Pourquoi pas ?

C'est pourtant d'une beauté, ce matin ! La colline de Derrynane orange, eau très claire. Et cette vie qui grouille. Et les mômes, en planche à voile dès qu'on y voit à plus de trois mètres.

On a acheté à la pépinière de Kells Bay 4 hortensias, 2 fuchsias énormes, un genêt, un kniphofia, une potentille jaune. Plantés devant le muret neuf. J'ai fait un trou entre les roches et je l'ai rempli de terreau, traîné dans un seau. Bordé de grosses pierres. « Nos plantations », comme dit Paul qui n'a pas porté un seau de terre ni traîné un caillou !

19 août

Tout ce que je faisais, ou ne faisais pas, était mal ce matin. Et hier aussi.

On est partis tôt, parce que ces moments où je quitte Paul pour retrouver Kurt sont impossibles à meubler normalement. C'est comme si on roulait vers l'échafaud. Enfin, pour Paul, qui conduit tantôt à 40 à l'heure, comme s'il ne se décidait pas à s'éloigner, tantôt brutalement et un peu trop vite. Approchant de Cork, il me dit que l'endroit où il aimerait manger, avant son avion de 14 heures 40, c'est le Jury's. M'obligeant ainsi à lui dire : « Tout sauf le Jury's. C'est là que j'ai rendez-vous avec Kurt après le déjeuner. — Ah bon », dit Paul, comme s'il était privé de ce qu'il y avait de mieux dans la ville.

Du coup, on cherche l'Oyster Bar sur la Grande Parade. Et on double qui ? Kurt ! Je vois sa grande silhouette, le nez au vent, passant le temps, flânant évidemment sans but. Un creux au plexus. De trois quarts dos, Paul ne le reconnaît pas. On le double et tout l'art ensuite a été que Paul ne revienne pas sur son chemin pour trouver l'Oyster Bar que nous avions dépassé. J'apercevais le reflet de Kurt dans les vitrines et imaginais sa panique… D'une main dans le dos, j'ai esquissé un mouvement discret de « Fous le camp, prends une voie de traverse ».

On a fini par trouver une pizzéria où je me suis assise face à la porte pour guetter.

Paul aurait presque aimé cette rencontre, je crois : son aisance aurait souligné ma culpabilité, et la gêne de Kurt, qu'il aurait invité à déjeuner, espérant ainsi, inconsciemment, empoisonner nos retrouvailles. Pour une fois, je trouvais cruel de passer d'un homme à l'autre si vite. Mais perdre un jour quand nous en avons si peu… « Au revoir, mon chéri » à l'aéroport noyé de brume.

Et dans la foulée, je retrouve Kurt posté devant l'entrée du Jury's pour ne pas perdre 15 secondes…

Il prend les choses en main, vainc tendrement ma tension, la comprend, et même la découvre tout seul. Vodka et crevettes en arrivant, avant l'amour. L'amour où je suis calme, incrédule, écoutant en moi tous les instincts se réveiller. Les caresses sur les seins sont à elles seules une redécouverte des merveilleux chemins cachés de l'amour.

20 août

Le temps de cochon continue. Je ne sortirai pas le grand bateau. Mais belle pêche : 2 kilos de bouquets ce matin et un homard.

Le désespoir que peut sécréter l'Irlande est à nul autre comparable. À 13 heures, tout à coup, une étrange douceur, le ciel est bleu : on sort vite pour se chauffer l'os ! Peut-être demain… on ose rêver.

On dîne. Il est 21 heures 30, et il fait déjà nuit. On parle. Un quart d'heure après, on lève le nez… Pas vrai – un ronflement, une rafale – non, on n'y croit pas. Et une puissante averse fout en l'air tous les espoirs idiots. On gèle, rien à espérer.

Et puis, en allant se coucher, on entrouvre la porte-fenêtre qui est couverte de buée. Le chauffage central marche ; la tourbe s'éteint doucement. Le ciel est plein d'étoiles, la lune est là, comme si elle n'avait rien vu de particulier. Une nuée innocente traîne sur la Caha Mountain… C'est l'Irlande qui parle, qui vit.

Que devenir, sinon alcoolique ? Ou poète ? Ou fou amoureux ? Ou les trois à la fois !

22 août

Quand j'ai retrouvé Kurt, nous étions tous les deux mariés, mais tout est reparti très vite entre nous. Pour lui, cela a éclos sur un fidèle et ancien amour. Pour moi, ça a été une redécouverte de notre accord physique, et sur un attendrissement devant son amour et une philosophie quant à ses lacunes.

Et puis peut-être une rage qui vient de ce sentiment du bientôt trop tard. Pourquoi pas ? Et qu'est-ce que ça fout ? L'essentiel est de trouver encore une fois – et c'est toujours la première – le délice et le tourment du désir partagé. Et de s'ébahir devant le pouvoir d'une main, d'une bouche qui vous mettent en transe, pourquoi ? Même le baiser dans l'oreille, qui ne me fait ni chaud ni froid, commence à me paraître moins nul, érotiquement. Mais pourquoi le roi des cons est-il le roi de mon con ?

Et puis, si je n'avais pas Kurt, avec qui ferais-je l'amour ? Difficile à trouver sans doute maintenant que j'en suis au dernier carat de la jeunesse.

23 août

Tempête annoncée hier. Tout le monde rentre les bateaux. Les Nolan sortent pour voir plonger des fous de Bassan venus, portés par les rafales, jusque dans le port. L'électricité tremble.

Reçu une lettre exquise de Blandine, à laquelle je demandais de nous prêter, pour une nuit, son appartement : « J'aime l'idée et le fait de protéger les amours de ma mère sous mon toit. Comme tu l'as fait toi, si souvent. J'avais oublié que Kurt avait soixante-douze ans, il est stupéfiant ! » Et encore, je triche, il en a soixante-quatorze !

24 août

J'ai terminé cette après-midi un article pour *Marie-Claire*. Pendant ce temps, Kurt faisait comme chez lui. Enfin, comme Paul ne fait jamais chez lui… En quelques heures, il a réparé tout ce qui clochait dans la maison.

On a parlé de Peggy, qui sort de l'hôpital dans deux jours, et un peu de notre avenir. Je ne dis rien de précis, même si je me surprends souvent à rêvasser d'une vie avec lui. Je me raisonne, je me répète que je me lasserais vite de la vie quotidienne. Mais j'aime tellement son amour pour moi, j'ai tellement envie d'être aimée comme il m'aime. Autrefois, c'était l'envie d'aimer qui m'aiguillonnait, c'est le contraire aujourd'hui.

25 août

Il pleut irlandais, aujourd'hui. On s'est tout de même baladés, Kurt et moi, main dans la main, comme de jeunes amoureux ! J'aime tellement ce pays : même si les ruines d'Irlande sont plus noires et plus tragiques que les autres. On dirait qu'on vient juste de massacrer leurs défenseurs et d'incendier la forteresse. Elles se dressent, comme des punitions, et elles le sont. Et les affreux cottages qui peuvent les apercevoir se prénomment Castelview ! Près de Caherciveen, sur la gauche du port, se dressent ainsi quelques pans de murs noircis, troués d'yeux morts, dont on ne devine même pas à quel type de château ils pouvaient appartenir.

Me rendre en Irlande, ce n'est pas seulement pousser jusqu'à l'extrême ouest de notre continent, c'est remonter le temps, retrouver dans une très ancienne mémoire, un autre type de fraternité humaine, un autre rapport avec la nature, un autre rythme de vie.

Je la quitte toujours à regret.

1985

26 juillet

L'Irlande trouvera toujours moyen de nous époustoufler. En arrivant, inquiets de la fuite sur le plancher du grenier. J'ai appelé Sheila à 22 heures. Elle m'a indiqué le plombier qui était venu souder le tuyau à l'origine de la fuite, me conseillant de l'appeler : « Eh bien, j'arrive… disons dans une demi-heure. » À 22 heures 45, il était là. Il a enfoncé son bras jusqu'au coude dans le réservoir d'eau du grenier, pour pousser le bouchon dans le tuyau d'eau chaude : il n'avait pas posé de robinet d'arrêt ! À minuit, nous devisions en attendant que les poches d'air se dissolvent, tout en buvant des whiskys.

27 juillet

La grande nouvelle, c'est que Kurt est veuf depuis trois semaines… Il était à côté d'elle : au moins, il n'aura pas de remords. Ce remords-là. Mais mon existence est un ferment à sa douleur de n'avoir pu, selon lui, aider mieux sa femme à mourir. En fait – nous le savons – à ne pas mourir. Mais il est le contraire d'un cynique et son amour pour moi a dû lui sembler un crime, au début. Je lui rappellerai, en temps voulu, que c'est elle qui lui a interdit sa chambre, il y a fort longtemps. Et qu'elle a voulu le foutre à la porte en gardant la moitié de ses biens.

Je n'ai encore rien dit à Paul : quelle urgence y a-t-il ? La vérité, c'est que j'ai un peu peur de sa réaction… Il va vouloir que je me décide, maintenant que la donne est changée. Mais c'est justement ce que je me sens incapable de faire, pour l'instant.

Levée à 7 heures, marée 76 oblige : 650 grammes de beaux bouquets et 14 oursins dans une nouvelle mare. Plus des étrilles. Il faisait gris et bleu et, soudain, en levant la tête, la brume avait tout englouti. Sur la plage, des familles étaient étendues sous le drizzle, les enfants en maillot de bain. Toute la journée, le soleil a fait le fou avec les nuages.

Bien travaillé ensuite à mes *Vaisseaux du cœur* : pour la dixième fois sur le même chapitre. Je crois chaque fois m'en être sortie, et non. Il fallait des idées, et des mots pour justifier ce que je veux imposer : que mes héros continuent à s'aimer en dépit de tout.

28 juillet

Travaillé toute la matinée pendant que Franck Caroll empierrait la terrasse, refaisant le dallage avec le parterre de fleurs… Mais je n'aimerais pas être fleur chez moi, ni nulle part en Irlande de l'Ouest ! Vent féroce tout le jour : de mon bureau j'observe les tourbillons et mini-maelströms.

Soirées longues : j'ai envie d'écrire des lettres, à Kurt, Lison et Blandine, Michèle, etc. Mais Paul est assis dans un fauteuil, inactif. J'ai travaillé toute la journée et je n'ose pas « m'absenter » le soir.

30 juillet

Depuis deux jours, on ne distingue pas les Scariffs.

Paul a mal dans la cuisse. Hier, il s'est couché en rentrant de mer avec une crise d'aérophagie. Ce matin, il se réveille avec une enflure au-dessus de la cheville, sous un tas variqueux. Coup ? Phlébite ? Piqûre d'insecte ? Alors il est couché avec une compresse de Synthol. Je commence à toucher les intérêts de mon austérité naturelle, doublée d'une certaine vertu. Paul en est au stade où tout se paie : ses dents, non soignées et farcies de nicotine, le lâchent. Son estomac s'aigrit. Son foie se fragilise. C'est l'époque où je vais le doubler en flèche. En fait, ne pas changer de vie : ce que je n'ai pas dépensé d'un seul coup, je le déguste maintenant. Et sans m'être privée, puisque j'ai la chance de n'avoir pas envie de ces excès.

2 août

Je n'ai même plus le cœur à travailler. Le temps morne, venteux, et Paul pas opérationnel. Et puis mes *Vaisseaux du cœur* me mettent du vague à l'âme… Et puis les lettres de Kurt, traumatisé par la mort de sa femme : il croit que c'est parce qu'il l'a vue mourir. Mais il est évident que ce serait pire si elle était morte pendant que nous étions ensemble, ou bien même pendant qu'il volait. Il s'en veut de n'avoir pu la prendre dans ses bras pour la consoler. Nous en avons parlé souvent : il ne pouvait littéralement pas, depuis des années, avoir un geste de tendresse. Cela le révulsait. Et maintenant, ce regret désespéré. Et puis sa panique devant ce qu'il appelle mon « verdict », sachant bien au fond de lui que mon « verdict » est toujours le même : Paul ne me quittera pas, et moi non plus, sans doute. Alors ?

4 août

À 10 heures, Paul part aux ordures : sur rendez-vous désormais ! Dernier salon où l'on cause ! Puis Waterville pour les courses. Je reste pour corriger les dernières pages de mes *Vaisseaux du cœur*. Ma fin m'a mis une larme aux cils !

Nous lisons chaque année l'admirable Synge : à la dixième ligne, on sait que ce n'est ni une relation de voyage, ni une série d'entrevues. Le talent, la douleur de vivre de Synge donnent une acuité à ce récit où on devine autant de lui qu'on en apprend sur les îliens d'Aran et d'Irlande. « Il y a un humour fantasque, et parfois effréné, dans l'île du milieu (archipel d'Aran). Peut-être un homme doit-il avoir un sentiment d'intime détresse, inconnu ailleurs, avant de se moquer du monde aussi railleusement. Ces hommes étranges, au front fuyant, aux pommettes saillantes et aux yeux indomptables semblent représenter un type ancien que l'on trouve sur ces quelques arpents, à l'extrême limite de l'Europe, où ils ne peuvent exprimer qu'en sauvages plaisanteries et en rires leur solitude et leur désolation. »

Il décrit la mer, le terrible détroit entre Inishowen et Inishmaan, avec une violence sublime. La mort derrière chaque vague.

7 août

J'ai terminé mon roman : ça y est, tout est tapé. Je n'en crois pas mes yeux, mes mains, ma tête ! Mais je ne voudrais pas que ça se traduise par une recrudescence de travaux ménagers : tentation pour Paul de récupérer une femme opérationnelle en tous lieux, à toute heure… Vigilance !

10 août

Paul a lu mes *Vaisseaux du cœur* et il a beaucoup aimé. Il trouve que c'est le « Roman » de mes romans. Il n'y retrouve pas mes carnets : effectivement, tout sort d'autres carnets, plus intimes encore, et que je vais brûler. Ils étaient d'ailleurs très mauvais, ce qui prouve à quel point il aura été difficile de tenir ce pari, ce parti pris de décrire un amour basé sur l'attrait des corps.

Il m'a dit : « Je commence à croire que ton prochain roman pourrait être l'histoire d'un handicapé au XVIIIe siècle ! » Il reproche à mes livres de trop puiser dans ma vie… et dans la sienne ! Je crois que je ne pouvais rien écrire de plus important – et qui me correspondait mieux – que ces livres-là. Quelle importance qu'ils soient cousus du fil de ma vie ? Qui le sait, plus loin que le cercle des intimes ? Qui le saura dans dix ans ?

Bien sûr, Gauvain n'est pas Kurt, il s'en est peu à peu éloigné. En revanche, George est bien la Benoîte qui a aimé Kurt… Mais personne n'a su comment, à quel point, sur quels registres… Alors on croit, cette fois, que j'ai tout inventé. Encore un cadeau que Kurt m'aura fait. Ce livre qui, me semble-t-il, est neuf sur un sujet rarement traité positivement par une femme, tranchera sur « mon œuvre »… Mais en même temps, j'estime avoir traité la sensualité comme une féministe jusqu'au-boutiste : avoir peur, ou horreur, de la pénétration n'est pas une preuve de féminisme. C'est plus souvent la preuve que les fantasmes misandres ont pris le pas sur la Nature. Ou qu'on est homosexuelle, bien sûr. Je vais me faire rejeter avec dégoût par le MLF des Éditions des Femmes !

Suis dans le rond à soleil, abritée de tous les vents. Ne croyant pas encore que je viens d'écrire le mot FIN. Je vais pouvoir passer de l'huile de lin sur le carrelage, refaire les rideaux de la chambre d'amis, agrandir mon parterre fleuri devant la maison. Je n'en crois pas la réalité.

12 août

Au lit, la fenêtre ouverte sur l'air irlandais, moins féroce ce soir. J'adore me mettre au lit : lire et, en posant mon livre, pousser un soupir de volupté pour ce corps qui se repose enfin après des journées d'aviron, d'encaustique, de gréage de casiers, de remontées du bateau sur la cale.

13 août

J'ai appelé Kurt, ce matin. Il avait une voix joyeuse, tout à fait regonflée. Et pas seulement parce qu'il commence à faire sa valise pour l'Irlande. Il se réinstalle une vie aussi.

15 août

Encore une petite tempête, cette nuit. On dort mal. Et puis, déjà la nuit commence à grignoter le jour, ce que je déteste. Le printemps ne me rapproche pas de ma tombe, l'automne, si.

Paul est comme aux pires jours : il ne lit pas les journaux qu'il lit, n'écoute pas la cassette qu'il écoute. Il ne me propose rien : ni de sortir pêcher, ni d'aller à Dingle. Il rôde et marche en silence. Pourquoi ne pas partir, s'il ne me supporte pas ?

J'ai du mal à conserver ma gaieté, surtout que le temps est de son côté : sinistre. Il m'arrive de chanter : Marie-Paule Belle, Fats Domino. Mais il prend peut-être mes chansons pour de la gaieté à l'idée de l'arrivée de Kurt ? Ce qui est faux, bien que non inexact : j'aime ce pays et j'aime y chanter. Et la vie, ma vie, me plaît, même si Kurt ne devait pas venir… Ou bien, est-ce que je me leurre ? Le fait que Kurt existe quelque part, lointain mais fidèle, est-ce ce qui me donne cette joie ?

17 août

Troublant de penser que les crevettes, que j'ai pêchées ce matin, je les mangerai en soupe demain avec Kurt ! 600 grammes au casier, 300 au haveneau, plus une livre de bigorneaux, un tourteau et deux étrilles.

Tout de même, je me retrouve avec deux maris ! Aucun n'est le mari d'une autre… mais ça ne résout pas nos problèmes. Même si je crois que je ne divorcerai jamais de Paul, malgré mes rêveries kurtiennes ! Nous avons une telle complicité intellectuelle et marine, Paul et moi.

Il y a quelques jours, il m'a dit qu'une sorte d'aboutissement de ses fantasmes serait d'aimer passionnément une fille putain, bête et vulgaire. Éventuellement méchante ! « Il n'y a pas de mérite à aimer une fille jeune, belle, riche et intelligente. La passion seule expliquerait qu'on soit subjugué par une laide idiote. » Sans aller jusque-là bien sûr, j'ai tout de même l'impression d'un aboutissement à ma liberté en aimant un homme intellectuellement nul !

Après ce mois de temps de merde, quand je me réveille, je me demande parfois s'il est bien intelligent de me compliquer la vie et de gâcher celle de Paul, pour quelques coups de reins. Nous allons voir…

19 août

Passé les premiers jours (2 ou 3 à peine) où je me dis que les organes vieillissent et prennent des habitudes de paix et de solitude, je retrouve une ardeur constante et toujours renaissante. On oublie tout, et surtout son âge – et celui de l'autre – comme dans les rêves où l'on n'a plus d'âge.

Kurt, sur la voie des larmes quand nous parlons de l'avenir : nous louvoyons au bord des écueils, où il est sans cesse sur le point de sombrer. La mort de Peggy l'a acculé à un amour encore plus intense pour moi.

Et je m'y habitue ignoblement. Mais maintenant, je pense à lui comme à un cher fardeau, quelqu'un de plus qu'il faut porter, aimer, soutenir. Mais je tiens trop à lui pour lui assener, chaque fois qu'il espère, une vérité qu'il s'obstine à oublier : que je ne peux, ni ne veux divorcer.

Encore un kilo de bouquets ce matin…

20 août

En m'éveillant dans la douce lueur verte de cette merveilleuse chambre d'Irlande, écrasée de soleil à travers le rideau, j'ai vu son tendre visage près de moi, son amour si visible, son peu d'espoir en l'avenir… Il m'a mis les larmes aux yeux. Son émotion devant mes larmes a été si forte qu'elles ont redoublé. Et je l'ai senti comme ressuscité : l'idée que, peut-être, j'étais sincère, ne le recherchant pas seulement pour huit jours de sexe par-ci par-là, l'idée que j'étais malheureuse de ne pas pouvoir lui dire : « Viens, maintenant que tu es seul », l'a transformé. Son sourire est reparu, sa gaieté aussi. Il répète que son retour sera moins atroce dans cette maison remplie des souvenirs de Peggy, dont chacun réactive son remords.

En même temps, est-ce bien honnête ? Il va apprendre le français, régler ses affaires et me revoir fin septembre, comme prévu. Je ne regarde pas plus loin. Je le garde jusque-là, après avoir pensé le perdre. Égoïste solution : mais laquelle ai-je, en dehors de celle-là ?

21 août

Michèle Rossignol et Maurice Werther nous ont rejoints ce matin. Si je n'avais pas une tendresse estudiantine pour lui, il me taperait sur les nerfs. En arrivant, il a pondu un étron si gros que la chasse d'eau – qui met 15 minutes à se remplir – n'a pu en venir à bout qu'en trois fois, c'est-à-dire 30 minutes !

Il nous suit partout. Nous étions dans le coin soleil, Kurt et moi, quand il s'est annoncé par une toux insistante : donc, il savait qu'il dérangeait. J'ai fini par lui dire qu'on voulait se reposer. 20 minutes plus tard, il revenait.

En plus, il tousse comme un chameau blatère !

23 août

Ce matin, beaucoup d'oursins, super-exquis, des crevettes à gogo, des palourdes à gaga ! Maurice, bon pêcheur, mais il n'a toujours pas ouvert sa bourse. D'ailleurs, il ne l'a jamais avec lui, c'est plus sûr ! Il pense s'en tirer à meilleur compte avec un cadeau. Il a suggéré à Michèle d'avoir une idée et de l'acheter pour lui.

24 août

Ce matin, nous avons pêché pendant deux heures par un suroît force 5 ou 6 avec drizzle. Moi, j'avais mes cuissardes. Chaud cocon. Michèle et Maurice circulaient en bottes pleines d'eau et pantalons trempés. On est rentrés gelés. Mais avec de quoi faire un superbe déjeuner.

25 août

Il nous restait des praires et des crevettes. On s'est permis de pêcher mollement dans un endroit peu prometteur mais si beau : Derrynane Beach. On s'est régalés de nos restes, au retour, avec une salade de tomates et d'avocats. Maurice a pris trois cafés et trois sucres, chaque fois, alors que d'habitude, il ne sucre jamais, dit-il. Michèle ne veut pas croire que c'est parce qu'il est avare.

Ce soir, elle l'a contraint à nous emmener au restaurant. Après tout, il ne paie rien. Il ne prendra que de la soupe, j'en fais le pari !

26 août

Nouvelle tempête : j'ai hâte de rentrer. Demain, on fera toutes les corvées de fermeture de la maison. Aidés par nos amis.

27 août

Cafard hier : le spectacle de Kurt vieilli – ses fesses en étoiles plissées – son jean trop neuf et ses grandes chaussures noires d'huissier… Et son blazer noir, très fin, ridicule et mal coupé, qu'il s'est acheté après la mort de Peggy – soi-disant. C'est peut-être la dernière fois que je vis l'Irlande avec lui : ce sentiment qu'il n'aura ni l'argent ni la confiance pour continuer à me voir à la sauvette. C'est cher, la sauvette ! Que Paul ne pourra pas en supporter plus, c'est-à-dire qu'il me rendra la vie insupportable. Cette impression de fin, soulageante et sinistre. Avec la certitude que je ne saurai plus ce que c'est l'amour FOU. Et que c'est si bon.

Et puis aujourd'hui, l'impossibilité d'envisager que ça cesse, et d'être privée de ce que j'ai vécu depuis sept jours. Alors ?

« Don't break the spell », m'a-t-il murmuré alors que nous étions au-delà du désir, et même de la tendresse : dans une union, comme venue d'ailleurs…

27 août

Sur le bateau du retour. Nuit d'amour, nuit d'Irlande, nuit câline…

1986

26 juillet

Pris mes places trop tard cette année pour le ferry. Tout était booké. On m'a trouvé une cabine de quatre qu'on a réservée pour deux. Mais – je l'ignorais – sans douche ni toilettes, ni table de nuit, rien : niche sans fenêtre avec quatre couchettes. Propres. Qu'aurait fait Paul, s'il l'avait su ? En plus, on dort en plein bruit, le long des machines : ça me sert de somnifère !

Paul s'est accroché avec Constance et moi, avant-hier à Doëlan, sur je ne sais plus quoi, une phrase qui aurait pu le mettre en question, un point de détail : « Qu'est-ce que vous voulez dire par là ? » Sur un ton si glacial qu'il exclut toute réponse sincère. On biaise, on tourne la phrase en flatterie. Sa violence est tout près. Ou son désespoir. Car tout vient de sa jalousie ou, puisque le mot le rendrait fou, de son amer chagrin de n'être pas le premier et le seul. « Est solitaire celui qui n'est le n° 1 pour personne », a écrit Hélène Deutsch. Très belle définition de la solitude.

28 juillet

Paul a été frappé par l'aspect du garage, nettoyé par Kurt : tous les ressorts de la porte et de la remorque noyés dans la graisse. Sol balayé. Tourbe au sec. Bateau enveloppé dans du plastique…

La maison ? Comme neuve, une fois de plus. Il faut juste savoir l'apprivoiser : moyennant quoi, elle est admirable. Vaste. Bonne à vivre.

29 juillet

Aujourd'hui, la pluie tombe en biais E.O. au lieu d'O.E. Grisaille tout le jour, puis fog épais vers 16 heures. Puis un ciel splendide, et on part pêcher quelques lieus pour boetter nos casiers. Pas eu le temps d'embarquer que des nuées nous tombaient du ciel, puis un grain. Suis repartie chercher les cirés. 3 lieus en quinze minutes ! On a foutu le casier à crevettes n'importe comment, sous des rafales d'ouest. Et on a mangé, le soir, le plus gros lieu.

Les roses trémières de la façade ont disparu, mais il en est poussé trois belles dans le petit massif. Les hortensias sont minables, mais ils ont pris. La vigne vierge progresse parcimonieusement, mais sûrement. La cordaline grandit. Le gazon est vert, sans trop de mauvaises herbes.

On est sous la couette. Il a déjà fait tous les temps, depuis qu'on est là : grand soleil, mer saphir vite voilée par des buées de suroît, drizzle. Puis coup de vent entrecoupé de lueurs qui nous ont tenus en admiration devant nos fenêtres.

30 juillet

Paul carbure et fume pour comprendre pourquoi il n'y a plus d'eau sur le robinet de la cuisine et celui du dehors. Il n'arrête pas de bricoler, ici. Mais, comme son père, il ne peut rien faire seul, sans commenter ou demander : « A-t-on un seau ? De la colle ? »

À 10 heures 30, Sean O'Shea est venu pour réparer le tuyau d'eau bouché qui nous coupait l'eau. Heureusement, on a la pompe et la citerne. Je me suis pompé de quoi prendre un bon bain, ce soir. Presque par vice : parce qu'il fallait me le pomper ! J'aime ce qui est dur, chèrement acquis et bien mérité. Quelle ânerie, hein ? Mais cela décuple mon plaisir, et c'est pour cela aussi que j'aime mon mois en Irlande.

4 août

La dégradation progressive qui vous guette dans ce pays m'impressionne. Déjà plus de vernis à ongles depuis cinq jours. Mais sont-ce encore des ongles ? Sans lunettes, je ne m'aperçois même pas qu'ils sont douteux ! Plus de fard à paupières, ni de rimmel – ça les repose, me dis-je, en guise d'excuse.

En mer, c'est pire : j'en suis arrivée à me moucher dans mes doigts… Et pourquoi me recoiffer ?

La première rafale venue va me remettre dans mon état antérieur.

On n'arrive pas à passer une journée vraiment heureuse. Seulement des moments qui font deviner ce que pourraient être nos relations, s'il n'y avait pas un autre homme entre nous.

5 août

Dans un couple, comment peut-on avoir deux métiers à plein temps, et des maisons accueillantes où on ne mange pas du congelé ?

« Heureusement que tu as le temps de t'occuper de l'intendance, dit Paul.

— Le temps, je ne l'ai pas, je le prends.

— Tu n'es tout de même pas une martyre… »

Phrase de mari ! Que répondre, sinon qu'on n'a pas besoin d'être une martyre pour se sentir volée d'une part de sa vie. Car quand on s'assied enfin, après avoir fait tout ce qu'il y avait à faire, on n'a plus rien à écrire. Il faut bondir pour être disponible à l'idée qui passe.

Première très belle journée, soleil vif. On n'en croyait pas nos yeux : la mer innocente et calme enfin. Alors on s'est levés à 6 heures, car on annonce une tempête pour demain. Le baromètre amorçait à peine sa descente, mais le vent était déjà est.

Partis ramener nos trois casiers à l'abri : 2 homards ! plus des crabes et des crevettes, bien sûr ! La pluie tombait, le vent forcissait. Il a fallu remonter le canot sur la digue.

On est allés chercher Nicole, notre amie hyèroise, à Killarney et, à 21 heures, on était attablés tous les trois devant nos vodkas et nos crevettes. Ensuite, devant le feu de tourbe et sa flamme bleue, tandis que dehors les rafales s'escrimaient à démolir la maison et à casser les roses trémières qui résistent encore.

J'ai trois amours : Kurt, Paul, la solitude. Dans le désordre, suivant la conjoncture. Tout ça se complète. Disons aussi que j'en ai un quatrième : l'écriture, qui est aussi un supplice, ce que Kurt n'est jamais, Paul parfois, la solitude pas encore. Et puis j'oubliais : le soleil.

6 août

Relevé les casiers posés hier : encore 2 homards, des crabes et 4 lieus, dont 2 beaux mangés avec Nicole, ce soir.

Lettre désespérée de Kurt : c'est très rare. Tout à coup, il pressent qu'il a raté le coche et que ses projets de cohabitation sont utopiques : « Je suis dans un monde de solitude affreuse. Je veux sortir et crier : j'en ai assez, stop le monde. Je veux tout arrêter. Est-ce possible ? Quand je suis avec toi et qu'on parle, tout va bien. Mais là, il faut que je parle à quelqu'un qui me comprenne et pardonne ma faiblesse. J'ai tellement besoin de toi, mon amour. Je ne te remercierai jamais assez d'exister. Et s'il y a une vie dans l'au-delà, laisse-moi la vivre avec toi. »

Sent-il à quel point l'avenir devient impossible ? Son âge, ses incapacités, la présence plus constante de Paul… Je le sens désespéré, au point de dépenser son argent pour quatre jours avec moi. Et moi je prends, je critique, je compare, je profite, je m'engraisse de son amour et je ne lui donne que des bonheurs intermittents : réels pourtant. Je pense à nos dix jours ici : avec un autre homme, on vit autrement, on rit autrement. Je vais en profiter avec l'énergie du désespoir. De son désespoir… On n'a pas de projet cet automne, pas de date. Et il aura soixante-seize ans en décembre.

7 août

Paul bizarre au déjeuner : il avait beaucoup bu et il répétait des paradoxes et des contre-vérités. Finalement, il nous a demandé, à Nicole et moi, de lui rapporter de Waterville où nous allions faire les courses : « Des légumes amusants. — Tu sais bien qu'on ne trouve que du chou et des carottes ! — Eh bien débrouillez-vous. » Et il est parti dormir. Et quand il ne dort pas, il me suit partout comme un enfant de cinq ans. Touchant, mais pesant. Pourquoi a-t-il, ont-ils, tant besoin de moi qui ai si peu – ou si épisodiquement – besoin des autres ? Moi qui me sens si solide, et eux si dépendants, leur bonheur suspendu à mon adhésion. J'ai l'impression d'être un nageur auquel deux gros corps lourds et fatigués se pendent et que je traîne.

Pourtant, pourtant, la vie est belle. Encore belle ! Ici, j'enlaidis certes, mais je rajeunis de corps : je me muscle et m'assouplis. Mais mettre des bagues, des bigoudis, des vêtements exquis, je n'en ai plus le temps ni le goût. Je m'active avec tant de joie !

8 août

Cette Irlande tragique, déchiquetée, on ne peut pas l'aimer : il faut l'adorer ou la fuir. Ou les deux.

Nouvelle tempête depuis midi. La deuxième en quatre jours. Je n'ai pas osé insister pour que Paul remonte le bateau sur la cale. Il semble tant haïr l'effort et, désormais, en souffrir : il souffle en gonflant les joues, et ses yeux deviennent fixes, un peu angoissés pendant une seconde. On le sent à la limite.

Après déjeuner, nous sommes allées Nicole et moi à Caherceveen. En route, soudain la pluie s'est abattue au lieu de tomber, et le vent a forci affreusement. Fuchsias hachés sur les côtés, prés inondés, torrents d'eau et de boue. Grotesques comme deux vaches irlandaises, nous avons fait nos courses, trempées jusqu'à l'os. En rentrant, je pensais à mon canot rempli de pluie. Et effectivement, en arrivant, je l'ai vu l'arrière déjà bas, gigotant lamentablement sur sa bouée. Je me suis changée et je suis descendue à la cale au plus vite pour sauver mon bateau. Gerald O'Shea était là, sur son Jeanneau à demi plein d'eau. Malgré son aspect de poubelle, le moteur marchait ! Je lui ai demandé de vider mon bateau. J'avais heureusement emmené mon seau car ils n'ont que des boîtes de conserve percées, ou des assiettes de plastique. Oui, j'aurais dû y aller. Mais j'ai été lâche et timorée. Et je l'ai laissé y aller seul. Il a foncé, s'est amarré au canot et l'a vidé avec le seau. Je le voyais retrouver sa danse gaie sur les vagues. Il a une chance – je dis bien une sur deux – de passer la nuit. Mais il continue à pleuvoir atrocement et le vent se renforce et hurle. La mer est jaune ocre sur toute la moitié ouest de la baie. Le torrent a raviné la route si profondément qu'une voiture n'y passerait plus.

Nostalgie poignante de ne plus être capable de sauter à bord du haut du quai, de ne plus compter sur mon équilibre, ma souplesse, mes forces. Qu'ils étaient beaux ces quatre adolescents dans la maîtrise de leur force : tous tête nue, dans l'eau jusqu'au ventre, pour pousser les trois ou quatre bateaux qu'ils remontaient en haut de la cale. Capables d'efforts, rapides, connaissant la pire mer et l'affrontant avec une belle insolence. Je me sentais vieille, dépassée par les éléments, sans envie de me mettre à l'eau et de remplir mes bottes. Oui, je n'avais pas envie de m'en mettre plein les bottes ! Plus exactement, l'envie oui, mais pas confiance en mes forces. Plus confiance. La plus dure chose qui puisse m'arriver.

10 août

Pêché avec Nicole des palourdes, des oursins et des bigorneaux avant d'aller faire les courses. Retour vers 15 heures, j'étais partie à 13 heures : « Alors, tu t'es bien amusée ? me dit Paul d'une voix glaciale en allant refermer la barrière : Vous avez pêché tout ce temps-là ? » continue-t-il sur le même ton. Accueillie comme une petite ado qui rentre trop tard de danser. Le poids de Paul s'appesantit sur moi d'une manière qui m'inquiète. Sa jalousie de tout ce que je fais en dehors de lui : même écrire des lettres. La sensation que je lui dois mon temps, mes pensées, mes soins. Je sais qu'il avait la nuque raide, une migraine pénible. Mais tout est prétexte à me mettre dans mon tort. Et je suis lâche et je ne lui dis pas : « Merde, oui je me suis bien amusée. Et sans toi. » En plus, ce n'est même pas vrai ! Temps laid et pêche minable. Et je suis heureuse d'aller en mer avec lui. C'est là qu'on est le mieux tous les deux. Et que, même, je me passerais difficilement de lui.

12 août

Et dire que dans dix jours, j'endosse mon autre tenue : je redeviens une adolescente un peu bêtasse qui rit pour un rien. Une amoureuse de l'amour que Kurt me porte et du corps qu'il me fait avoir. Je redeviens quelqu'un qui danse et écoute les crooners, main dans la main avec son amoureux. Une dormeuse qui se love près de son homme. Une à qui l'on passe tous ses caprices. « L'autre » que je n'imagine pouvoir exister avec personne, sinon Kurt.

Il y a des moments où je voudrais n'aimer que Paul. D'autres où j'ai trop envie de me laisser aller à ce flot d'amour qui va me porter. À ces jours de paix et d'étonnement devant l'amour toujours recommencé.

15 août

Paul, qui va être sans emploi fixe à la rentrée, remplit notre avenir de mille projets : Noël et le Jour de l'An à Moustique avec Philippe Margolis, Venise, voyage dans les Cévennes : « Aussi belles que l'Irlande », me dit-il. Je ne vois plus où caser un moment avec Kurt ; ni surtout comment caser six mois de vrai travail continu. Et si je choisis l'écriture, quelle tentation de repousser Kurt au printemps. Tout cela compose un joli faisceau de raisons pour laisser tomber. Paul le sait, bien sûr, et en joue. C'est de bonne guerre. Ce serait si soulageant de m'en tenir à lui : il deviendrait si tendre et tellement meilleur à vivre. Mais l'amour ? À faire ? À entendre ? Peut-on renoncer ? Au fond, pourquoi me poser la question ? Je sais que je ne renoncerai pas à ces jours, ces semaines de bêtise enchantée, d'égoïsme amoureux, de caresses. Mais je sais ce que je fous en l'air, et je le regrette.

« Je vais m'ennuyer comme un rat mort », me dit-il en faisant sa valise. Il n'avait qu'à rester un rat vivant !

17 août

Dans *L'Arrière-Saison*[1] de Philippe Besson, une description qui m'a rappelé des traits de mon caractère : « Lorsqu'elle a compris, il était trop tard déjà. Le mal était fait, les choses trop sérieusement engagées, toute rémission inenvisageable… Elle a pensé qu'elle pourrait sauver l'essentiel. Elle a d'abord cherché à se montrer magnanime, compréhensive, mais nullement complaisante… Elle n'est pas de ceux qui cèdent à l'hystérie, posent des ultimatums, qui imposent des exigences, qui supplient, qui menacent. Elle fait confiance à l'intellect plutôt qu'à l'affectif. C'est une erreur tragique en matière amoureuse. Une erreur de débutant. »

Je suis longtemps – longtemps – restée une débutante. Toute l'histoire Paul-Marie-Claire, je l'ai vécue, et j'ai cru la résoudre, avec l'intellect et en imposant silence à l'affectif. Erreur tragique, en effet.

Quand j'ai dit à Paul – début 1955 je crois – que je n'en pouvais plus, que s'il choisissait Marie-Claire je n'en mourrais pas, mais que je ne pouvais plus supporter cette souffrance, ni supporter d'être la seconde – en tout cas pour le sexe – c'était trop tard. J'aurais dû réagir bien plus tôt.

Et quand ai-je cessé, moi, d'être amoureuse, de désirer son amour ? Paul dit deux ans après sa rupture ; moi, je dis cinq ans. Un repère : je sais qu'en écrivant avec Flora *Le Féminin pluriel*, je tentais de

1. Philippe Besson, *L'Arrière-Saison*, Julliard, Paris, 2002.

me guérir en racontant cette histoire d'adultère où je tenais, bien sûr, le rôle de la femme trompée et Flora celui de la maîtresse. C'était en 1964, je crois. Les réalités sont têtues : ça a été beaucoup plus dur que je me plais à le croire aujourd'hui. Grâce à ma médiocre mémoire et aussi à mon désir de composer une belle image.

20 août

Kurt arrivé par un temps irlandais : on s'en fout ! Même si Flora me dit au téléphone qu'il fait beau à Londres. L'Irlande ne fait pas partie de l'Europe. C'est une île de nulle part qui a son climat et qui mène sa vie, s'offre ses perturbations, les use et les épuise, et renvoie des nuages vides sur sa voisine.

Vers 16 heures, je me suis assoupie emmêlée à Kurt, ce que je ne peux jamais faire la nuit. Pour m'endormir, il ne faut plus que je sois contre lui. Je me sentais, avec une certaine honte, comme une voiture qui fait le plein : il me branche son tuyau et je m'emplis de plaisir dans un déluge de tendresse ! Et je me lève, et il est 6 heures du soir. Je mets ma cassette irlandaise, et je danse et je chante. Il dort dix minutes. Puis il se rase et me demande quoi mettre : 80 % de ses affaires sont laides. Mais on y arrive. Et on ouvre les rideaux, et il pleut. Et on s'en fout ! Cette grande maison pour nous tout seuls, pour la pêche et pour l'amour, et rien d'autre, que rêver de mieux ?

Nous avons tout de même entrepris mille travaux de réparation : la barrière consolidée, les deux portes cuisine repeintes, la voiture lavée, aspirée…

Soirée au Waterville Beach Hotel. Majorité d'enfants, des petites filles surtout. Cinq ou six pour un adulte. Un moment de ras-le-bol. Et puis une petite fille de six, sept ans, aux longs cheveux liquides, se met à danser à l'irlandaise, les bras raides le long du corps. Petits pas charmants. Seule, sur le parquet central, elle suffit à rendre la soirée exquise. Elle danse, infatigable, pleine d'élan et de grâce. Deux ou trois autres la rejoignent et font mesurer l'injustice de la grâce donnée.

Dans la pénombre, Kurt a un visage au charme revenu. Et d'où émane tant d'amour… Mais je n'ai plus le plaisir de sa beauté, plus rien n'est vraiment beau en lui, après l'avoir tant été. À peine arrivé, il m'a montré son torse : « Regarde comme je suis brun ! » et je regarde un naufrage. Plus rien n'est à sa place. Moi, j'ai une peau qui consent de partout mais ça ne semble pas le refroidir !

« La vieillesse n'est jamais belle car un naufrage n'est jamais beau » (Mauriac).

Ce matin à la pêche, Kurt a manifesté son incompétence : pas foutu de tenir et relever sa ligne. J'entends la paravane cliqueter sur l'hélice, je m'énerve, lui crie dessus. On renonce à pêcher. Mon capitaine habituel me manque. Pour les casiers, par mer assez calme, on se débrouille. Tout de même, traîner ce jeune vieillard de soixante-seize ans en mer dans les écueils, lui faire transporter des pierres, le butane, boire du vin à tous les repas arrosés de vodka et d'Irish coffee, lui faire faire l'amour matin, midi et soir, est-ce bien raisonnable ?

Pour qui ? Lui veut mourir, moi je veux vivre.

21 août

Il a plu toute la journée : « Qu'est-ce que tu as fait alors ? demande Paul à qui je l'annonce au téléphone.
— J'ai écrit mon article… »

Drôle de question : que fait-on quand il pleut et qu'on s'aime ?

22 août

Je voudrais pouvoir faire le saut périlleux… Notre ami Haroun Tazieff joue bien du piano à soixante-douze ans ! Enfin, transigeons : je voudrais courir, je voudrais refaire du ski… Bon, c'est encore trop ! Je voudrais… Au moins, je n'ai pas à dire : « Je voudrais faire l'amour ! »

23 août

J'étais prête à prendre un dernier verre, après un bon bain, quand j'entends l'annonce d'une tempête force 10. En une minute, je décide de me rhabiller et on file à la cale où Mulligan et d'autres s'agitaient déjà. Je vais chercher le bateau : Kurt embarque à l'escalier et, tandis que je me tourne vers le moteur, il s'enfonce dans l'eau jusqu'au cou, avec ses bottes et son ciré…

Gerald, adorable, lâche tout et accourt : Kurt s'accroche aux marches et remonte, se coupant un peu le petit doigt, mais saignant comme un bœuf à son habitude. Mais je vois qu'il n'a pas d'hydrocution…

On a manqué Simone Gallimard et Jean O'Neil que nous attendions demain vers 22 heures. David nous apporte un mot d'elle : de regret.

25 août

Tout de même, à soixante-seize ans, un homme traverse l'Atlantique pour venir voir une femme qui a refusé sa demande en mariage il y a quarante-cinq ans !

Tout de même, entendre un homme vous dire le soir : « J'ai attendu toute la journée le moment de te prendre dans mes bras » devrait faire oublier toutes les conneries qu'il a dites le jour ! Sans le rappel régulier de ses exceptionnelles qualités amoureuses, la présence de Kurt est irritante. Mais quand j'ai un ou deux cafés irlandais dans le cornet, quand j'oublie son âge, ses tics, son application pesante – même pour fermer une barrière ou ouvrir un paquet de biscuits ! –, quand j'ai passé la soirée dans un de ces pubs que j'aime, alors, encore, l'amour est bon.

Mais c'est toujours moi qui anime la soirée, lui fais remarquer ce qu'il ne voit jamais. La vie prend des couleurs pour lui qui ne s'intéresse plus à rien. Il en est si surpris, reconnaissant, énamouré, que je n'ai plus qu'à me laisser aller au fil du courant.

26 août

Tout de même, Kurt est décourageant ! Et ce n'est plus acceptable avec l'âge, l'expérience – qui ne lui est pas venue – et la beauté qui, elle, est partie. Il s'obstine à voyager avec un sac complètement râpé que je lui connais depuis vingt ans. Sa brosse à dents gît dans une boîte en fer-blanc noircie, rouillée, sépulcrale : boîte donnée par sa mère, il y a trente ans. Il est habillé de vieilleries, ne comprenant pas qu'un séjour amoureux exige un peu de magie quand on n'a rien à se dire, rien en commun. Chez un amant, c'est suicidaire ! Ce qui lui nuit aussi, c'est que je n'ai pas de place pour deux vieillards. Et Paul est mon n° 1.

Pourquoi j'aime tant ces pubs irlandais ? Personne ne gueule comme en France, pas de beuveries et de chœurs comme en Allemagne dans les Bierstuben. Ici, ils déglutissent leurs Guinness à une allure hallucinante sans vous regarder. Beaucoup d'hommes seuls : veufs qui ont crevé leurs femmes, à force d'enfants. Certains ont leur sac à provisions car le foodstore est ouvert jusqu'à minuit. Tous ont des gueules stupéfiantes.. Et puis ces vieilles femmes qui viennent à deux ou trois fredonner quelques airs, habillées comme on ne l'est plus chez nous depuis trente ans.

Ce que j'aime dans ces pubs ? C'est que les jeunes n'y sont pas la majorité. C'est plein de vieux sauvages, d'épicières, d'enfants aussi. Quel repos pour l'œil de ne pas toujours tomber sur de jeunes visages triomphants !

27 août

J'ai reçu une lettre surprenante de Paul, il écrit si rarement. Une belle lettre triste dont je ne sais que faire parce que je ne sais pas quoi faire de Kurt.

« Ma chérie, quand je suis parti, après une dernière journée gentille, amicale, insupportable pour qui attendait la réponse devant laquelle tu te dérobes et que j'ai tant sollicitée depuis quelques mois. Cette lâcheté est trop peu dans ton caractère pour que je la mette sur un autre compte qu'un reste d'amour et, sans doute, un désarroi face à deux décisions dont aucune ne te satisfait, du moins si j'en juge par le flou de tes confidences… J'ai espéré, un temps, que tu préférerais notre vie, aussi imparfaite soit-elle, à une séparation. Je ne te demandais qu'un mot pour le croire. Qui ne dit mot "consent", comme disent les marins. L'amour-propre ne rentre pas dans ma ligne de compte. Le chagrin, oui, est d'une telle épaisseur que je me sens écrasé. Tu n'y peux rien et je pense que, si cela avait été en ton pouvoir, tu m'aurais épargné cela… Le but de cette lettre n'est pas d'assombrir votre ciel, mais de te permettre de te décider pour ce qui concerne Kurt, sans t'égarer dans des points d'interrogation, pour ce qui me concerne. Je suis malheureux, ce n'est pas ta faute, je le serais sans doute encore plus avec toi près de moi et le cadavre de Kurt dans le placard.

Prends le temps que tu voudras pour trouver une solution, s'il en est une. D'ici là, je ne serai jamais bien loin, mais plus tout près.

N'espère pas toutefois que je ne t'aime plus. Ni aujourd'hui, ni demain. Cela n'arrange rien. »

J'aurais tellement aimé recevoir une lettre si amoureuse de lui, il y a vingt ans. Aujourd'hui, elle me désole et me fait mal pour lui.

28 août

Temps glacial : le vent hurle, traverse les vitres, on gèle près du feu de tourbe.

Même les vêtements des pies sont dépenaillés. Je n'ai jamais vu de corneilles aussi loqueteuses !

On a traîné la remorque sur la plage et remonté le canot avec la VW. Tout est en place dans le garage. Kurt ne bronche pas, trop heureux d'être dérangé. C'est un signe de vie, ce qui lui manque tellement dans sa solitude.

Je suis extrêmement intolérante à son égard, le reprenant sans cesse : une mégère ! Je le vois dominer son orgueil, prendre sur lui – tout pour ne pas me perdre. Et j'ai honte. Mais je suis son seul bonheur. Il n'est pas le seul mien.

29 août

Dernier jour… Kurt est dans le même état de nerfs que lorsqu'il repart aux States.

Un mari au bord de la dépression, et en proie à la mauvaise humeur, passe. Pourquoi, en fait ? Sinon parce qu'on se sent un peu sa propriété, donc coupable. Mais un amant, c'est intolérable. Il a encore dix jours en Europe avec moi, il ne va pas me faire le coup de la solitude, de la panique.

« C'est une agonie de te voir et de savoir que dans dix jours je retourne à mon néant.

— Mais ces jours sont des cadeaux, vis-les dans le présent…

— Ces jours sont chacun un jour de moins. »

Qu'on vive chaque jour, merde ! Cela me crée déjà assez de complications qu'il reste si longtemps. Ses « Wathever », « Oh well », me tuent. On avait projeté d'aller en Allemagne (où il a vécu jusqu'à douze ans) voir ses amis. Bien sûr, c'est loin, bien sûr ça me privera de Doëlan, mais j'ai envie de lui faire ce plaisir. Il se demande si ce n'est pas trop compliqué finalement. Qu'il l'organise, son pèlerinage, je suis prête à le suivre.

Bref, il a le cœur gonflé. Sent-il que je commence à être un peu indifférente ? Même à son physique ? Peut-être. Mais ces êtres hyperémotifs, nerveux, incapables de se faire une vie tout seuls, j'en ai déjà, merci.

Et puis quitter un époux qui a des varices noueuses et des bajoues, pour retrouver un amant qui en a aussi, et qui a neuf ans de plus, c'est moins grisant, avouons-le !

30 août

Sur le ferry. Bien sûr, à peine à bord, j'entends : « Monsieur Guimard est demandé au bureau Information. » J'y vais. C'était pour se rendre à la passerelle pour assister à la sortie de l'estuaire. Je décline, bien sûr. On doit se demander qui est le faux monsieur Guimard qui est dans ma cabine !

Dîner très agréable. Kurt avait beaucoup bu. Il s'est vite aperçu qu'il était au quart de sa forme habituelle, ce qui est vraiment sans importance. Mais tout de suite : « Have I lost you ? » Je ne pense pas que ce soit possible. Mais que quelque chose ait changé, oui. C'est l'ignominie de l'âge que ne camouflent pas l'élégance, l'intelligence, l'esprit.

1987

23 mai

Paris-Dublin-Shannon. Partis avec Lison et Serge, sous le ciel bleu de Paris. Arrivés dans la brume.

On touche une grosse Toyota. On fait Shannon-Ennis-Lahinch, falaises de Moher et Galway. Sous le drizzle.

Nous avons traversé les Burren aux surfaces mauves, toujours sous le drizzle. Paul, hagard de fatigue. Très bien dormi au Great Corrile Southern, hideuse bâtisse moderne, déjà en voie de délabrement.

Le soir, on cherche un restaurant à Galway : la première jeune fille à laquelle je m'adresse met ses doigts sur sa bouche, puis sur ses oreilles, pour me faire comprendre qu'elle est sourde-muette !

25 mai

Traversée calme sur le *Queen of Aran*. Loué deux carrioles pour visiter le Dun Aengus : fort de l'époque mégalithique (quatre mille ans avant J.-C.) avec quatre enceintes cyclopéennes entourées de pierres dressées pour tenir lieu de chevaux de frise.

Nous voyons descendre des jeunes gens avec des cartons pleins d'assiettes et de verres. Trente Allemands qui avaient eu l'idée de déjeuner dans l'enceinte herbeuse du fort : pas un pique-nique, du homard ! Et pas d'assiettes en plastique, de la porcelaine !

26 mai

Réveil sous un vent encore plus fort qu'hier, et drizzle.

Balade sur la plage. Les loueurs de vélos n'ouvrent qu'à 11 heures, pour l'arrivée des bateaux.

Ramassé une belle pétoncle, des coques et des grosses moules. Encore une île aux trésors inexploités. Mais trop de touristes déjà. Même hors saison.

Le soir Cashel House... L'incontournable hôtel des de Gaulle en 1969. Hélas, depuis, Chirac et Pandraud sont venus, eux qui ont eu le culot de se réclamer du gaullisme alors qu'ils en ont la raideur, mais jamais le génie ni les intuitions fulgurantes. De Gaulle a pris Malraux comme ministre de la Culture, lui.

On pardonne tout à l'Angleterre à cause de ses jardins : le parc du Cashel House, plein de rhododendrons et d'azalées en pleine floraison est... sublime, comme dirait Serge.

Un jardin soigné, planté de fleurs rares entretenues avec amour, des sous-bois surprenants avec un genre d'acanthes à fleurs énormes et pleines de piquants sous les nervures et le long de la tige. Fougères de toutes sortes.

Chambres « anglaises » raffinées. La patronne nous donne une suite à prix standard au vu de notre nationalité française. Un accueil délicieux. Un dîner excellent. Petite note dans les chambres : « For a beautiful garden, it is necessary to have midges (petites mouches) They like bright lights, so when your lights are on, keep your windows closed… They tend to like good company… » À l'usage des Américains évidemment, terrorisés par les mouches !

Beau temps ce soir, malgré un vent terrible. Mais le vent lui-même s'arrête aux portes des riches ! Après le désert pelé du Connemara, les arbres immenses de cette ancienne propriété anglaise délimitent une aire protégée des vents où tout pousse. C'est comme une oasis en plein désert de pierres.

27 mai

Paul nous a courageusement accompagnés au Dun Aengus avant-hier : une heure de marche rocailleuse. S'en est dit très bien le lendemain… Et puis, dans la journée, il a développé une crampe douloureuse à la cuisse jusqu'à la hanche. Il ne peut plus croiser sa jambe gauche sur la droite pour mettre ses chaussettes. Il s'est mis à boiter d'une terrible façon, et ça lui va : on dirait qu'il a toujours boité ! Il a l'air d'un vieux lord anglais qui serait tombé de cheval. Mais chez les vieux, c'est la démarche qui tue : plus personne ne marche selon la loi naturelle. J'ai longtemps craint de changer de démarche… J'en ai changé, mais on ne peut pas s'en apercevoir de l'extérieur. Moi seule suis consciente de l'effort.

29 mai

À Oughterard, B and B assez minable. Mais les hôtels dits de luxe sont de tristes blockhaus victoriens, à 360 livres par personne ! Avec fenêtres sans rideaux et jardins tristes donnant sur le beau lac triste, Corrib.

Je croyais la bourgade fleurie et prospère. A-t-elle baissé ? C'est morne et laid.

Clifden, que je n'avais jamais vue, est une ville charmante aux maisons de couleur, toutes ravissantes. L'hôtel seul est laid, un immonde cube à bourrelets, qui coupe toute la perspective sur la montagne et qui cache une des rares églises à clocher passable. Un crime !

Roundstone, charmant village de pêcheurs. Nous nous sommes arrêtés une heure sur la plage où se promena le grand Charles. Trois femmes se baignaient dans l'eau glacée : « les Folles de mai ! » a dit Serge.

Paul a toujours mal à la jambe, mais ça va plutôt mieux ce soir. Il s'est démanché un muscle en montant les marches. On se voyait – il se voyait déjà – vendant Doëlan. Et Hyères dans la foulée, si j'ose dire ! Du coup, je n'ai pas avoué à Lison que j'avais encore mal au dos. Deux vieux parents perclus, ce serait trop ! Et je ne souffle mot de ces petites pertes de sang, qui s'aggravent plutôt. Je refuse de consulter avant d'avoir fini mon livre. Sauf nette gêne, c'est-à-dire pertes plus importantes. Pas question de me lancer dans les hystérographies et autres méthodes de diagnostic, avec ou sans anesthésie : ça prend trop de temps. Et si par exemple j'avais un fibrome, je refuse de me gâcher l'été en le faisant enlever. J'aime trop l'été et j'ai besoin de toutes mes forces.

30 mai

Je lis *La Vie matérielle* de Duras qui contient des passages géniaux. La page sur l'ourse épuisée, des pages sur les femmes, ses comptes de maison, ses hommes, etc. Dès qu'elle parle de ses personnages, Lol V Stein ou autres, elle est difficile à supporter. Son respect pour ses propres œuvres est stupéfiant. Mais pour ces pages qui vont si loin, avec cette simplicité suprême, il faut lire ce livre. Sur l'alcoolisme, pages d'une intelligence…

Ground Hotel, quatre étoiles, au centre d'Ennis : pas de serviettes de bain. Bonde de la baignoire incapable de retenir l'eau. Oubli des petites cuillères au petit déjeuner. Œufs au bacon transformés en œufs à la coque, durs et au goût de vieux. Aérateur dans la salle de bains intolérable par son sifflement.

1er juin

Retour à la maison. Journée grise hier, mais belle pêche avec Lison. 400 grammes de bouquets. Et j'ai cueilli, c'est le mot, deux douzaines et demie d'oursins splendides dans ma mare de Lamb's Island. Plus deux douzaines de palourdes et de coques, un kilo de bigorneaux.

2 juin

Aujourd'hui, à Reen, ça ne déchalait pas assez : troisième jour de marée à 75, c'est trop juste. Tout de même un bol de crevettes, des palourdes et des moules. Lison est atteinte du virus familial pour la pêche : elle ne voulait plus s'arrêter. Serge, préposé aux oursins, n'en a déniché qu'un !

Paul sort de moins en moins : Lison en est frappée. Il ne pense qu'à cuisiner. Il n'a pas voulu venir à la pêche ni écouter l'Irish music ce soir. Heureusement, Serge et Lison sont venus avec moi.

Mes rhododendrons, déterrés à Killarney, sont tous morts. Seuls prospèrent les hortensias et les grandes marguerites blanches. Curieusement, les jaunes ont disparu. Mes deux petits charmes poussent aussi, repartis du pied. 1,50 mètre de haut : quand ils seront des arbres, je ne serai plus qu'une branche morte !

3 juin

La veille de ma mort, quand le côté énorme de la chose n'aura plus d'importance, quand le spectre du cholestérol me fera rire – ou pleurer de regret –, je voudrais enfin manger à la cuillère en bois 250 grammes de beurre salé à la motte. Et le déguster. Je ne sais pas ce qui me retient encore.

4 juin

Reçu des nouvelles alarmantes de Kurt : « Vous êtes un infarctus ambulant », lui a dit son médecin qui voulait l'opérer dans la foulée. Il a catégoriquement refusé car on se retrouve dans dix jours à Paris : « C'est une question de vie ou de mort. — Eh bien je tomberai raide mort, ça me convient tout à fait comme façon de mourir. » J'avais bien vu qu'il avalait un nombre anormal de pilules, mais comme il ne se plaignait de rien… Et comment imaginer que ce bloc de force et de santé ait un problème ? Non, je n'ai pas eu de pressentiment. Juste cette tendresse croissante avec le temps. Et ce désir non décroissant avec le temps.

Inconsolable ? Bien sûr, je le serais. Je me suis habituée à vivre avec cette certitude en moi : l'amour de Kurt. Quel vide laisserait-il ? Avec l'âge, on devient vulnérable au vide : en attendant le grand. Mais ce qui est presque aussi dur, c'est de le laisser seul affronter la coronographie qu'il a acceptée. Pour la première fois de ma vie, je me suis sentie dédoublée : j'étais là-bas, je l'accompagnais à l'hôpital…

6 juin

Je l'ai appelé plusieurs fois aujourd'hui et je l'ai eu, enfin, à 21 heures. Il venait de rentrer. Les médecins ont découvert une coronaire complètement bouchée et une autre à 70 %. D'après eux, il vit sans doute avec ses coronaires défaillantes depuis des années, mais comme il n'a aucun symptôme alarmant, il peut continuer à vivre comme si de rien n'était : faire du sport, l'amour (il l'a demandé !) et même piloter. Sous pilules, il ne risque pas plus la mort subite que n'importe lequel d'entre nous. Une seule restriction : ne pas porter de poids trop lourd.

Dire mon soulagement est impossible. Je me suis vue seule, obligée de me réorganiser mentalement pour vivre sans lui. Affrontée à la réalité de mon âge, à la probabilité de ne plus faire l'amour, en tout cas plus jamais avec cette confiance, cette ardeur, cette réussite. Je pense à moi ? Oui, bien sûr. S'il était mort, il ne serait pas malheureux. Je n'aurais même plus le souci de le savoir seul, vieillissant. Alors, ce serait à moi de vivre : autrement.

7 août

Je ne me lasse pas du paysage : cette lande de bruyères naines, d'ajoncs et de tourbe, cette terre verte jaune et violette jetée entre les rochers comme une couverture de mohair irlandaise…

Je nettoie à fond la maison pour l'arrivée de Bernard et Flora que j'attends avec impatience. Ce sont nos seuls invités cette année. Et vivre à deux est austère : pêche à pied seule, jardin seule, boutiques seule. Et on ne va plus dans les pubs car Paul ne supporte plus les sonos trop fortes. Le bateau est notre seule activité commune.

12 août

Soirées grises, brumeuses ou pluvieuses ou venteuses. Ou les quatre à la fois !

Flora et Bernard arrivés. Sale temps, sauf deux heures à la grande marée mardi. J'ai pris 1,5 kilo de bouquets, une coquille Saint-Jacques, quelques palourdes.

Le soir, la cheville de Paul est enflée et toute bleue. Sa cuisse le tiraille. Ces douleurs diverses lui gâchent un peu le plaisir d'être ici. Il est mal en bateau – trop bas – mal à l'effort. Résultat, il boit : d'une manière affolante. Avant chaque repas, il se ressert dix fois du whisky. Et quand je prends de la vodka à 10 heures, retour de pêche, il m'accompagne. Mais les crevettes finies, il en reprend une ou deux fois. Presque à jeun.

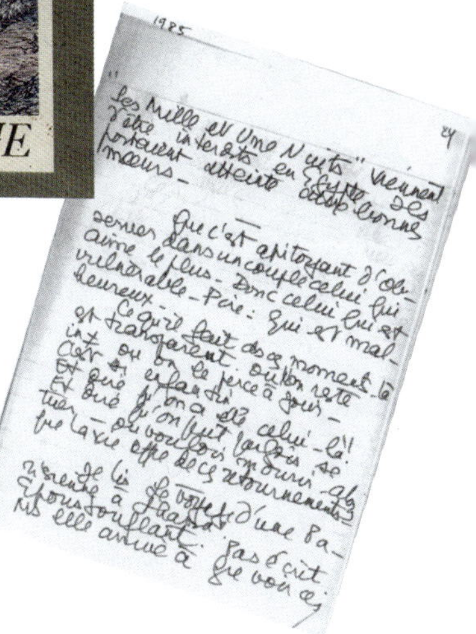

1985 24

"Les Mille et Une Nuits" viennent d'être interdits en Égypte. Ils portaient atteinte aux bonnes mœurs –

Que c'est apitoyant d'observer dans un couple celui qui aime le plus. Donc celui qui est vulnérable. Pire : qui est malheureux.

Ce qu'il faut de ces moments-là est transparent. Où l'on reste intact ou on le perce à jour –
Car si enfance
Et que l'on a été celui-là !!
Et que l'on peut longtemps se tuer – ou vouloir mourir. Alors que la vie offre de ces retournements !

Je lis le voyage d'une Parisienne à Lhassa. Époustouflant. Pas écrit mais elle arrive à ce que voici

Août en Irlande !

1977,
le camping-car.

Notre maison.

Élisabeth et
Robert Badinter,
Paul Guimard.
(1989)

Éric Tabarly.

Benoîte remonte
un casier à homards.

Benoîte et Paul.

Le *Pen Duick VI*
entre dans la baie. (1980)

Benoîte
et François Mitterrand. (1988)

Benoîte et ses filles, Blandine et
Lison de Caunes. (1983)

Blandine
et la pêche du jour.

Paul Guimard
en Sioux.

Benoîte et Kurt à Miami. (1982)

Benoîte devant sa pêche.

Violette Mazza,
petite-fille de Benoîte.

Ci-dessus et ci-dessous :
Clémentine Goldszal,
petite-fille de Benoîte.

Pauline
Goldszal,
petite-fille
de Benoîte.

Constance Guimard, Bernard Ledwidge et Flora Groult. (1981)

Benoîte et Paul photographiés par François Mitterrand. (1988)

Il est ralenti d'esprit et de corps. Et de plus en plus abattu et triste. Je suppose que l'alcool le requinque. Puis, ça devient un geste machinal jusqu'à ce qu'il sombre, le soir, dans un marasme pesant, n'écoutant pas ce qu'on dit. Il est souvent exagérément sentimental ou mutique. Il m'appelle dès que je change de pièce. Il vient me parler à travers la porte, quand je suis aux cabinets !

Bernard lui aussi saoul ce soir. Après le dîner, il était affalé dans son fauteuil, la lippe comique, l'œil fixe, répétant les mêmes phrases avec beaucoup de componction. Mais toujours charmant.

Flora a lâché, à propos d'une plante maladive de mon jardin : « Elle est comme une araignée borgne ! » Exemple typique des mots qui lui sortent de la bouche, comme des crapauds ou des perles, c'est selon.

15 août

Après une belle journée que les Irlandais ont trouvée « glorious », mais qui a commencé dans la grisaille et fini de même… Mais à 15 heures, ciel d'Amalfi sur la rivière de Kenmare et la plage était noire de monde. Bernard, toujours courageux, s'est baigné, mais il a trouvé l'eau plus froide que jamais.

Ensuite nous avons « magasiné » Flora et moi : nous avons acheté des cachemires royaux et nous avons retrouvé, vers 20 heures, les Sirs sirotant leurs Paddies.

17 août

Partis dans la brume cotonneuse qui nous enveloppait depuis deux jours, mais arrivés à Cork au soleil. Nous avons déposé Flo and B à l'aéroport.

Déblatéré sur eux, comme il se doit, jusqu'à Kinsale où nous avons couché au Trident, tout vitré et moderne sur le port.

Je ne sais pas pourquoi, c'est le tragique délabrement de l'Irlande qui me frappe cette année. Le beau Yacht-Club de Kinsale, si on jette un coup d'œil derrière le portail, c'est le dépotoir : caisses éventrées, bouteilles cassées, cartons. Nous y sommes allés, il y a trois jours, à la remise des prix du Fishing Contest sous un drizzle accablant. Visibilité : vingt mètres. Des sacs-poubelle noirs pleins de lieus gluants, pas vidés, pour peser plus lourd ! Pesée devant six pelés et deux rouquins en short, stoïques sous la pluie.

Tout est en perdition.

19 août

Cette année, au moins, il fait assez doux : atrocement humide quand passent les nuées, chaud sous le soleil qui paraît comme si on ouvrait une persienne.

J'ai peint la porte du garage à l'antirouille puis en vert. Puis j'ai réceptionné un demi-tombereau de terre noire pour mes arbres. J'en ai planté trois entre les rochers. Mais le tracteur à remorque du fils Galvin, qui devait déverser ces tonnes de terre, n'a pas marché malgré les grattages – avec un coin de sa veste ! – sur l'embout du moteur hydraulique. Il a dû tout pelleter. J'en ai repelleté un quart pour mes arbustes. J'ai pu me ressouvenir que la terre est lourde !

Brume tenace tout le jour agrémentée d'averses.

20 août

Et coup de vent suroît, cette nuit, avec fortes pluies sur le tas de terre livrée la veille et qui s'est transformée en lourde glaise que j'ai dû transporter par demi-seaux.

On est allés chercher le bateau pendant une accalmie, vers 14 heures. Franck Caroll venu nous aider. Il soulève le moteur six-chevaux comme une plume. C'est pénible de voir souffrir Paul : en bateau, il grimace sans arrêt et pousse des soupirs en gonflant les joues. Sur la cale, il s'arrête tous les dix mètres pour respirer l'air comme un poisson, s'il a porté un casier. Tout est au-dessus de ses forces. Et il boite de surcroît ce soir, pour avoir soulevé le moteur du bateau. C'est Franck qui l'a mis dans la voiture. Et m'a passé les casiers et les sacs de sel pour le grenier.

J'en veux à Paul de ne pas lutter. Les décrets de la Nature, d'accord. Mais la vie, c'est de se débrouiller, de tourner la loi, de chercher l'échappatoire – elle existe très souvent –, de tricher, d'utiliser toutes ses armes au lieu de laisser glisser ses pétales comme une fleur idiote. Car l'hiver est long, il vaut mieux prolonger l'automne.

21 août

Enfin un réveil par joli petit soleil et vent calme. Hier soir, les nuées traînaient sur la mer, se heurtaient aux Scariffs sur lesquelles elles formaient des panaches gris. J'avais l'impression d'assister à la naissance de deux îles volcaniques.

22 août

À bord du ferry. Mer d'huile et ciel orageux. La France a les cheveux châtains, c'est bien triste après les chevelures fuligineuses de l'Irlande.

J'aspire au cinéma, à l'animation, aux gens. C'est un des avantages de l'Irlande : me rendre le goût des choses et des gens. Même de la télé !

1988

28 juillet

Traversée sur le *Celtic Pride*, vaisseau affrété par Brittany Ferries pour l'été, une fois par semaine. Beau bateau, très spacieux. Pas de gens dormant sous les escaliers. Mais cabine sans hublot. Constance dort par terre sur des couvertures.

On arrive par bruine et fort vent d'ouest. On discute pour savoir si c'est de la bruine ou de la pluie !

La maison est chaude – l'appareil à récupération est en route.

30 juillet

En quarante-huit heures, la citerne est vide, donc la source bouchée. Et la pompe de secours s'est fendue sous le gel de cet hiver. Plus d'eau. Franck nous aide à réparer. Même pas eu le temps de lire les cinq lettres de Kurt qui m'attendaient.

La vie en commun me pèse de plus en plus. J'ai besoin de plusieurs heures de solitude par jour. Je n'ai pas cinq minutes.

Grande marée de 85 aujourd'hui. 1 kilo de bouquets, 20 oursins, des bigorneaux. Trois Irlandais, croisés avec nos haveneaux, me demandent : « It's to eat them ? » avec une moue de dégoût mal dissimulé.

31 juillet

Délicieuse matinée de pêche (97) à Reen. Salaud de vent, mais soleil et crevettes en pagaille : 700 grammes de très belles, 1 kilo de moyennes pour une soupe monstre !

Mon lumbago va mieux. Malgré, ou à cause, du traitement de choc : casiers et sacs de sel à descendre du grenier, haveneau à traîner, jardinage, rangement du garage où nichent des hirondelles !

Constance, passionnée de pêche et de jardinage. Mais se couche bien avant moi et se lève plus tard. Ne finit pas de desservir, tant elle est fatiguée… Paul ne bouge pas de la maison. Nous rentrons de pêche à 14 heures, vannées, avec 2 kilos de bouquets à trier, des oursins à ouvrir. Le couvert n'est pas mis.

1er août

Encore une marée 104. Beaucoup de pluie, mais vent calme. Mon tour de reins – que c'est bien dit, c'est quand je me tourne que j'ai mal ! – me gêne. Mon pouce, foulé il y a vingt ans, me fait mal quand je rame. Mon petit doigt gauche se déforme à coups d'élancements : les mains dans l'eau toute la journée.

Rentrées à 14 heures 15. Couvert pas mis. Bouffe rapide de crevettes et crabes car on voulait, Constance et moi, poser le tramail à marée encore basse. Plus les trois casiers à homard.

Je lis Silvio Fanti : il parle très bien du rapport mère-enfant dans lequel les couples retombent après l'andro et la ménopause… Cet incurable couple, je le vois se former et resserrer ses mille fils qui deviennent, avec l'habitude, filins d'acier. On retrouve les premières années de notre vie commune où je massais Paul, lui faisais les pieds, des traitements de cheveux : la foi en moins ! Le truc, c'est de rester en l'état. Pour Paul, c'est difficile : ses ongles des pieds difficilement joignables à cause de sa bedaine, ses pieds momifiés dans ses chaussettes qu'il ne quitte pas, ses cheveux qui pendent sur le col, sa robe de chambre aussi tachée que celle de Léautaud : « De Balzac ! » corrige-t-il. Tout cela finit par m'interpeller. Et pourtant, chez moi aussi ça se dégrade.

Même Kurt me coince dans cette position de mère que je repousse de toutes mes forces. Et puis ses affirmations répétées – comme s'il me faisait un cadeau – que je suis désormais sa seule raison de vivre, son souffle. Je veux qu'il ait autre chose que moi justement.

Cela a l'air d'une plaisanterie : pas eu une minute pour écrire à Kurt, ni à personne. Ces grandes marées sont obsédantes et inévitables. Et je suis ici pour ça ! Avec cette vie si musculairement fatigante, à la limite de mes capacités, sans parler de celles de Paul qui baissent de jour en jour, comment vais-je tenir pour continuer à pêcher, à venir en Irlande ? Comment vais-je tenir pour continuer à entretenir mes trop nombreuses maisons ? En vendre une ? Mais laquelle ? Hyères est déjà à mes filles, Paris reste indispensable, Doëlan c'est mon cœur et l'Irlande mon rêve.

2 août

Relevé le tramail ce matin : 3 gros lieus, des vieilles, 2 plies. Bruines diverses toute la journée mais assez calme.

Mes fleurs sont comme des mouchoirs enrhumés. Chaque brin d'herbe a sa goutte. Tous les bancs sont mouillés. Tous les bois sont rouillés. Connais-tu le pays où pourrit l'oranger ?

Le temps de l'écrire et tout est transfiguré : le soleil a percé la brume mais les nuées se sont accrochées aux îles, et presque aux buissons. Le temps qu'on tourne la tête, le ciel a changé et une immense draperie grise nous balayait.

4 août

Trois jours de brumes et de lumières blafardes. Crachin jusqu'à Killarney, où nous avons déposé Constance : à regret. Elle est toujours partante pour la pêche.

Les Salzmann arrivés. Lui charmant, doux, touchant et si merveilleusement vorace des fruits de mer. Et puis cet amour pour sa femme, personnage incroyable, dans la catégorie de ces intellectuelles qui ont décidé de ne rien faire, côté entretien de la maison. Implacable, là-dessus ! N'aide en rien, s'immisce dans toutes les conversations. Une espèce de petit monstre d'enfant égoïste. Lui file doux, il aime ça !

Moi, je remonte la pente peu à peu. À force de fatigues, je me défatigue ! Paul a de nouveau mal au genou ce soir. Je le masse au Dolal.

Charles éprouve pour Paul, en beaucoup plus faible, la même admiration passionnée qu'il a pour Mitterrand. C'est à lui qu'il s'adresse, c'est lui qu'il considère comme l'auteur et le moteur de cette maison. Il se pâme devant ses « mots ». Il le dessine. Le prend pour un Tabarly : « Quelle est votre dernière grande navigation ? Et où repartez-vous ? » Par quelques mots, par ses silences ou ses imprécisions calculées, Paul entretient l'illusion qu'il est, a été, et reste, un grand navigateur devant l'Éternel.

Pêche nulle : les poissons n'aiment pas le vent d'est. On annonce force 8 pour cette nuit.

8 août

Mitterrand arrive demain. Il passera une nuit à la maison. On ne changera pas ses draps : nous coucherons dans les draps du président ! Un beau titre pour les Mémoires que Paul n'écrira jamais : « Les draps du président. »

Paul, exceptionnellement, propose d'aller faire les courses à Waterville. Mais le GIGN téléphone : ils arrivent à 14 heures pour chercher un terrain d'atterrissage pour l'hélicoptère présidentiel. On visite un champ, car il ne faut pas plus de 5 % de pente sans obstacles, et 50 mètres sans arbres. On visite ensuite le terrain de sport de Derrynane avec le gardien. Apparemment, ça convient. Mais l'après-midi est perdue. Et une des Catherine de Paul, Catherine Enjolet, téléphone : elle est à Kenmare !

On lui propose de venir prendre l'apéritif demain, avant l'arrivée du président.

Toujours pas de homard. Ni de gros lieus : des moyens seulement. Mais la mer est peu maniable… pour deux vieux et un mauvais canot !

—

9 août

On a pêché un beau homard dans le filet d'Eugène, notre voisin breton. Et 450 grammes de bouquets. La face est sauve !

L'activité s'accélère : le protocole téléphone deux fois par jour. Des voitures, sans plaque d'immatriculation, sillonnent ce coin perdu. Paul prétend qu'il passe sans cesse des policiers déguisés qui en fouine, qui en grand-mère, qui en goéland !

Je remplis deux sacs de bon terreau, laissé dans un coin, mais impossible de les bouger. J'avise Franck, qui me les traîne au fond du garage : pour qu'ils échappent à la vue du président ! J'ai ciré les seuils et quelques carreaux puis refixé le distributeur papier cul !

Je déménage ma chambre pour la laisser à Mimi ; ainsi que la salle de bains et deux étagères. Je lave la voiture, dont les flancs sont splashés de bouse de vache. Je sais, en Irlande, cela ne choque personne. Mais pour véhiculer un président de la République… Les services de sécurité sont déjà assez ennuyés de nous voir refuser les services d'un chauffeur « qui sait parfaitement conduire en Irlande ».

Catherine, qui pensait trouver un endroit sauvage et solitaire, a été stupéfaite de l'animation qui régnait. Paul lui avait juste dit qu'on attendait un ami, sans préciser. Nous avons bu un verre et grignoté quelques crevettes tièdes. Je lui ai tout de même dit qui on attendait ! Discrète, elle s'est éclipsée avant son arrivée.

J'ai longuement scruté le ciel irlandais, gris, chargé mais plutôt lumineux, pour voir arriver l'hélicoptère présidentiel sur le terrain de foot de Derrynane. La sécurité rôde… Et soudain, Il était là. Mon président ici ! Cela serre le cœur qu'il ait encore assez d'enthousiasme, lui qui a tout vu, pour se faire déposer sur ce bout du monde. Il est arrivé par une quasi-éclaircie.

Le temps de dévorer bigorneaux, crevettes et homards (celui pêché ce matin et 3 achetés), et on est partis se promener. Les gardes du corps, redoutablement dressés, occupaient déjà les quatre points cardinaux, surgissant d'un rocher, surgissant d'un buisson, toujours là où il fallait pour tout voir. Et, à la première goutte de pluie, ils arrivaient avec le ciré et le suroît du président qui avait cru pouvoir se promener en blouson, entre deux nuages.

Vent, brumes et crachin tout le jour. On est allés jusqu'à l'Écloserie, toujours surveillés par deux ou trois hommes. On est vite rentrés, faute de chemin au-delà de la falaise : si mouillés qu'on n'a plus bougé.

Le soir, Mimi a parlé longuement de sa famille et de ses sept frères et sœurs vivants. Et de Casanova, qu'il est en train de lire avec passion : sans doute s'y reconnaît-il, comme Paul d'ailleurs. Ils ont tous les trois la même façon d'aimer les femmes, de tous les âges, jolies ou pas, et de continuer à les aimer, après… Je pense à Catherine G., écrivaine de talent, un peu beaucoup « folle » dans le bon sens du mot, pour laquelle Mitterrand a demandé à Paul de prendre le relais : il n'avait plus le temps ! Paul l'a fait, avec plaisir, même s'il a assez vite eu un peu peur de sa passion. Mais il a reçu de très belles lettres !

Puis on a devisé sur ce qui nous reste de vie : « À vivre bien », a dit Mitterrand fermement. « Vous êtes encore loin d'être septuagénaire, Benoîte ? Quoi… quinze ans, dix ans ? Moins ? » Franchement incrédule, quand j'ai dû rectifier : « Deux ans, chef ! » Je viens de perdre une belle occasion d'avoir cinquante ans pour quelqu'un !

Il a évoqué sa satisfaction, non d'être président avec une chambre de gauche mais d'avoir empêché Chirac de réinvestir l'État et de reprendre ce qu'il considère, non seulement comme son bien, mais comme son dû. Mimi détendu, d'humeur charmante.

Couchés tôt, à 22 heures : ça fait 23 heures pour lui. N'a pas pris de vacances depuis Noël, dit-il.

10 août

Mitterrand nous a lu quelques pages du *Manifeste* de Marx et Engels, qu'il a tiré de la bibliothèque. Des pages étonnantes, prémonitoires, presque d'un visionnaire en 1848. Sur la civilisation bourgeoise : trop de civilisation, trop de consommation. Puis il a embrayé sur la démographie et la chute de la natalité, et sur les mesures à prendre pour qu'elle remonte. Quand j'entends ce genre de discours, j'ai l'impression qu'on esclavagise les femmes, qu'on porte atteinte à une liberté essentielle en les traitant en truies reproductrices. On devrait trouver une manière d'en parler, en abordant le problème que cela pose aux femmes. Mitterrand, avec son optimisme foncier, sa religiosité latente, se scandalise à l'idée que les femmes ont moins envie de faire des enfants : « Quoi, c'est si ennuyeux que ça ? »

Après le déjeuner, comme d'habitude Paul est allé faire sa sieste, me laissant seule avec Mitterrand !

C'est comme à la Roche de Solutré : il reste faire sa sieste à l'hôtel, pendant que les ministres ahanent en faisant l'ascension avec le président. Mitterrand, une année, s'en est gentiment offusqué. L'année suivante, Paul lui a remis une lettre de son père (soi-disant) le priant d'excuser son fils retenu par une légère indisposition qui l'empêcherait d'assister au cours de gymnastique !

12 août

Le mauvais temps d'aujourd'hui me fait frémir rétrospectivement : Mitterrand n'aurait pas pu atterrir. Et nous n'aurions pas pu aller aux Blasket, ni survoler les Skelligs et faire s'envoler les myriades d'oiseaux de Little Skellig. Sublime survol.

Mimi va pouvoir rendre ses amis jaloux les uns des autres, ce qu'il adore. Dire à Salzmann : « Vous n'avez pas vu les Blasket ? Vous avez manqué le plus beau ! »

Car nous avons « reçu » le Premier ministre d'Irlande – Charles Haughey – avant de partir dans son île des Blasket, sa résidence d'été. Dans l'avion, Mitterrand a trouvé le moyen de me parler de « mon Américain du *Journal à quatre mains* », seul livre de moi qu'il ait vraiment lu, je pense. Surpris d'apprendre que je le voyais encore : « Il vous fait toujours de l'impression ? » Je n'ai pas osé, ni pu, dans le vacarme du Super Puma, lui dire que c'était l'histoire ébauchée dans le *Journal* que j'avais traitée dans *Les Vaisseaux du cœur*, qu'il n'a pas lu, j'en suis sûre.

Encouragé en cela par Christine Gouze-Rénal et, sans doute, Danielle : à cause de l'aspect « pornographique » du roman. — « Tu y as été fort, Benoîte, tout de même », m'a dit Christine.

Pourtant, je suis sûre que Mitterrand, qui se délecte des *Mémoires* de Casanova, apprécierait mon livre. Paul, assis en face, a cru comprendre que Mimi, penché à mon oreille, parlait des *Vaisseaux du cœur* et de la proportion d'autobiographie : « Il sait maintenant qui est Gauvain », m'a-t-il dit. Soulagé d'apprendre qu'on n'a pas parlé du même livre, même s'il s'agissait du même homme !

Très émouvantes, ces conversations « intimes » au niveau international : l'Irlandais parlait de l'impact de l'entrée dans le Marché commun : « Contrairement aux autres pays, notre entrée dans la Communauté européenne a été pour nous l'accès à la souveraineté. Notre voix vaut désormais celle de l'Angleterre : nous ne sommes plus sa colonie. » Il a aussi évoqué l'IRA : depuis la CEE, l'Irlande a dû signer un accord d'extradition des terroristes. Or elle sait qu'ils ne seront pas jugés équitablement en Angleterre. D'où le grand malaise des juges qui cherchent à ne pas les attraper ! Voir la Conférence des Évêques de l'Église anglicane ces jours-ci, admettant, pour les pays sous la botte d'une dictature, le recours, en dernier ressort, à la violence. Cris d'orfraie en Angleterre : justifier la violence en Irlande ! Ses évêques ont rajouté un post-scriptum à la déclaration : le terrorisme, la guerre sont pardonnables partout dans le monde – Afrique du Sud en particulier – sauf en Irlande…

Mitterrand toujours aussi époustouflant de mémoire, d'acuité. Je parle de Clemenceau, surpris à trousser une fille dans un pré, par un garde champêtre : « Non, c'est Aristide Briand, rectifie-t-il. La fille, d'ailleurs, s'appelait Jeanne… » Personne n'imagine l'étendue de sa culture politique, historique… Dès qu'il parle, c'est lumineux, généreux, fascinant.

13 août

Quc c'est dur de vivre ici ! Hier, brume ininterrompue. On a tout de même posé nos cinq casiers et pêché de quoi les boetter. Mais rien dans le tramail. Est-ce le voisinage de deux phoques dans l'Anse à Lison ? Nous étions seuls en mer, deux vieux harnachés de cirés, suroîts, cabans, et trempés malgré tout.

La nuit, les choses vous apparaissent livides et sinistres. On pourrait préciser qu'à partir de l'âge de vieillesse, elles apparaissent tout simplement comme elles sont. Et le matin, on retrouve l'idiote, la délicieuse joie de vivre. Et la folie des projets. Comme si on ne devait jamais mourir.

14 août

On écoute chaque soir, comme des assoiffés dans le désert, Inter Service Mer pour connaître notre sort. Ce soir, encore avis de grand frais en cours, et demain pluie. Pas grains ou averses : PLUIE. Mais on distingue encore la vache noire de Foxall !

Partie seule, ce matin, pêcher à Derrynane : pour mon plaisir et pour écoper le canot. Mais soudain, un très violent vent d'ouest s'est levé. Impossible de revenir : peur de casser un aviron ou une dame sur ce dur ressac. J'ai pu traîner le Tabur au bord de l'eau : heureusement j'avais mes cuissardes. Je l'ai remonté sur la digue et j'ai emprunté vingt pence au fils Caroll pour téléphoner à Paul, depuis le pub du camping… « It's broken », m'a dit la fille du camping. J'ai alors décidé de rejoindre la voiture, laissée sur la cale, par le chemin côtier, malgré mes lourdes cuissardes. Je suis arrivée à la crique caillouteuse d'Iskaroon, mais impossible de rejoindre la digue : falaise à pic et ravin profond m'en séparant. J'ai eu beau chercher un sentier : rien.

Retour laborieux à la cale. Vu Paul debout, sur le point culminant du jardin, guettant la mer déserte… Mais malgré mon ciré rouge, il ne m'a pas repérée. Il était 15 heures. Personne ne remontait à Caher Daniel où la poste était d'ailleurs fermée (dimanche). Je me suis traînée au manoir O'Conell où j'ai demandé au gardien de téléphoner. Fini par avoir Paul, après dix ou douze sonneries. Voix sinistre : « Bon, alors qu'est-ce que tu attends que je fasse ? Bon, je viens te chercher. »

Silence réprobateur, gueule de raie : « On doit avoir les moyens de ses caprices. » Aller à la grande marée est un « caprice ». On est en Irlande pour rester à la maison, pas pour aller à la pêche. Retour muet. Enfant punie ramenée par le Père Fouettard.

16 août

Demain, nous allons chez Michel Déon à Tynagh, Comté de Clare. Et ce soir, il fait enfin beau. Je ne le pardonnerai pas – à qui ? – si demain arrive la première journée de soleil depuis le 28 juillet, alors que nous serons cinq heures sur la route… J'aurais pu explorer les nouvelles caches d'oursins et pêcher du lieu pour le sel. Je n'ai plus un seul appât.

Désolation : je n'aime pas quitter Bunavalla.

18 août

Rage, pleurs de rage : manqué les deux jours de soleil. Seule l'Irlande est capable de cette perversité.

Déon triste parce qu'il n'écrit pas (soixante-douze ans), parce que Vitez ne reprend pas sa pièce acceptée par Le Poulain et parce qu'il a, dit-il, 80 % d'échecs dans ses plantations : tous ses glaïeuls, que Chantal déteste, ont avorté, sauf un !

Cinq couvertures de mohair sur le lit, un 17 août : sans commentaire !

J'ai perdu mon rouge à lèvres dans l'hélicoptère du président : l'honneur de l'avoir perdu là ne compense pas l'ennui d'avoir à se servir d'un immonde rouge, oublié dans un tiroir !

Quitté Tynagh vers 10 heures : Kinvara, Ballyvaughan et les Burren. « La pierre karstique exclusivement aréique, ce qui est une surprise dans un pays gorgé d'eau. » Parfaitement ! (Guide Bleu). Après Lisdoon…

et les plus beaux murs d'Irlande, le pays devient mou et verdoyant. Mais dès que la vue n'est plus ahurissante, on fait les blasés : circulez, y a rien à voir ! Paul ne conduit pas plus vite qu'un âne : les whiskys d'hier, plus le sauternes y sont pour quelque chose. Lui qui conduisait si acéré est, aujourd'hui, amorti. À force de ralentir, on s'arrête et on meurt. Moi je conduis de plus en plus vite !

19 août

J'ai pris rendez-vous chez le dentiste pour détartrage général : mon incisive du bas est grise, tirant sur le brun. La changer ? Les deux incisives latérales prennent des reflets verdâtres. Les mettre sous jaquette ? Maintenant ou jamais. Ce serait le dernier ravalement avant la démolition. Nous verrons.

20 août

Il fait froid dehors : j'aime pas ça, même si j'ai chaud dedans. Il fait noir à 19 heures : j'aime pas ça. J'ai les petits doigts déformés : j'aime pas ça. Kurt est loin : j'aime pas ça. J'ai envie de rire, d'être belle, de manger du caviar : rien de tout ça ne va se produire. Et pour comble, on ne va pas vers l'été, on en revient.

21 août

2 homards, ce matin, et 2 lieus de près de 2 kilos. Et 4 moyens pour le sel.

On a écouté la météo : une nouvelle perturbation abordera l'Irlande demain. Suroît force 5 à 6. Les bras vous en tombent.

Ce soir, quelques bandes de bleu menteur s'allongent entre des mèches blanches immobiles dans le ciel du haut : celui que voient l'Angleterre et la France, les pays normaux.

Ce qui me fatigue, c'est d'avoir à penser à de plus en plus de choses à mesure que Paul rétrécit son champ de vie. On part demain, et une maison qu'on lâche pour si longtemps, dans un climat si hostile, c'est compliqué.

Autre chose : je me croyais laide à vingt ans, et qu'il me fallait beaucoup d'efforts pour accéder à la joliesse, à la séduction. Je me trompais alors : par manque de jugement, de confiance en moi, et manque de goût pour tirer parti de très bons atouts. Aujourd'hui, je SUIS laide. Très laide, même, parfois. Objectivement laide. Mais je joue à être presque belle par moments et je me comporte en femme qui peut séduire. Dans les deux cas, erreur !

22 août

Rapatriement des casiers, rinçage et brossage. Remise en sac du sel, des filets, le tout remonté au grenier. Je me fatigue d'être toujours debout, celle qui FAIT les choses. Paul préfère s'attendrir sur mes racines blanches : il adore parce qu'il pense que la vieillesse va me rapprocher de lui, me couper enfin les ailes, mon envie de toujours courir…

23 août

Sur le ferry des joies simples : on retrouve le pain qui craque, les radis. Une employée, fan de Paul, nous offre le vin !

Pas marre de la pêche, mais un peu marre du climat misérable que l'Irlande nous a assené cet été. Pour ceux qui sont coincés ici, que reste-t-il sinon l'évasion dans la folie, le rêve ou l'alcool qui sert de génie ?

1989

5 août

On croit pouvoir arriver en Irlande avec des opinions, des critères, des exigences. Tout est à mettre au panier car, ici, rien ne ressemble à rien. Il ne fait pas plus mauvais, ou plus froid qu'en Bretagne ou en Angleterre : il fait différent ! Ce qui se passe dans le ciel n'a rien à voir avec le temps : d'abord, il fait « des temps », pas « un temps ». Les nuages sont des nuées, des brumes agglomérées, des pluies en suspension : jamais le brave cumulus bien délimité qu'on voit dans le reste de l'Europe.

8 août

Ce matin, petit soleil mais annonce d'un coup de vent pour cette nuit. On n'ose pas poser le tramail. On pêche à la traîne, mais le moteur cale chaque fois qu'on ralentit… Je rate 2 lieus. On en prend 2 minuscules et 1 maquereau. Juste de quoi boetter un casier.

On trouve 150 grammes de magnifiques bouquets dans l'unique casier garni. Et 2 tourteaux.

En revenant à terre, on note une animation anormale : on annonce une gale (tempête) pour l'après-midi, avec vents pouvant atteindre force 11. Tout le monde rentre son bateau. Gerald va chercher le nôtre. Et on remet ça : la remorque, le hissage, etc. Mais tout le monde participe.

On n'aura pas de lieu ce soir pour les Badinter, partis pour la journée à Killarney : si la tempête arrive… Reste demain pour sauver l'honneur.

Élisabeth lit sans cesse. Ne se baigne pas avec Robert. Refuse la moindre promenade et même le moindre pas ! Reste dans sa chaise longue avec le *Journal* de Cocteau. Je l'ai vue récemment sur TF1. Elle me réjouit : ma relève est assurée, ô combien ! Elle énonce des énormités, avec ses yeux si clairs et son visage si pur, que les gens sont pris à contre-pied. Elle est le contraire d'une sorcière : ils ne se méfient pas. Elle est pire, pourtant ! Et quand elle sourit, soudain elle est délicieuse. Et elle vous annonce que les femmes ont maintenant appris à se passer des hommes, pour faire des enfants et même les élever, et que c'est bien plus agréable que de les supporter, quand on ne les estime plus.

10 août

Ils sont passionnants tous les deux. Robert nous a parlé de Benazir Bhutto qui est une fille chérie à son papa : comme Indira Gandhi et Margaret Thatcher. C'est une tigresse, dit-il, une intellectuelle et une politique remarquable. Elle est assise sur le trône de l'assassin de papa ! Il pense que cette élection d'une femme, qui représente pour son peuple la démocratie, est si intolérable pour les islamistes qu'elle sera assassinée. Bientôt.

11 août

Paul a raconté le mariage d'Antoine Blondin et de Françoise, à Saint-Germain-des-Prés, en novembre de l'année dernière. Je n'y étais pas pour cause de tournée en Allemagne pour mon livre. Antoine avait choisi l'Évangile des Noces de Cana. Paul a eu une idée géniale qu'il a dite au Père Jaouen : « Le vrai miracle, pour Antoine, ça aurait été la transformation du vin en eau ! »

13 août

Jamais vu le baromètre si bas. Chaque jour, depuis cinq jours, il baisse. Le coup de vent annoncé hier soir se greffe sur celui annoncé avant-hier, et ainsi de suite. « Mollissant » est l'adjectif qu'on n'entend plus ! Vent est ce matin et ciel sombre. Et la mer échevelée, hostile, opaque. Flora, de Londres, prétend qu'il fait splendide. Mais cela fait partie de sa fidélité à Bernard : ne pas dire du mal de l'Angleterre !

Charles et Florence Salzmann sont arrivés. Elle m'a appporté *Anaïs Anaïs* de Cacharel : « C'est un parfum de blonde », dit-elle. Et je me sens si peu blonde ! Encore une fois, je suis avec une femme de vingt-cinq ans de moins que moi. Les hommes sont proches de l'âge de Paul : Robert doit avoir cinquante-cinq ans, Charles soixante ou plus. Élisabeth en a quarante-deux.

Après Élisabeth, dur de paraître intelligente ! Mais Florence est jolie et gentille. Même si elle m'a demandé si je connaissais « Madame Kristeva »... Être écrivaine et féministe, et ne pas connaître Kristeva est impensable.

14 août

Florence est un appendice de Charles ! « I want you to be seen, not heard », dit-il en riant pour faire croire qu'il ne parle pas sérieusement. Mais cela exprime sa pensée profonde, son goût le plus sûr. Florence le devine mais, comme elle aime à le répéter, elle adore « les hommes intelligents ». Et de lui faire guili-guili au menton : un des gestes que je déteste le plus entre homme et femme, qu'il vienne du mâle pour sa poupée ou de l'amante pour son petit garçon.

Au restaurant, elle veut du café irlandais sans crème, de la salade mais sans assaisonnement, ne sait pas ce qu'est l'aneth...

Opinion faite donc : Florence est chiante de A à Z !

15 août

Le baromètre a encore baissé : il s'est fixé sur tempête. La mer est hérissée, bouffie de colère, et les récifs sont des champs écumants. Le vent saute d'est en ouest. Il est tombé des averses tonitruantes. Je suis rentrée trempée de Caherciveen, jusqu'à devoir changer de soutien-gorge. Ici, même les dictons paysans de nos contrées deviennent d'aimables plaisanteries, même les pires belgeries : « Pluie en novembre, Noël en décembre » n'ont pas cours. Noël peut arriver en juin !

L'appauvrissement de l'Irlande m'accable. L'émigration, un moment jugulée par l'espoir de faire quelque chose au pays, a repris et dépasse la natalité. Le progrès ne parvient pas à s'inscrire dans les faits. Les magasins, mieux garnis il y a peu de temps, sont de nouveau désolés. Deux Hardware pour trouver trois pitons à Caherciveen. Comme si les Irlandais étaient victimes de leur devoir de rester irlandais.

Paul part aux poubelles à Scariff coiffé d'un petit bonnet tricoté, comme les Béninois éboueurs à Paris !

16 août

Comble de la fantaisie irlandaise dans les noms de maisons : « South View Terrace » pour l'endroit qu'habitent Joséphine Chaplin et Jean-Claude Gardin, son mari. Une maison blanche exposée est-ouest, accolée à cinq maisons semblables, donnant directement sur une ruelle avec un pavillon style irlandais en face, et derrière sur un terrain vague. Délicieux dîner : saumon fumé et homard, salade aux aulx apportés de Bonnieux où ils vivent l'hiver.

Elle, pleine de charme et de beauté, mais étrangement popote. Elle avait fait le soda bread – qu'on trouve partout – elle-même. Elle n'a plus le temps d'aller pêcher le saumon car elle est « trop occupée par la maison et les enfants ». Elle en a trois : Charlie, dix-huit ans, fils de Maurice Ronet, un de huit ans de je ne sais pas qui, et un troisième garçon, Arthur, deux ans, avec Gardin.

Ils ont acheté cette maison sans le moindre attrait et sans vue, à deux pas du lac de Waterville. Toute meublée et laissée telle quelle, avec juste deux ou trois meubles de France. Salon jonché de tapis superposés, tous plus hideusement irlandais les uns que les autres ! Deux canapés avec de gros coussins sans le moindre rapport entre eux : un à fleurs passées, un géométrique, un indien, un à carreaux, un déchiré. Huit chaises autour de la table : deux pareilles, rembourrées de cuir marron, toutes les autres dépareillées et plus laides les unes que les autres !

Rarement autant de fils de reconnaissance qu'entre Gardin, Paul et moi : c'est un copain d'enfance d'Antoine Duhamel et un collègue de Michel Brétillard à la Conférence du Stage (tous les deux mes amis de jeunesse) ami aussi d'Antoine Blondin et des Kléber Haedens.

20 août

J'ai retouvé ce matin les huîtriers à long bec rouge, piochant sous les algues, dans un temps intemporel : on ne savait pas s'il était 7 heures du matin ou du soir, si le soleil était au zénith ou au couchant. La même lumière grise partout.

Paul ne s'est pas habillé ni rasé depuis deux jours, pour finir son livre qui avance à pas de fourmi. L'âge, lui, avance à pas de géant ! Mais il ne parvenait pas à « trousser » la fin et me demande de le lire pour l'aider à y voir plus clair. L'ennui, c'est que j'ai lu la première moitié il y a six mois, et qu'il y a de très nombreux personnages que je ne « remets » pas toujours. L'autre ennui, c'est que le sujet ne me touche pas particulièrement. Le livre est une suite de chapitres écrits dans un style cristallin, aussi dur que le diamant, présentant des personnages intéressants auxquels on ne va pas avoir le temps de s'attacher, car il en introduit d'autres sans cesse. Là, Paul excelle. On en revoit trois ou quatre, mais on les aime moins de les avoir trop souvent perdus. Il manque aussi le regard tendre de l'auteur sur ses personnages traités d'un peu haut, comme des pions, sans assez de chair. Nous convenons qu'il doit le recommencer à la page une. Et c'est vrai ce que lui disait Robert Kanters autrefois, chez Denoël : « Attention de ne pas vous contenter de décrire merveilleusement des personnages antipathiques. »

Dur, dur de croire qu'on va écrire le mot FIN et de la voir reculer. Mais c'était utile pour lui, et bon pour nous deux, de discuter d'un métier et d'une technique qui nous sont communs.

21 août

Le tourment me point : à la cale, tous les bateaux sont remontés. Il n'y a plus de place pour le nôtre, qui lutte là-bas, tout seul. Je ne peux pas – ou difficilement – aller le chercher en Tabur : fort vent de suroît et, surtout, personne pour me recueillir sur la cale, déserte en ce dimanche. Et Paul aime mieux perdre son bateau, et son moteur, que de s'habiller. Cette année, il a basculé : il n'a plus l'énergie d'avoir un bateau dans un pays où rien n'est sûr et tout exige un effort physique. Et moi, je ne suis plus assez forte pour le faire seule : ça me ronge. Bref, c'est la dérobade, la débandade et, en Irlande, la sanction ne tarde pas. Ce bateau, on va le perdre, et son foutu moteur avec.

Il y a un âge où, peut-être, on n'est plus bon qu'à écrire : le reste est si fatigant pour un corps moins alerte. L'esprit, au contraire, est plus aiguisé que jamais puisqu'on ne va plus à la pêche et qu'on ne se baigne plus parce que l'eau paraît plus froide qu'autrefois. Et même qu'on est moins ardent à se faire brunir partout correctement. « Vivre… On n'en est pas capable tous les jours », comme l'a écrit Sagan.

25 août

Un homard par jour, depuis trois jours, et beaucoup de beaux bouquets.

Ce matin, il pleuvait dru quand je relevais les casiers. Et des rafales d'ouest me plaquaient le capuchon du K-Way trempé sur la figure, quand je tournais la tête pour voir où j'allais. Qu'est-ce qu'on fout à tant s'emmerder, sur une mer si délibérément hostile ?

Journée entière dans le coton, troué d'averses parfois. Au fond, j'aime dans ce pays ce qui me désespère…

27 août

Flora, arrivée hier avec Bernard, me trahit : elle refuse de se regarder dans la glace grossissante quand elle se maquille. Ses ourlets sont défaits parce qu'elle a décidé qu'elle ne savait pas coudre. Elle portait un caraco rose délavé, bordé d'un bavolet : « Je l'ai depuis quinze ans, dit-elle fièrement. — Ça se voit », lui ai-je répondu.

Sollicitude souvent excessive, comme celle de maman. Générosité – très grande – mais qu'elle souligne : il ne fait pas bon oublier que c'est elle qui vous a donné tel cadeau. Sinon, on la blesse. Elle vit à nu sous les coups, qui ne sont pas des coups, sauf pour elle.

Quant à Bernard, mon opinion se précise : c'est un gentil réactionnaire, ennemi de tout romantisme, de toute passion politique. Refusant de plaindre les

Irlandais – ils sont surtout paresseux –, refusant aussi de condamner la politique anglaise. Mais d'une serviabilité amicale, toujours prêt à se démener pour vous aider, à condition que ce ne soit pas dans le domaine des choses de la vie. Il croyait que son rasoir était en panne parce qu'il n'avait pas découvert le bouton Marche-Arrêt. Stupéfait que dans la prise femelle, il n'y ait pas deux plots, etc. Flora dit très sérieusement qu'il fait d'énormes progrès, depuis qu'il y est obligé par l'absence de valet personnel et de chauffeur (il était ambassadeur d'Angleterre). Ça nous fait rire. Pas elle. Elle est d'une patience et d'un aveuglement touchants. Mais c'est plus par principe que par amour. Elle ne l'aime pas comme elle aimait Michael, son premier mari. Elle l'appelle trop souvent « Badoche ». Enfin, il me semble… Mais quoi de plus mystérieux que l'intimité d'un couple, ses sentiments profonds ? Tout de même, elle commence à le rendre responsable de l'insécurité matérielle où il la laisse, maintenant que la reine ne veille plus sur ses destinées, sa maison, son service, ses déplacements. Elle est seule et apeurée. Lui, souriant et ravi, du moment qu'on lui sert son whisky, qu'on démoule les glaçons et qu'on lave son verre après.

28 août

Ce soir, Jean-Claude Gardin et Joséphine Chaplin sont venus boire un verre. Elle toujours popote, douce, dévouée. Une douceur et une gentillesse extrêmes. À Paul qui lui demandait si elle avait des projets de travail : « Non, je n'ai vraiment pas le temps. » Elle a trois garçons et recueille les enfants des autres. Flora a trouvé que Jean-Claude, quelque part, ressemblait à Chaplin !

Journée ordinaire : j'ai réparé à quatre pattes, le nez dans la lunette, le siège des WC qui branlait depuis quinze jours et qui a cédé sous le poids des fesses de Flora. Bernard m'a dit, avec son esprit d'observation habituel : « Je crois qu'il est cassé. Il est séparé en trois morceaux. » Bien entendu, il n'a jamais installé un siège de WC. J'ai donc tout démonté et revissé. Mais l'ensemble est camelote, et ça recommencera.

Ensuite, plus d'eau dans le réservoir. Démontage… Une feuille minuscule bloquait le filtre d'arrivée.

Et enfin courses à Caherciveen, avec Flora et Bernard qu'il faut bien distraire. Rentrés à 13 heures 45, espérant trouver le couvert mis. On mangeait froid : avocats, bouquets, saumon fumé. Mais rien : Paul traînait dans le salon, un Paddy à la main. J'avoue que j'accueille mal ses – nombreux – gestes de tendresse, après ça.

29 août

Longue causette ce soir avec Flora : sur des œufs, comme toujours. Elle SOUFFRE de la famille éclatée de Colombe (sa fille) et de la rupture avec son mari. Elle est au bord des larmes. Leur divorce réactive son amour pour Michael, son premier mari. Et les mots enflent : « Colombe adore Philippe, tu sais. » Elle verse trois larmes. « Et tu as toujours été très sévère avec Colombe (ce qui est faux) et maintenant, elle a l'impression que vous l'abandonnez, que vous ne l'approuvez pas. Et je me demande si Philippe (mari de Colombe) ne voit pas Lison pour lui dire des choses désagréables sur moi et que tu me les répètes. Et j'ai l'impression que tu es du côté de Philippe… » Elle verse trois larmes. « Et je sais bien que tu as détesté mon dernier livre, tu ne m'en as pas dit grand-chose. Tu as été lâche. » Rendu prudent, l'Anglo-Saxon ne pipe mot : le moindre désaveu de Flora, surtout devant moi, l'aurait fait éclater en sanglots.

Elle me quitte en me serrant les épaules. Trois larmes.

30 août

Le lendemain, attendrissements : « On a dit beaucoup de bêtises, lui ai-je dit. — Je ne me souviens même pas », répond-elle. Mais elle a été très affectueuse toute la journée. Je ne mesure jamais assez à quel point elle peut être saoule, parfois, le soir. Cela se manifeste par une sorte de radotage qui répète sans cesse le même discours, mais aussi par toutes sortes d'aveux qui ne sortiraient pas en temps normal.

L'alcool avait également exercé ses ravages sur Paul. Il boit comme une éponge. Une heure avant le déjeuner, il remplit deux ou trois fois son verre de Paddy qu'il remet dans l'armoire – on voit moins qu'il boit – tout en cuisinant. Et le soir, dès 18 heures, il reprend. Il a été malade deux matins de suite : il a vomi son petit déjeuner, ce qui ne lui arrive jamais. Il ne peut plus boire une goutte de vin ni de whisky ni même de bière, depuis deux jours.

1er septembre

Relevé les casiers ce matin par la première belle matinée ; une eau d'aigue-marine, comme dans un lagon. À l'excitation de découvrir le contenu des cinq casiers se mêle le bonheur de partager l'eau pâle, les flamants et les huîtriers. Moments de perfection où l'on se fout du monde, et même d'être vieille ! 1,3 kilo de magnifiques bouquets et 2 homards. L'Irlande est une emmerdeuse qu'on aime trop : il suffit d'un sourire d'elle pour tout oublier.

J'étais heureuse que Flora et B. soient encore là : d'abord parce qu'ils ont eu enfin une belle journée, mais aussi parce que je n'étais pas seule pour déguster notre pêche.

2 septembre

Ce matin, Paul est venu avec moi relever les casiers : 300 grammes de magnifiques bouquets, puis on a pêché à la traîne : 14 maquereaux, 3 lieus moyens !

Nous avons été glacés d'horreur à la vue de plusieurs lames de fond accourues du S.O. dans une mer un peu hachée, mais maniable. Une montagne d'eau, crêtée d'écume que le vent éparpille, s'avance trois ou quatre fois d'ouest en est sans que rien, ni récif ni vent, la justifie. Après, c'est l'innocence qui revient. On serait pris dans ce mur d'eau, chavirage garanti.

En revenant, je confie à Paul le seau d'eau de mer avec les crevettes et les paniers de poissons vidés, et je pars mettre le canot au mouillage. Il glisse sur un bout de poisson et pour ne pas lâcher « mes » crevettes, s'étale dans l'escalier de la cale. Belle écorniflure sur le tibia et surtout enflure. En rentrant, Synthol, compresses, bande et allongement recommandé, bien sûr.

Il bruine. Un degré hydrométrique dingue. On touche le fond du désespoir irlandais. En plein mois d'août, lc drizzle morne et avant-coureur de tous les drizzle de l'hiver qui vient. Les habitants vous regardent de loin : ils s'enfoncent déjà dans leur étrangeté.

3 septembre

Ce matin, tôt, j'étais seule, accroupie dans le canot rouge à écoper le fond, quand une MAIN s'est posée sur mon épaule. Peur profonde. Qui peut vous poser une main sur l'épaule en pleine mer, sinon Dieu ? Tournant tout doucement la tête j'ai vu, à dix centimètres de mon visage, un splendide goéland argenté : son bec se trouvait tout près de mon œil et j'ai cru une seconde, qu'à la manière des oiseaux d'Hitchcock, il venait pour le gober ! Il me regardait de son œil doré, un regard insondable mais sans la cruauté habituelle des oiseaux de mer. Il n'y avait pas un poisson à bord, rien qui pût l'attirer… Il était là pour moi ! J'ai saisi mes avirons d'un mouvement très doux, pour ne pas effaroucher mon visiteur, et j'ai commencé à ramer vers la cale. À mi-chemin, déstabilisé sans doute, il est allé d'un bref coup d'ailes se poser à l'arrière. Il continuait à me regarder. Paul m'attendait à la cale. Le goéland le toisa… Paul ne lui plut pas, sans doute, car il s'envola sans me dire au revoir ! Je suis sûre que c'était l'âme de Gauvain (Kurt dans *Les Vaisseaux du cœur* que j'appelle souvent mon cormoran). Mais comme les cormorans n'approchent jamais les hommes, il aura délégué un confrère !

Je retrouverai mon cormoran fin septembre à Doëlan. En attendant, je reçois une lettre par jour. C'est toujours la même ! Il me répète que je suis sa vie, « his breath, his link to life ». Je lui réponds qu'il est mon carburant, mon oxygène, ma joie.

4 septembre

J'écris avec une poupée à l'index : la mitraillette à maquereaux est presque impossible à utiliser sans se piquer deux ou trois doigts, surtout quand on ramène 2 ou 3 jeunes et fringants maquereaux à la fois !

Contrairement aux Bretons, les Irlandais ne sont pas industrieux. On se demande s'ils ne sont pas les auteurs de leur malheur, les inventeurs de leur tourbe, de ce climat insensé. Ce matin, partant dans un épais coton pour relever mes casiers, je vois sur la cale le blouson rouge de Gerald, en parfait état, posé sur une barque avec ses bottes. Un tee-shirt neuf traîne dans l'eau, un autre gît sur la cale. Le blouson de Paddy a été abandonné aussi à la pluie.

5 septembre

Les Foxall nous ont appris hier le naufrage de Neligan. Toujours optimiste et léger, il avait mis son tramail dans la baie à turbot à l'ouest de la pointe. En allant le chercher, vers 20 heures, il a trouvé – comme souvent dans ce trou – une grande houle. Puis son moteur s'est arrêté. Puis, en se jetant sur les avirons, ils étaient deux, ils en ont perdu un. Puis, ils ont été jetés sur un récif au milieu de la baie, là où il y a toujours un fort courant. La barque s'est désintégrée mais ils ont pu s'agripper aux rocs aigus. Par bonheur, la dame seule qui habite la maison unique sur la falaise était morte et on l'enterrait ce jour-là. Ses proches étaient réunis dans la maison et ils ont entendu les cris…

Tout de même, la mer, quelle sale gueule elle a par ici ! D'immenses nappes d'écume circulaires qui stagnent, des écharpes d'écume qui s'infiltrent dans les passes, des colliers d'écume qui se brisent au bord de tous les écueils sans savoir pourquoi, sans raison apparente, sinon qu'il se passe toujours quelque chose aux Galeries Atlantiques…

Dernière pêche, dernier trajet à l'aviron en Tabur : 500 grammes de bouquets, 20 oursins, 6 praires.

Il y a peu de temps, j'étais une jeune fille timide, voulant plaire à tous, souriante, m'excusant sans cesse, n'exigeant jamais rien. J'ai l'impression d'aborder enfin l'âge adulte : d'oser être désagréable si la conjoncture le demande. Je n'aurai, hélas, pas beaucoup de temps pour en profiter !

Cet été, on a tout vu, sauf le beau temps. Hier, c'était Brumaire, Pluviôse, Ventôse, et pas loin de Frimaire.

1990

20 juillet

Le voyage irlandais a mal commencé : Paul sortait tout juste d'une infection des paupières qui a débouché sur un orgelet purulent. Il était épuisé. Et au départ du ferry, à Roscoff, on s'aperçoit que son passeport était périmé, et celui de Constance aussi. Il était minuit. Paul retrouve un filet de voix pour aller discuter avec le type, lui montrant sa carte – périmée ! – de conseiller à l'Élysée. Il lui dit qu'il fait son affaire des ennuis que l'officier du port pourrait avoir avec sa direction. Constance tremble dans la voiture. Que ferait-elle si elle devait débarquer ? Il n'y a plus de chambre dans Roscoff surchargé de touristes : « Je vais téléphoner, dit le gars, et si c'est d'accord, vous pourrez embarquer. » Nous montons enfin, les derniers. Mais que diront les autorités irlandaises si elles regardent d'un peu près la carte de Constance ? Elle passe une très mauvaise nuit par terre dans notre cabine, sur son futon très dur.

Miracle irlandais, Paul présente mon passeport au nom de Guimard, sa carte d'identité (valable) et celle de Constance en dessous. Groupe familial, ce n'est pas suspect. On nous rend les cartes sans les examiner à la loupe, sauf la première, la mienne. Derrière nous, la douane arrête une dame seule et fouille sa voiture. Nous passons avec notre passagère clandestine et nos quarante litres de vin !

Paul a conduit comme un grand vieillard, freinant à chaque virage, ne sachant plus la largeur de la voiture, s'arrêtant quand on croisait un camion. L'idée qu'il doit monter en bateau est terrorisante. Et il continue à fumer et à boire quatre à six whiskys par jour, plus le vin. Le spectre de la vieillesse, et de la vieillesse décatie, impotente, s'est assis à ma table. À quoi sert l'Irlande, si nous ne pouvons plus pêcher ? Je peux difficilement mettre toute seule les casiers dans cette mer dangereuse. J'ai besoin de Paul au moteur : il connaît les récifs et il manœuvre bien. Moi, je suis penchée sur mes bestiaux, mes appâts, mes cordages. C'est peut-être la fin de ma vie ? Celle que j'aime et n'imagine pas de ne plus mener… ? Paul n'a rien fait pour éviter l'encrassement de la machine, la raideur des articulations. L'alcool le tue : c'est à hurler de colère de le voir gâcher, par incurie, tous les beaux moments que nous avions encore à vivre.

La présence de sa fille semble le rassurer, pour les quelques journées dures de mise à l'eau du bateau et des casiers. Elle est d'ailleurs très tendre avec lui : « Mon papa chéri, ça va ? » Inquiète de le voir si fragile tout à coup, si absent de sa vie, si inapte à faire face au moindre effort.

Et Lison qui m'a dit que je vais le noyer, qu'il se force à faire ce qu'il ne peut plus faire : à cause de moi. Que je dois le laisser abandonner la vie et renoncer. Et moi, du même coup, renoncer à la mienne ?

22 juillet

Hier, Paul n'est pas allé faire la sieste à 14 heures : il s'est assis dans son fauteuil, près de la cheminée, l'œil fixe comme un grand vieillard dans un couloir d'hôpital.

Je crois que je pourrais accepter la déchéance physique – dans une certaine mesure ! – si l'intelligence reste sinon intacte, du moins correcte. Mon métier, ma dignité, c'est de parler et d'écrire. À quoi servirait de végéter en disant des conneries ? Sans compter que je me réjouis d'avance de mourir proprement... Si j'y parviens. Par décision et non par abandons successifs. À force de résignation au pire, et de compromis de plus en plus inacceptables, on perd la face. Et qu'est-ce qui reste, sinon la face, à cet âge ? Bouffer et faire pipi, non merci ! La seule résolution à prendre, c'est de se tuer plutôt que d'accepter la déchéance. Et la pitié de ses enfants. Oui, je me souhaite intensément le courage de mourir, le moment venu.

23 juillet

Hier soir, on avait Joséphine Chaplin et Jean-Claude à dîner : ils sont arrivés avec cinq beaux homards ! Elle est toujours adorable, douce, belle. Elle a acheté un « penty » à Valencia qu'elle n'a même pas montré à Jean-Claude. Elle veut pouvoir s'y enfuir et y être seule, quand elle en a assez de ses enfants et de sa vie de ménagère. Ce qui lui arrive, comme d'ailleurs à Oona, sa mère, qui ne veut plus voir ses petits-enfants qui « l'emmerdent », et qui se réfugie dans l'alcool.

24 juillet

La sinistre tournée des matins blêmes. Premier geste : écarter le voile noir, puis le faire tomber d'un coup, dévoilant un horizon uniformément gris. Deuxième geste : se pencher pour voir si la terrasse en ardoises brille de pluie. Troisième geste : toquer sur le vieux baromètre d'étain pour voir s'il a encore baissé. Quatrième geste : jeter un œil sur le thermomètre extérieur.

Le résultat de ces investigations, aujourd'hui, est qu'il fait encore plus froid que d'habitude : 12 °C, et qu'il a plu sur la terrasse, que les rafales de vent n'ont pas faibli (pointes à 8 ou 9) et que le baromètre qui ne peut guère être plus bas, a monté d'un cheveu !

Une heure plus tard : on finit par s'habituer au gris et par lui trouver des nuances !

Paul fait des siestes interminables : l'alcool le rend cotonneux. Il ressemble à une holothurie quand il se déplace…

25 juillet

Arrivée de Jacques Caron, mon ami de jeunesse : l'air perdu et terriblement veuf. Cela dit, un vieux macho comme on n'en fait plus, heureusement pour les femmes : les leurs et les autres ! Il ne soulève pas une assiette, ne débouche pas une bouteille. « Je ne dessers pas, c'est pour ton bien, car je casse tout ce que je touche », prévient-il, ravi. Je sens que je vais passer huit jours de servante.

En plus, il ne pêche rien, n'aime pas le bateau, ne se passionne pas pour les paysages. Mon Dieu, ou mon Diable, comme l'âge fait s'évanouir le charme, la séduction et l'entrain. Il ne reste que le pire. Il cherche une famille ici : un enfant de plus pour moi ! Une seule chose le ranime : rencontrer Joséphine Chaplin.

Constance pêche la crevette, passionnément, et lit des polars. Aide le minimum décent mais jamais ne dit : « Maman, reste assise, laisse-moi faire. »

Paul s'est couché après déjeuner. Il est 18 heures, il dort encore.

30 juillet

Hier, CENT palourdes à Lamb's Island avec Constance qui sait maintenant les pêcher.

On a mis un tramail et un casier, puis pêché à la traîne avec Jacques. Par un temps presque délicieux.

On est rentrés avec du beau poisson. Paul n'en a pas voulu. Ce qu'on tire de la mer ne l'intéresse plus. Il a reconnu que c'était du ressort de la psy. J'ai mon hypothèse là-dessus : il sait qu'il est à la limite pour le bateau et que chaque été peut être le dernier. Comme il n'aime pas être pris de court, il prend les devants… Mais à quoi bon avoir un bateau, si c'est pour manger des beans ? Et pourquoi se lever tôt pour aller en mer ? Je suis surprise qu'un homme si intelligent ne discerne pas cette vérité : ou, peut-être, ne veut-il pas en convenir.

Constance est écarlate ce soir, Jacques aussi. Moi, rien sous ce soleil intermittent. Elle se désole que je n'aie ni écran total, ni crème après-soleil. Mais ici, le plus sûr après-soleil, c'est la pluie !

4 août

Notre répugnant soulagement à voir partir Jacques ce matin… Mais il a été heureux ici, plus qu'à aucun moment, depuis le suicide de sa femme.

Paul ne va pas bien. Cela devient un effort surhumain pour lui d'aller en mer. Il le fait pour moi. Mais son corps se rebiffe de plus en plus. Pour la première fois, j'ai peur de l'avenir avec un homme à demi impotent. Je fais déjà 70 % de ce qu'il y a à faire pour l'Irlande. Je ne peux pas faire plus. Alors ? Je me demande si l'effort exigé par notre vie marine – et par moi – n'est pas au-dessus de ses forces. Et comme il refuse de le savoir, d'y remédier, une maladie ou une douleur lui permet de prendre la tangente : crise d'aérophagie hier midi. Très pénible et angoissante, paraît-il.

En fait, Paul est mort une heure sur deux et un jour sur deux. Il s'exerce… Sa bronchite est une actuelle raison de lâcher prise. Mais il faut apprendre sa mort. Peu à peu, ligne à ligne, comme une leçon qu'on ne saura peut-être plus, le moment venu. Au moins ne sera-t-on pas complètement ignare en la matière.

5 août

Ce matin, problème avec le nouveau moteur : dépannés par O'Shea. Mais cet effort, physique et mental, c'en était trop. Deux drys en rentrant et Paul a pris son air d'iguane : paupières mi-closes sur un iris sans expression. Il est parti se coucher à 13 heures 30, dégoûté de sa décrépitude. Et pour ne pas la mesurer, il cesse tout mouvement et toute pensée. Et comme il hait être malheureux, il préfère être mort. Toujours la solution de l'abandon. Mais heureusement, c'est dur aussi de mourir. Là aussi, ça demande effort et réflexion. Pourtant, il y a encore tant de plaisirs. Surtout ici, où la nature se met en mille pour surprendre, éblouir, attendrir.

Ai-je dit que l'eau courante avait de nouveau cessé de courir ? Donelly a dû démonter l'arrivée d'eau au bac de la colline. Une anguille de trente centimètres s'était exactement coincée dans le tuyau ! Cela n'arrive jamais, bien sûr.

Vu deux hérons hier, et deux courlis ce matin, sur la Roche à Lison, avec leurs longs becs courbés vers le bas. Le plaisir d'être ici, c'est de pouvoir dire COURLIS ou HUÎTRIER et que ce ne soient pas des images dans un livre. De mon petit bureau, j'ai vu quatre sortes d'oiseaux, à quelques mètres : une grive tachetée, un rouge-gorge, un noir piqueté de blanc, la tête qui s'agite quand il marche.

6 août

Quand on se réjouit de découvrir, protégées par un buisson d'hortensias, deux capucines au bout de tiges presque normales, on réalise où on est tombé ! Le climat est si inhospitalier et hostile que tout s'étiole. Même les œillets d'Inde, mis en place en mai, sont réduits à des bonsaïs d'œillets. On finit par être ébloui de la moindre aumône que nous fait l'Irlande : « Oh, regarde Paul, la pluie s'est arrêtée, on aperçoit les Scariffs », nous sommes-nous extasiés ce matin.

Hier soir, nous parlions de Tahiti où Paul rêve de retourner et où, disais-je, il n'est pas pensable d'aller, dans l'état où il se trouve :

« Au fond, j'ai de la chance de t'avoir… (Je hausse un sourcil.) Oui, tu m'empêches de rêver.

— C'est aussi un malheur : ce n'est pas un beau rôle de casser les illusions de quelqu'un.

— C'est vrai, mais dans mon cas, il serait temps que je sache et que j'admette qu'il y a des choses que je ne peux plus faire : ça s'appelle "être raisonnable". Mais c'est triste.

— Non, ce n'est pas triste pour moi : ce qui est triste, c'est de rêver et que vos projets se cassent la gueule. Ce que je ne peux plus faire, je l'ai admis et je n'en rêve plus. Le ski, par exemple, que j'ai tant aimé et pratiqué…

— Oh, mais toi tu n'es pas handicapée, comme moi. »

Il y a surtout que je me bats pour ne pas devenir bossue, percluse, douloureuse.

9 août

Rétrospectivement, hier fut un festival des horreurs irlandaises. Du jamais vu !

Depuis deux jours, les deux bacs à eau étaient vides. On se servait de la citerne, bientôt asséchée elle aussi, et alimentée par un tuyau de quinze mètres branché sur le robinet extérieur qui, lui, est directement raccordé à la source. Franck y a perdu son gaélique : il a aspiré et craché, pour réamorcer le bac du grenier. Jim Donelly est venu à la rescousse : il a changé le tuyau du bac pour en mettre un à section plus large, et il a changé l'arrivée d'eau des WC qui coulait au compte-gouttes.

Pendant deux heures, on s'est crus civilisés : on pouvait se succéder sans interruption aux toilettes, se doucher, et faire la vaisselle avec une pression suffisante. L'avenir semblait rose, débouché.

Et puis, hier après-midi, les WC refoulent ! On ouvre le regard derrière la cuisine : des étrons flottaient mollement dans un liquide innommable… On appelle Franck, qui passe dix minutes le furet dans le conduit sans atteindre la fosse septique, trop éloignée. On soulève la dalle : la fosse était vide et propre. On peut y habiter ! Franck emprunte des perches et finit par déboucher la dernière section du tuyau. Les WC remarchent !

10 août

Il y a des jours où l'on vit dans le mist, jusqu'au fond de son cerveau. La brume enveloppait la montagne, enrobant les vaches dans le pré. Les écueils n'osaient plus briser Lamb's Island, Lamb's Head et tous les Lambs du comté. À 3 heures du matin, elle s'était insinuée dans mon cerveau, jusque dans la plus petite circonvolution. Elle régnait déjà sur le territoire de Paul, qui n'avait même pas pu finir le dîner, et était parti se coucher sans dessert : « Dans le brouillard qui est ma patrie, actuellement », m'a-t-il dit en se levant de table.

« Mon âme est enchaînée à un animal mourant. » Yeats a écrit ce vers à la fin de sa vie.

11 août

On n'a pu aller en mer qu'à 14 heures : houles mais mer assez calme. Un homard de 400 grammes, et on en a trouvé, pour la deuxième fois, un minuscule dans un casier à crevettes : un vrai bijou Boivin ! Mais je l'ai remis à l'eau. On avait gardé le premier…

Paul me rend, subtilement, la vie dure à tolérer. Il avait parlé de cesser de boire du whisky avant tous les repas. Il n'en est plus question. Et quand je lui en ai parlé :

« Qu'est-ce que ça peut bien te faire ?

— Je n'ai pas envie que tu t'esquintes le corps, l'estomac et le foie ; ça te fatigue, tant d'alcool.

— Tu t'en moques complètement, de mon corps… Et puis, c'est peut-être une compensation. »

Et vlan, s'il boit, c'est ma faute. Et si je n'aime plus son corps, il ne peut pas l'aimer non plus, ni tout seul. Et s'il est malade, plus tard – cancer du fumeur plus ulcère du buveur –, je l'aurai bien cherché. Pourquoi faut-il porter le poids du malheur des autres ? Du chagrin que l'on cause ? L'envie de rendre quelqu'un heureux, rien qu'en respirant, encore une raison de ne pas renoncer à Kurt.

Paul a découvert, sur l'étagère, l'immonde marquise en porcelaine irlandaise qui tourne dans sa crinoline tandis que défile un air… J'ai avoué l'origine : « Non, c'est à ce point ? Il n'a toujours pas compris que tu ne peux pas apprécier ce genre d'objet ? » a-t-il dit avec une évidente satisfaction que je n'ai pas combattue, tant elle est justifiée !

12 août

Quand on dit : « Tout de même, il ne fait pas trop froid pour un 12 août », c'est qu'il n'y a vraiment rien à dire de bon sur le temps !

Lison, Serge et Clémentine sont arrivés. Enfin, des amateurs de poisson et crustacés !

13 août

Froid aux os : 14,15 °C nuit et jour ou quand il fait plus doux, c'est par brume et 100 % d'humidité.

Paul a un lumbago : signal pour dire qu'il ne veut plus lever une patte pour monter dans notre canot ? Pourtant, il ne porte rien, j'y veille, ayant besoin de lui à bord. Trois jours sans pouvoir prendre le grand bateau. Et je n'ai pas encore démarré moi-même le nouveau moteur. Je suis trop occupée aux casiers, alors je me contente du Tabur.

Les grandes marguerites, comme les femmes, perdent lentement leur éclat. Elles étaient droites, fières, et lumineusement blanches le 20 juillet, à notre arrivée. Malgré les vents, les pluies, elles restent royales : aucune n'est couchée ou fanée, mais toutes ont déjà la décrépitude au cœur. Elles auront tenu l'espace de notre séjour : cinq semaines.

La difficulté à lire de Serge est stupéfiante : il a le manuscrit de Paul depuis trois jours, mais il préfère dormir ou jouer aux cartes avec Lison. En tout cas, il n'a pas transmis cette tare à Clémentine. Elle lit, comme nous autrefois, et écrit plusieurs longues lettres chaque jour, ce qui me réjouit le cœur.

« Ton tricot en cachemire bleu ciel (donné par Flora) n'est pas extraordinaire, me dit Lison : le bleu est fadasse. » Oui, il est fadasse. Mais Lison ne se rend pas compte que plus rien ne me va vraiment et que c'est par suite d'un malentendu que, par moments, brefs, je peux faire illusion. Les deux drames : le teint terni et la cornée qui ne brille plus. L'iris s'éteint dans un magma strié de rouge. Et le deuxième drame, c'est le corps qui se tasse, le cou qui se raccourcit. Voir Marguerite Duras dont les cols roulés montent jusqu'au menton. Quand je porte un décolleté, même modeste, alors apparaît ma bosse de chameau et ma tête se projette à l'avant.

Il faut vraiment être deux fois plus gaie, deux fois plus drôle, deux fois plus riche et deux fois plus généreuse pour ne pas basculer dans le camp des vieillards. Un jour, avec des cheveux blancs – et des doigts déformés –, je retrouverai sans doute une certaine beauté. Je m'accroche encore à la vraie beauté qui est capable de susciter le désir. C'est dur pour moi qui sais d'où je la tire chaque jour.

Les vieillards sont affreux comme les ormes sont séculaires !

14 août

Paul dort neuf heures la nuit, plus la sieste du matin dont il a pris l'habitude ; puis deux heures minimum l'après-midi. Il reste peu d'heures ouvrables !

Depuis deux jours, il n'avait plus mal au dos. On retournait à la pêche dans le grand canot. Et puis ce matin, il a descendu le bidon de dix litres d'essence de la voiture au quai, pendant que j'étais allée en Tabur chercher le bateau. Serge musait, le regard ailleurs. Il fait ce qu'on lui demande de faire, mais n'a jamais d'idée, de geste spontané.

Évidemment, Paul s'est refait mal au dos, et ça s'est aggravé au cours de la journée qu'il a passée couché, dès le retour de pêche. Je me lasse de toute pitié. De nouveau, sans mécanicien demain sur mon unité ! Et je n'ai pas confiance en Serge qui ne croit pas aux écueils ni aux dangers. En son for intérieur, il juge Paul trop timoré en mer. D'autant que lorsqu'on veut lui montrer une de ces lames qui se forment sur les hauts-fonds – out of nowhere – la mer joue l'innocente.

Paul se laisse investir par la vieillesse, comme un château de sable par la marée montante. Il se défait, s'écrabouille, devient informe. Pour la première fois de sa vie, il a fait un nœud de corps-mort qui s'est défait le soir même. Le bateau s'en est allé vers le large, dans le crépuscule. C'est lui qui l'a vu. Mais c'est moi qui ai dû foncer chercher Paddy pour le récupérer.

On a eu trois heures de vrai soleil, aujourd'hui : 18 °C cette après-midi. Nous sommes allées Lison, Clémentine et moi, sur la grande plage de Derrynane. Clem s'est baignée et elle a bruni, un peu. Ce soir, l'habituelle grisaille. On a allumé le feu de tourbe.

15 août

Dîner chez Joséphine hier, sans sa sœur Annie rappelée d'urgence auprès de sa mère en Suisse. Baquet de homards, beurre blanc délicieux, mais ni pain ni beurre, comme d'habitude !

Humour écossais que nous allons appliquer à l'Irlande : « Qui prétend qu'il pleut toujours en Irlande ? En août dernier, il n'a plu que deux fois : une fois quatre jours et une fois trois semaines ! » ; « Le whisky fait de moi un autre homme. Et un autre homme a besoin d'un autre whisky ! » Lu dans l'excellent *Livre de l'amateur de whisky* chez Laffont. J'y ai appris que plus le climat est dur, froid et humide, meilleur est le whisky, plus haut en goût et en force. Par exemple, les whiskys d'Islay ou ceux des Orcades, battues des vents. Pour les auteurs, le Lagavulin a toutes les qualités, le Macallan aussi. Le Laphroaig, plus violent et si on aime la tourbe.

18 août

Je reçois une lettre de Kurt dans laquelle il m'avoue deux choses énormes qui lui sont arrivées, dans sa vie que je croyais étale, fixée à jamais.

1) Il a voulu me quitter.

2) On lui a offert un poste de régisseur dans le domaine des fils de son big boss du *Bulletin de Philadelphie* pour lequel il pilotait.

Donc, il a voulu me quitter, après ma lettre de six pages, que j'ai regretté de lui avoir envoyée, où je mettais les choses au point et fin à ses espoirs de me voir divorcer. Une longue lettre où je lui expliquais ce que Paul m'apportait, ce que nos maisons me donnaient et toute cette vie à laquelle je n'envisageais pas de renoncer. Après cette lettre, il s'est retrouvé plus seul que jamais. Il a regardé autour de lui : Betty était très riche, la cinquantaine, une belle villa près d'un lac. Il l'a invitée à dîner, jugeant très sainement qu'il pourrait enfin avoir une vie moins désolée. Après le restaurant, ils sont allés danser chez elle. Il était tout à fait décidé à coucher. Ils se sont mis au lit : elle avait de beaux seins, des bonnes manières, mais ce qu'il avait décidé dans sa tête était nul et non avenu au niveau du cul ! Rien à faire. Pas une vibration. Il lui a dit : « Je crois que mon deuil est trop récent encore et que mes souvenirs sont trop présents. » La dame se pâme devant tant de sentiment conjugal, promesse de joies pour elle, plus tard. Trois semaines se passent et c'est elle qui l'appelle pour l'inviter avec des amis. Il boit beaucoup pour que les vapeurs d'alcool noient le passé et se retrouver un homme neuf. Neuf, il l'était peut-être, mais d'homme toujours point ! Pas le plus petit début d'érection ! Adieu, la Belle. Il a compris qu'il était à moi pour la vie, même si cela lui vaut cent ans de solitude !

L'autre histoire, c'est qu'on lui a proposé une place genre régisseur : logé, un bon salaire, une voiture… Ce qui lui assure la sécurité matérielle, et surtout une activité, des gens à diriger, des contrats à surveiller et de la compagnie. Tout ce qu'il adore. Mais il a refusé pour garder sa liberté d'aller et venir. On doit justement se voir en septembre à Doëlan, pendant une absence de Paul.

22 août

L'horrible dans l'été, quand il est mauvais, c'est qu'on ne peut que se dire : le mois prochain, ce sera pire ! Le mauvais temps du printemps comporte, au contraire, une note d'espoir qui permet de le supporter.

Hier, la mer était à son pire : hachurée, vicieuse, boursouflée. Je n'aurais pas pu y aller en Tabur, j'étais déjà mal à l'aise sur le petit bateau à l'aviron, car je n'ai pas réussi à faire démarrer le moteur. Et puis, j'étais furieuse que Paul ne soit pas avec moi, par une sale mer, pour la besogne triste de ramener les casiers à la maison, puis les deux canots.

Coup de blues en rentrant, ça a duré deux heures. J'ai briqué à fond la cuisine pour le dissiper. Mais comment peut-on survivre avec ce désenchantement ? Les rares bouffées de connaissance de la déprime que je ressens me terrifient.

On annonce une semaine chaude sur la France : un mot dont j'ai oublié le sens. Vais-je vraiment quitter mon Damart ? Mettre ces sandales que j'ai portées deux heures, un seul jour ? Je n'arrive plus à croire que la douceur de vivre existe.

24 août

Embarquement sur les Brittany Ferries. À l'aller, Paul était aveugle. Au retour, il est paralytique !

À l'aller, la crème mise par erreur, entre ses paupières infectées, lui faisait une taie sur l'œil. J'ai donc conduit tout le temps. Aujourd'hui, son lumbago le tient quasi impotent : je porte tout, même l'appareil photo.

J'ai déjà plein de demandes autour de *Pauline Roland, ou comment la liberté vint aux femmes* qui sort cet automne chez Laffont : il va falloir être intelligente. C'était si bon d'être bête tout l'été : fini ce bon temps !

1991

11 mai

Partis sous le soleil français, arrivés dans une nuée irlandaise. Les phares tout du long sur la route.

Le lendemain, au réveil, buée sur la fenêtre, je frotte mais on ne voit rien de plus. Quant à mon jardin… Seules mes grandes marguerites démarrent drues. Les primevères sont bouffées d'humidité. Les hortensias se gardent de dépasser le niveau des murs. Nos deux charmes ont un peu grandi, ils ne mourront plus. Les éléagnus s'accrochent. Mais quelle désolation ce pays ! Les pins de Foxall, roussis et brûlés l'an dernier, défendus si amoureusement par Susan quand ils étaient jeunes, mesurent maintenant quatre mètres, mais ils se sont fait tordre, molester par le vent de mer : vieux balais dont une face est totalement dépouillée d'aiguilles. Même les rhododendrons sauvages sont tenus en respect, boutons clos, attendant une caresse qui ne vient pas. Les fuchsias de la route, martyrisés et dénudés. Mais rien ne lâche la partie.

Balade le long de la baie à la recherche de rhododendrons ouverts. Un mot vient à la bouche : douleur. Douleur des arbustes, car il n'y a pas d'arbres : personne n'est parvenu à passer arbre. Douleur même des ajoncs qui repartent sous un enchevêtrement de branches mortes, blanches comme des ossements. Douleur des rhododendrons dont l'énorme, dans le vallon, est divisé en troncs rampants comme des palétuviers, épousant un groupe de rochers sur lesquels ses plus belles branches sont tombées, les mortes recouvrant les vivantes. Les fleurs de printemps à peine sorties de terre. Les bruyères, noires. J'ai cueilli quelques jacinthes des bois et quelques tiges de rhododendrons, rose mauve, à peu près fleuries.

Le port… ainsi qu'aux plus beaux jours ! Il y est revenu un grand congélateur à deux corps. Et on a dû y débiter une pinasse à coups de hachette, car on voit un tas de planches, panneaux, hublots, portes, literie, etc. Et puis des cadavres de casiers partout, des cordages, un moteur Diesel, un sommier…

C'est aussi pour tout ça que j'aime l'Irlande : on est sûrs, chaque année, de la retrouver semblable à elle-même, juste un peu plus vétuste, comme nous.

14 mai

Même bonheur de pêche. Et grand bleu glacé par fort vent du nord.

Jean-Claude et Nicky Fasquelle arrivés hier. Elle ne pêche pas, par amour des animaux, et elle s'attendrit sur tous les chiens, chats, bestioles de toute origine.

Dès qu'un rythme de jazz ou de samba se fait entendre, son corps s'agite. Hier soir, elle a dansé délicieusement sur ma cassette des années folles. Jean-Claude la regarde d'un air énamouré : comme un administrateur colonial qui aurait ramené une vahiné !

15 mai

Le grand jeu, ce matin : on ne peut jamais éviter le grand jeu ici. Encore les WC ne sont-ils pas bouchés, gloire à Dieu ! Nicky était sous la douche, l'eau s'est tarie. Je croyais être à l'abri avec les nouveaux filtres. Je monte au grenier : la cuve est vide. On monte au tank de la colline : il est vide.

On essaie la pompe : elle est « grippée ». Paul réussit à la dégommer, on remplit le tank.

Galvin monte au ruisseau, trouve le réservoir plein de cailloux et de bouses diverses. Il débloque tout, et ça remarche.

Mais les charnières de la porte cuisine, trop rouillées, ont cédé. La porte ne ferme plus… Galvin vient les changer. En attendant, Nicky et Jean-Claude se sont réfugiés dans leur chambre car la porte est démontée. Paulo est au lit. Je surveille les travaux.

16 mai

Caherciveen toujours aussi misérable : je n'ai rien trouvé, ni persil, ni ail, ni échalotes. Juste un bidon d'huile d'olive italienne, après maintes recherches. Au moins, Nicky sera contente.

Retour à 13 heures. Paul, éteint, conduit à quarante à l'heure. Seul l'intellect rougeoie encore ! Mais il parle et échange ses impressions beaucoup plus qu'avant.

Pendant le dîner avec les Fasquelle, Paul PARLE : et maintenant, l'histoire est faite. C'est parce qu'il était fasciné par *L'Ironie du sort*, sorti en 1961, que Mitterrand est devenu l'ami de Paul. Il a tout de même ajouté : « Il avait aussi connu Benoîte pendant la campagne présidentielle de 1974. » Puis il a brossé un tableau de sa participation à la culture où tout est rehaussé de couleurs seyantes. Moi, quand je raconte à un tiers, je minimise et j'en rabats. C'est sans doute maladroit et tout aussi mensonger !

Je n'arrive pas à me désespérer de mes petits maux, même déformants. Cela me désole mais comme ça ne me gêne pas vraiment, pour l'instant, je n'y pense pas. Même mon aspect physique ne m'obsède pas. Pourtant, je tiens beaucoup à moi ! Je me trouve distrayante et je ne m'ennuie presque jamais. Et puis, je m'intéresse à tant de choses en dehors de ma personne…

17 mai

Ce soir, quelques bandes de bleu menteur s'allongent entre des mèches blanches immobiles. Dessous, de gros flocons gris et mauves forment un deuxième plafond. Scariff est en éruption et la fumée coule sur la pente. Des bancs de mousse obstruent la baie, où flottent des flocons d'écume du coup de vent d'hier.

18 mai

Hier soir, un miracle a eu lieu. Nous étions allés boire des Irish coffees et écouter un petit orchestre. Nicky s'est mise à danser, merveilleusement comme toujours et, soudain, elle m'a tendu la main. Sans réfléchir, j'y suis allée, et voilà que des ailes me poussaient aux pieds, aux mains, je dansais pour la joie de danser, je me sentais libre pour la première fois de ma vie… Je riais de plaisir et j'avais envie de crier : « Ça y est, maman, regarde, j'ai la grâce ! C'est arrivé, maman, regarde ! C'est le miracle de Lourdes, je ne suis plus paralysée… »

C'était comme si j'étais délivrée d'un sortilège. Je soupçonne les Irish coffees d'y être pour quelque chose, mais qu'importe, j'ai connu ce moment de grâce.

19 mai

Premier jour calme. On a pu aller pêcher dans la baie, Jean-Claude et moi, empruntant le corridor du diable ; ça mordait sans cesse, mais la meilleure ligne était cassée. Paul, ravi d'être « obligé » de tenir compagnie à Nicky qui ne pêche pas, était resté à la maison avec elle. Mais heureusement, Nicky mange les poissons et les crustacés, elle !

Chez un vieux couple, qui n'a plus envie de s'embrasser sur la bouche ni de se caresser, il reste la vie des pieds. Les pieds n'ont rien à faire, quand on lit : ils peuvent mener une vie à part. Ils se rejoignent, se caressent, se font des signes de tendresse pendant que leurs propriétaires font bande à part, en haut !

20 mai

Nos chers Fasquelle partis hier. Paul en a profité pour me coincer gentiment, tendrement : « Pourquoi je n'ai jamais pu, ou presque, prendre un de tes seins dans ma main, te caresser, depuis tant d'années ? Qu'est-ce qui s'est passé ? Est-ce mon comportement ? Qu'est-ce qui t'a fait prendre cette terrible distance depuis… vingt ans maintenant ? » Je redoute ces joutes sentimentales : je suis triste, mais totalement froide, sur le sujet. Tout est trop profondément enfoui et congelé pour pouvoir revivre. Je le revois, vers 1964, m'annoncer qu'il rompait avec Marie-Claire : « Ce n'est pas vivable de vous faire souffrir toutes les deux. » Pas de joie chez moi, encore moins de triomphalisme. L'impression d'une défaite pour Marie-Claire et d'un grand malaise et dégoût de Paul pour lui-même. Mais j'espérais que nous récupérerions notre amour, ce qu'il en restait : beaucoup pour moi. Pour lui aussi, j'en suis sûre. Mais il est arrivé ce que je n'avais pas prévu : une rancune rétrospective qui visait Paul pour tout ce que j'avais souffert et cru, à tort, pouvoir supporter. Peu à peu s'est installée en moi une hostilité vis-à-vis des traits de son caractère qui avaient rendu cette situation possible, pendant tellement, tellement longtemps. Une éternité, m'a-t-il semblé. On a dû renouer les liens d'amour, mais mon cœur ne devait plus y être. Quelques années d'abstention – de son fait – et les choses n'allaient plus de soi : l'amour était raté, une parodie. J'aimais mieux rien. Et nos deux bateaux ont dérivé, poussés par des courants adverses.

28 juillet

Envie d'écrire le premier matin de l'arrivée à Bunavalla, au moment où je me dis le plus fort : « Nous avons eu raison de faire cette folie d'avoir une maison en Irlande. » Raison, parce qu'il y a un lapin qui lisse ses oreilles, tranquille, sur les grands rochers du fond du jardin. Raison, parce que la joie est immense de voir que les hortensias plantés il y a six ans, le long du muret extérieur, sont enfin devenus une touffe fleurie : à condition, bien sûr, de ne pas dépasser le muret de plus de dix centimètres, sous peine d'être impitoyablement rabotés. Raison, parce que l'Irlande ne déçoit pas : coup de vent hier soir, pour notre arrivée, beau ciel d'orage et vent du sud toute la nuit, et ciel plombé ce matin ! Raison, parce que les vaches sur les rochers et les oiseaux de mer plus féroces qu'ailleurs. Raison, parce que j'aime les espaces de cette maison très lumineuse, éclairée sur trois côtés, ouverte au sud-ouest sur ces tableaux fascinants repeints à chaque minute par le vent et les nuages. Bonjour Monsieur Courbet ! Raison enfin, parce que j'aime ce désert, ce bout du monde de l'Europe.

Un peu plus tard, le même jour. J'oubliais les fleurs des fossés, variées à damner un botaniste : grandes spirées d'un blanc-jaune, petites scabieuses, pois de senteur sauvages bleu lavande, montbrétias généreux, petites ciguës de toutes variétés, trèfles incarnats, marguerites des cailloux derrière les plages… J'aurais aimé être botaniste ! *Une vie n'est pas assez*, beau titre d'un roman de Flora, emprunté à Tchekhov.

30 juillet

On a un nouveau canot, un Jeanneau révolutionnaire ! Double coque, très stable et facile à l'aviron. Il m'emballe !

On a évoqué la mort d'Antoine Blondin, survenue en juin. Paul est triste de ne pas être plus triste. Mais Antoine est déjà mort au moins trois fois. Et Paul ne l'a pas revu depuis près d'un an. C'est vrai qu'il y a dix ans, il aurait été démoli, comme pour celle de Roger Nimier où il s'est couché pendant quatre jours. Je n'ai pas envie de compatir. Paul ne pleure pas une amitié qui n'existait plus : il pleure sur sa jeunesse. Je lui dis : « Je suis triste que tu trouves triste de ne pas être assez triste. » Ça devrait être un des avantages de la pétrification : réduire ses occasions de souffrir.

31 juillet

Caherciveen, toujours aussi misérable : dans la Main Street, deux femmes parlent, brodequins sur des pieds nus, tavelures de misère sur les mollets, robes informes, longs et rares cheveux gris.

Paul m'inquiète. Il est « rendu » à son état d'avant sa cure à Saint-Malo. La perspective d'un effort suffit à l'épuiser. L'effort le tue. Tout est devenu trop dur pour lui : sauf boire et se mettre au lit. Hier, il a loupé l'ouverture du conteneur de vin et s'est reçu deux litres sur la façade, chemise, pantalon, chaussettes, mocassins... Et le reste, sur toutes les étagères de la cuisine, entre chaque assiette, dans chaque récipient, sur le sel, le sucre, les provisions. Et une belle couche sur le sol. Réaction ? L'abattement : « Laisse tout ça pour demain (il était 20 heures, on n'avait pas encore dîné) de toute façon, je veux mourir. »

Comme je n'ai pas envie de mourir, je me suis mise à nettoyer, avant que le vin ne marque à jamais. Y compris les vêtements de Paul.

2 août

Paul a entrepris de relire, comme depuis huit ans, *La Dame du Nil*, Mémoires d'Hatchepsout, médiocre roman historique. C'est moins dur de relire que de lire. Et de toute façon, il sombre dans le sommeil. C'est affreux de voir un cachalot blanc s'enfoncer lentement…

Mon nouveau canot me réjouit, car il sera possible d'y naviguer toute seule. Et c'est mon avenir. Paul n'aime plus la mer, elle lui devient étrangère, hostile. Comme dans *Le roi se meurt* l'univers se raréfie autour de lui.

5 août

Cette nuit, à 4 heures du matin, Paul très mal : « Crise de palu », dit-il. Sueurs, fièvre, migraine et, pour faire bonne mesure, mal de gorge. Je lui donne deux aspirines. Le lit, dont je n'ai pas le courage de m'extraire, est transformé en trampoline par ses bonds. À 6 heures 30, se trompant d'une heure, il ouvre en grand les rideaux pour partir à la pêche. Je me renfonce sous la couette.

À 7 heures 30, on se lève. Vent de N.E. soutenu, 13 °C, mais mer plate. Une lumière émouvante. Le seul fait de monter dans le Tabur, et de ramer dans l'eau diamantine pour aller chercher le gros bateau, est une griserie. Malgré les cochonneries des Irlandais – les ordures à la mer, les vieux moteurs balancés au fond du port – la mer reste encore la plus forte et conserve sa pureté. Je ne me lasse pas de sa couleur aigue-marine. Rien que pour ça, je viendrais en Irlande.

Pas retrouvé le casier tout neuf, acheté à Doëlan. Volé ? Difficile à croire. Un nœud manqué par moi ? Je suis incapable de me souvenir d'un nœud. Il faut réapprendre chaque été. Hier, le nœud du casier, au cordage neuf et glissant, s'est défait. Honte à moi ! Heureusement, petit fond, eau claire, on a pu le ravoir au grappin.

Si seulement Paul voulait bien me faire tous les nœuds, en début de saison… Il peut les faire assis. Mais non, il préfère me les laisser faire. Mal.

7 août

Il semblerait que la crise de palu soit une sorte d'insolation : un tour de force quand on sait qu'il n'y a pas eu de soleil, ou si peu !

Paul tousse toujours beaucoup et je dors dans la chambrette bleue.

8 août

Nicole et son jeune amant – vingt-quatre ans de moins ! – sont arrivés avant-hier. Lui, très agréable à vivre, attentif, serviable. Nicole dit qu'il est très fin : possible ! En tout cas, elle le couve : « Il faudra emporter des biscuits à la pêche, Bernard se démène tellement qu'il aura un creux. » Lui est tendre et amoureux : ils disparaissent dans la chambre où ils ont rapproché leurs lits, dès le premier soir. Bonheur visible pour elle.

Paul ne va pas beaucoup mieux. Il nous a accompagnés à Reen, sans pêcher bien sûr. Il ne peut pas baisser la tête pour repérer les trous de palourdes, dit-il. Surtout, il ne peut pas se baisser pour les ramasser.

Il était si fatigué qu'il est parti se coucher sans finir le déjeuner. Des quintes de toux odieuses. Mais il continue à fumer des cigares et à boire du whisky midi et soir.

9 août

Joséphine Chaplin et son Jean-Claude sont venus nous aider à manger les 800 grammes de bouquets. Puis soupe de crevettes et palourdes farcies.

Ce matin, 35 kilos de poisson, dans les casiers et les filets ! Bernard et Nicole m'ont aidée à vider les plus beaux : les autres dans le sel, dans les casiers, et on a donné plein de gros lieus.

Toujours des problèmes d'eau qui ne coule pas : Donelly est venu pour déboucher les WC. Interdit de tirer la chasse ! MAIS, j'ai un chardon gris-vert et gris-bleu sur la tablette de ma fenêtre, avec ses feuilles cruelles comme des poignards, plus des boutons-d'or et des bruyères. Un bouquet dont la beauté m'enchante.

10 août

Nous sommes soulagés de nos deux invités : ravis de les avoir, ravis de les perdre !

Au retour de la gare, Paul n'était pas de taille à relever les casiers. J'ai relevé les huit : 700 grammes de bouquets et des crabes qu'on a apportés chez Annie Chaplin, dans la nouvelle maison qu'elle vient d'acheter à l'entrée de Waterville, près de sa sœur Joséphine. Charmante maison noir et blanc, mais on y discerne déjà le côté roulotte qui s'épanouit chez Joséphine. Trois couvertures écossaises, des plus ordinaires, sur les trois vieux fauteuils dont on aperçoit le tissu crevé. Sur la table, pour douze personnes, des verres dépareillés et le beurre fondu dans une casserole. Pas de pain bien sûr ! Autour, des chaises branlantes. Dans la cuisine, une vieille cuisinière rouillée, des casseroles cabossées : les vingt homards servis ont dû être cuits chez les voisins.

Annie (au neuvième enfant, Oona et Charlot n'avaient plus d'imagination !) pas belle au début et puis on la découvre très jolie, peu à peu. Bouche d'Oona, belles dents un peu en avant, regard émouvant, très beaux cheveux.

13 août

Ce matin, j'ai emmené le Tabur sur le toit de la voiture pour pêcher un peu à Reen. Temps très gris et frais avec un vent d'ouest qui m'a gâché la matinée à l'aviron. En plus, le bouquet n'était pas là, eaux trop agitées. Quelques palourdes tout de même.

Je suis rentrée trempée et glacée et je me suis jetée sur le dry que Paul m'a préparé, après avoir allumé le feu de tourbe. Puis il a fallu terminer la bouteille de vodka pour mettre la dernière au frais ! Puis, comme il n'y avait plus de Smithwick, on a ouvert un muscadet qu'on a descendu à deux en dégustant crevettes, palourdes chaudes, caviar d'aubergines… Bien requinquée, je me suis allongée dans le canapé, face à la petite flamme bleue, pour lire *Irish Song Birds*.

15 août

Paul veut de la viande, comme un assoiffé dans le désert veut de l'eau. C'est vrai que nous avions déjeuné d'1 kilo de bouquets, de tourteaux et d'étrilles, et d'un caviar d'aubergines bien aillé pour servir de contrepoids terrien. Mais la perspective des palourdes en soupe pour le soir, plus une livre de bouquets, le plongeait dans l'accablement.

On est donc allés acheter de la viande rouge au Huntsman. On a dégusté du filet, délicieux, avec des frites bien sûr !

17 août

On a huit casiers à l'eau. On va commencer à les rapatrier demain, comme on rentre des moutons.

Puis tout nettoyer, ranger, et faire les valises.

18 août

Je suis partie à l'aviron, pour une dernière heure d'intimité avec la mer, celle des marées basses. J'ai passé deux heures sans effort, en silence, sur une mer d'argent sous un ciel de perle grise.

Fait le tour de Lamb's Island : la face sud est effrayante, même par temps calme. L'océan y respire et les roches disent leurs déchirements millénaires. Je reconnais maintenant les habitats chéris des oursins. J'ai amarré le Tabur dans les laminaires et j'ai gravi ces rochers en aiguilles et lames de poignard : assez haut, trois mares en enfilade, pleines d'oursins énormes. J'en ai pris deux douzaines.

Au retour, j'ai fait escale dans l'Anse à Lison, le premier coin où nous avons pêché à pied, la première année : du beau bouquet.

Nous avons déjeuné dehors, à 14 heures 30. Puis, je suis allée regarder le paysage se faire et se défaire dans ses nuées. Elles traînaient sur l'eau, sous un ciel bleu ardent, ou bien surgissaient de la montagne pour noyer les îles et la côte : comme au cinéma, dans les films de sorcellerie, quand on essaie de faire courir des brumes sur le sol. C'est vraiment un pays de fées.

Je n'avais plus de pellicule pour mon Olympus, quand le ballet des brumes a commencé. Je suis partie en chercher une à Caher Daniel au supermarket. Une route à pleurer de beauté : la pente d'un sommet qui me paraissait immense, au-dessus d'une nappe de brouillard. J'ai cru à un mirage.

Paul, sollicité, avait préféré continuer sa sieste : rideaux tirés sur la beauté du monde. Les bras m'en tombent : préférer le sommeil à quelque chose d'aussi rare, alors qu'on est libre de siester tous les jours et que la grande sieste finale se profile à l'horizon ! J'aurai mis trente-cinq ans à ne pas m'habituer à ses rythmes biologiques ! L'oisiveté est devenue son métier.

Je suis réconciliée avec l'Irlande. Heureusement qu'on ne peut pas partir au premier coup de cafard ou de découragement. On manquerait ces cadeaux, brefs et fragiles, mais inégalables, que réserve toujours cette île à qui sait attendre. Et ne pas dormir… Tout peut arriver à tout moment.

20 août

Ma troisième petite-fille, Pauline, est née il y a presque un an. Il ne faut surtout pas que j'oublie de fêter son premier anniversaire ! J'ai tendance à oublier, y compris pour mes filles… En tout cas, je n'ai aucune nostalgie du pouponnage : j'aime mieux mes filles que mes petites-filles, et je suis plus émue par leur bien-être – ou mal-être – que par le leur !

1992

16 mai

Après un mois de temps « horrible », dixit Joséphine, une journée sans nuages, presque chaude. Je suis arrivée avec Paul et Françoise Gange, mon amoureuse ! Séduisante quand elle discourt, mais irritante à vivre. Elle fait tout à moitié et ne range rien à sa place. Elle laisse ses cigarettes à demi consumées, les portes sur le jardin à demi entrouvertes, ses vêtements de pêche par terre sur la terrasse. Elle est de ces filles qui n'ont jamais de briquet, jamais la monnaie de 500 francs (et un billet de 500 serait trop gros à changer) et pas de Tampax quand leurs règles surviennent. Ce sont les mêmes.

Et puis son amour pour moi, son désir surtout, m'encombrent. Décidément, je n'y arrive pas avec une femme : je ne suis pas attirée par ce corps trop semblable au mien. Pour ne pas mourir idiote, je suis tout de même passée à l'acte : une fois ! Je n'ai pas recommencé !! Pourtant, avant le lit, c'était si bien : la poésie qu'elle aime comme moi – Michaux,

Laforgue, Charles Cros – et son beau regard bleu si amoureux que je pensais chaque fois pouvoir l'aimer. La sentir dans mon dos n'était pas désagréable, mais je cherchais la bosse, le contact du sexe masculin qui rompt la ligne du corps.

17 mai

Nous avons pêché à Reen : un kilo de bouquets hénaurmes ! Et beaucoup de palourdes.

Impossible de dire le temps qu'il a fait : lever de soleil magnifique et à 9 heures nuages et drizzle. À 11 heures, je pars bras nus. Il pleut 30 minutes après. Puis lumières sublimes. À 14 heures, la brume s'installe avec drizzles intermittents. À 19 heures, on est dans le coton.

Françoise Castro et Élisabeth Badinter ont été traumatisées par le dernier livre de Paul, *L'Âge de Pierre*. Danielle Mitterrand lui a téléphoné pour lui dire qu'elle était « subjuguée et François aussi ».

Son héros, Pierre, est un homme vieillissant qui soudain décide de déserter sa vie parisienne et sa femme et son fils, qu'il aime pourtant, pour s'en aller mourir seul en Irlande, où il va se pétrifier peu à peu, se minéraliser jusqu'à devenir un bloc de granit, une statue de pierre qui finira par basculer pour disparaître dans l'océan.

« Moi, je m'en fous complètement de ton livre, ai-je dit à Paul qui m'a répondu :

— Moi aussi ! »

Je m'en fous, parce que je n'ai ni peur ni envie de vieillir comme son héros. Ni comme Paul ! C'est au contraire en m'intéressant de plus en plus au monde, aux choses, que je compte m'oublier et me quitter peu à peu. Paul dit que, comme Pierre, il refuse de mourir vivant. Il préfère mourir à petit feu, par bribes et arrachements presque indolores. Je me dis exactement le contraire. À croire que je ne suis pas faite de la même pâte humaine !

18 mai

Vent féroce, agrémenté de pluie ! J'ai cueilli trois douzaines d'oursins à la roche à Joséphine à Waterville. Trente minutes de marche, avec Françoise, pour rejoindre les mares : on a été surprises par une averse orageuse, alors que nous n'avions même pas de ciré, trompées par le grand soleil de ces deux jours. Roches sauvages, pierres gluantes, on a failli renoncer. J'ai tout de même franchi une dernière crête, et là, les trois mares nous ont offert leurs trésors. Et des oursins gonflés à craquer.

Paul va mieux que l'été dernier, mais c'est factice : c'est le succès de *L'Âge de Pierre*. Je vois ses mouvements se limiter, il tousse énormément et dort de plus en plus. Même si, depuis deux mois, il s'est nettement réanimé et a repris goût aux choses de la vie. Il reconduit bien.

Nouveau sujet de méditation qui me prend, la nuit surtout, auquel je n'avais jamais accordé droit de cité : l'avenir menacé de notre belle construction de vie. Je ne traînerai pas un grabataire à mi-temps en Irlande cet été. Alors, vendre l'Irlande ? Ne plus jamais vivre, haveneau en main, une marée basse ? Ne plus ramer vers Lamb's Island et surprendre les hérons, les huîtriers ? Bref, m'amputer du meilleur de ma vie. Tout cela, quand on se réveille la nuit, ne peut alimenter qu'une certaine angoisse, une prise de conscience de la mort qui investit, « ici ou là », comme dit Raymond Barre.

19 mai

Le temps que je dois passer, chaque matin, pour me réconcilier avec ma personne : crampes habituelles, plus les erratiques qui vont et qui viennent… À midi, j'ai oublié mon âge !

« Tout le plaisir des jours est dans leurs matinées »… Peut-être, mais à condition de dépasser le petit matin !

20 mai

Visite impromptue d'Odette H. qui se balade en Irlande avec sa fille. Quatre-vingt-huit ans, elle marche avec une canne, mais marche beaucoup. Pas de lunettes. Bonne ouïe. Et méchanceté intacte. Stupéfaite de me voir en forme après quinze ans d'absence : « Tu es étonnante ! Tu es très bien, et même mieux qu'avant. » Dire à quelqu'un de soixante-douze ans qu'il est mieux qu'à cinquante ans, c'est avouer qu'il n'était pas fameux vingt ans plus tôt. C'est comme de lui dire : « Tiens, je me souvenais de toi plus moche que ça ! »

En partant, elle avise Paul qui lui sourit : « Tu as de belles dents maintenant. Tu n'en avais pas de si belles, autrefois ! » C'est dire en une seule phrase deux vacheries : « Tu avais des dents affreuses et maintenant tu portes un râtelier ! »

21 mai

« Mes livres sont écrits par quelqu'un que je ne connais pas et que je voudrais bien connaître », disait Julien Green. Moi, hélas, mes livres sont écrits par quelqu'un que je connais trop bien et que je voudrais parfois oublier ! C'est pour cela, sans doute, que je ne suis ni Green ni Kafka.

Retour vers Paris ce matin. Enfin, mais trop tard, pas un souffle. Hier, on était à bout de nerfs, avec l'envie d'insulter le ciel. Ici, on est toujours en bataille contre les éléments.

5 juillet

Cet été 1992, peut-être le dernier où tout marchera selon mes désirs… Mais jusqu'au dernier moment, je n'ai pas su si Paul pourrait partir. Fièvre, emphysème, saignements de nez et, pour finir, une sorte d'entorse qui nécessite des béquilles pour quinze jours. Sans oublier sa prostate qu'il faudra opérer en septembre. Mais on est partis…

Maintenant qu'il est officiellement porté malade, il pourra rester allongé sans se sentir coupable et tenu de se forcer à l'action pour m'aider. Cette fois, c'est la sérieuse alerte. Allons, c'est bien fini jusqu'à… l'éternité ! « Les cors, les cors, les cors – mélancoliques ! – changeant de ton et de musique – s'en sont allés au vent du Nord. »

Et tout cela est si bien orchestré que ce rejet quasi complet du poisson – depuis deux ans et des crustacés depuis un an – n'est qu'une façon de se détacher de la mer. Comme dans *L'Âge de Pierre*, il rejette avant d'être rejeté. Il anticipe et meurt, avant que la vie ne l'assassine. Méthode désespérante aux antipodes de mon tempérament.

Par éclairs, de plus en plus fréquents, il se déteste. Se déteste d'être détestable. Vivre le fatigue trop désormais. Il faut vraiment être très haut placé pour qu'il consente à l'effort d'écouter, de se montrer brillant et de ne pas aspirer, trop visiblement, à son lit. Lit de douleurs d'ailleurs, puisqu'il y tousse et étouffe en quintes affreuses.

Il me faut vraiment toute ma dose d'inconscience, de goût forcené du bonheur, du refus de l'horreur, pour vivre aux côtés d'un homme qui voudrait être mort.

9 juillet

« Tu n'achètes plus les revues de bateau, dis-je à Paul. — Parce que je n'en fais plus, répond-il. — Mais moi j'achète bien des romans d'amour ! »

15 juillet

Flora, Bernard, Blandine et Violette sont arrivés. Hélas, plus d'eau hier soir : tuyau piétiné par une vache. On répare. Mais à minuit, j'entends le bruit sinistre du levier de la chasse d'eau qui fonctionne à vide. À l'aube, on essaie de brancher la pompe électrique : on oublie qu'il fallait l'amorcer. Franck passe vers midi et il répare…

17 juillet

Matinée sans vent et grand soleil. Marée de 76 seulement, du coup personne ne veut se lever à 8 heures. Heureusement Violette m'accompagne à Lamb's Island : elle a appris à pêcher les palourdes en cinq minutes et en a pris 36. Puis 200 grammes de bouquets, ce qui est remarquable pour une marée de 76. Elle m'a l'air douée !

Flora, Bernard et Blandine sont sur la plage de Derrynane.

18 juillet

Trop d'invités dans une petite maison, avec une seule salle d'O, on les prend en grippe ! Surtout quand l'O est déjà tombée en panne trois fois : hier, c'était le réservoir du grenier. Trop d'invités et trop de vieillards ! Paul, sa béquille, sa toux emphysématique, ses courses aux WC deux ou trois fois par nuit, son épuisement général, ses saignements de nez. Il a dîné hier avec une mèche dans la narine. Bernard, soixante et onze ans, somnole dans le meilleur fauteuil du salon avec sa Jane Austen et ses Paddies. Flora est beaucoup mieux : elle a récupéré en partie sa vitalité. Et puis, elle est gaie et je commence à apprécier la gaieté : en vieillissant, elle devient une qualité vitale. Flora fait de gros efforts pour encore caracoler. Mais ils sont incapables, l'un et l'autre, de tirer le côtes-du-rhône du conteneur sans faire des éclaboussures partout. Conteneur qui se vide plus vite que le réservoir d'eau du grenier !

Pour la pêche, ce n'est plus ça. Flora ne pêche plus. Bernard encore moins. Blandine ne s'intéresse plus aux marées et elle est épuisée. Je sais bien qu'avec son nouveau travail, elle doit faire son trou, mais il ne faudrait pas qu'elle tombe au fond. Seule Violette m'accompagne.

19 juillet

Flora de plus en plus facilement volubile, excessive et anecdotique. On dirait que pour la rassurer, tous les membres de sa famille et apparentés doivent être super et inégalables : « Natacha (fille de Bernard) a toujours été la première partout... » Bernard glisse qu'elle n'était pas première en tout, seulement une élève satisfaisante. Angus, son mari, est « follement » séduisant et d'une intelligence « exceptionnelle », réussit formidablement comme metteur en scène... On apprend qu'il tourne des clips pour des groupes rock. Très bien. Mais il est incapable de lire une phrase dans un journal, dit Bernard. Dyslexique, il est réduit à l'oralité et écrit comme « Bamban fait des bâtons. »

20 juillet

Troublant de découvrir que, vers la quarantaine, vos enfants prennent leur vrai visage. Ils se débarrassent de ce qui ne leur convenait pas dans notre éducation, ne cherchant plus à nous faire plaisir si cela fait violence à leur nature. Blandine, par exemple, s'est durcie et a pris ses traits définitifs. J'en suis parfois surprise, parfois déçue, mais je sais maintenant qui elle est. Et elle aussi. Elle ne feint plus. Et c'est à Nicole, ma mère, qu'elle me fait penser. Elle trouve l'Irlande belle, mais elle la déteste car elle déteste le froid et l'humidité. Elle déteste la campagne aussi. Exactement comme maman qui n'aimait que le Sud. Et les grandes villes. Blandine n'aime plus le bateau non plus et elle a renoncé à pousser le haveneau. Je croyais encore qu'elle aimait la pêche à pied : je me trompais. En plus, elle a reconstruit ici sa chambre de jeune fille : Kleenex qui traînent partout, journaux et revues pas refermées qui jonchent le sol, flacons divers sur toutes les surfaces planes. Lit en bataille – elle fait de longues siestes –, vêtements jetés au sol manches retournées. Soulagement de voir disparaître tout ça dans ses valises hier ! Et soulagement de conduire mon joli monde à Killarney Airport par un temps irlandais, plein de vent et de fureur. Et de soleil et de beauté semée d'averses drues.

Blandine est arrivée ce soir à Hyères. Enfin dans son élément : 25 °C le soir, mer tiède, soleil.

Avec Flora, ça commençait par grincer pour des raisons idiotes qui la dévastent : j'ai dit, quand elle n'a pu enfiler aucune de mes bottes, pourtant à sa taille, qu'elle avait le dessus du pied trop charnu. J'aurais dû dire qu'elle avait le pied bien cambré :

« Je n'ai jamais dit à personne, moi, que tu avais les pieds plats, me dit-elle, gravement blessée.

— Mais ça me serait parfaitement égal. Si c'est vrai pourquoi, et comment, le cacher ? »

En plus, à mes yeux, c'est faux ! Mais elle est atteinte et quelque chose de notre belle entente s'est brisé. J'en suis marrie.

Bonheur à nous retrouver seuls, dans une maison sereine et spacieuse. Même si dehors la brume nous cerne et une pluie ininterrompue tombe tout le jour. Il se prépare une « gale » pour demain.

Hélas, Paul a 37,7 °C.

23 juillet

Paul tousse sans arrêt : bronchite et emphysème lui donnent une toux sifflante, très pénible à entendre. Il est déjà au bord de l'épuisement quand tout va bien. Il n'a aucune marge de sécurité. On le dirait livré aux mauvais vents, au mauvais temps. Comme cela doit être déprimant d'être lui, à l'âge où tous les écarts de la vie vous rattrapent. Cet emphysème, comme celui de son père – grand fumeur lui aussi –, et cette pétrification qu'il subit comme le héros de son roman, *L'Âge de Pierre*. Être une pierre est une excuse, mais être Paul…

27 juillet

Dernier jour d'antibiotiques pour Paul : cliche et nausées l'ont accablé mais il vient en bateau depuis deux jours. On a mis six casiers à l'eau, posé le tramail et pêché à la traîne : un lieu d'un kilo et des plus petits. Au bout de deux heures, nous avons relevé le filet : un gros lieu et une quinzaine de vieilles. Parfait pour emplir le saloir. Plus un rouget charmant, le premier pêché ici !

Ce qui s'installe, se crée, entre deux membres d'un couple qui a longtemps vécu ensemble, c'est autre chose que la tendresse. C'est, je crois, une peur commune de la mort : de la mort de l'autre, plus que de la sienne. Beaucoup de détails banals paraissent précieux : on se tient ensemble au bord du précipice, cheminant sur la ligne de crête. C'est une sensation – pas encore une angoisse – qui ne nous quitte plus, surtout quand on sent l'autre si vulnérable, si peu combatif.

29 juillet

Nelly Kaplan et Claude Makowski sont arrivés avant-hier. Nous n'augurions rien de bon de la venue de ces presque inconnus. Eh bien, cela nous a sauvés ! La jeunesse et l'ardeur de Claude, les caprices impérieux de Nelly… On a mis notre Tabur à l'eau, sorti tous les casiers et mis le tramail dans la foulée. Claude m'a vidé les 30 bestiaux pendant que je remettais le bateau au mouillage. Il s'est initié en un instant au maniement du tramail et il m'a hissé les casiers hors de l'eau. Paul officiait au moteur avec maestria. Je dirigeais les manœuvres. La mer était plate, le vent frais mais faible. Tout à coup, le temps était comme le temps de chez nous, de partout. Pas une journée comme celle-là ne nous a été offerte l'an dernier. Nous dégustions !

En même temps, nous assistons avec accablement à la mort d'un petit port. La ferme de saumon de Scariff est en train, par le jeu fatal du progrès et de quelques emplois pour les habitants – et également de l'expansion inouïe de la vente de ce poisson –, de bouleverser le délicieux équilibre de cette baie : entre le foutoir irlandais sur les quais, la paix du matin, la transparence, le silence… Aujourd'hui, cinq jours sur sept, d'énormes bennes – pour lesquelles on a coupé les plus beaux virages de la route en arrachant des fuchsias centenaires – descendent des tonnes d'aliments pour poissons d'élevage, de désinfectant, de matériel entreposé sur le quai, grutés ensuite sur des barges qui naviguent comme de grosses péniches vers Scariff avec leur chargement.

Pour Neligan, qui habite sur le port, du jour au lendemain l'enfer s'est installé à sa porte. Entre les camions qui montent et descendent, les grues qui grutent, les remorques qui encombrent tous les abords de la jetée, c'est le vacarme perpétuel. Nous sommes juste assez haut pour apercevoir le va-et-vient sans en être gênés.

12 août

Une vraie journée d'été hier, comme un échantillon de ce que c'est, ailleurs. C'est celle que Paul avait choisie pour ne pas aller en mer : prenant prétexte d'une intoxication alimentaire brutale, « avec hémorragies », précise-t-il. Je traduis : quelques filaments de sang… Cela lui a coupé les jambes, qui n'avaient pas besoin de ça.

J'ai passé la matinée en mer sur mon Tabur, sans un nuage et presque doux. Dans mes casiers,

700 grammes de bouquets, un tourteau géant, un homard de 400 grammes. Retourné à l'aviron à Lamb's Island pêcher des praires pour Joséphine : trois douzaines. Et bien sûr, je m'étais munie de mon haveneau, à tout hasard (!) et de mes cuissardes et j'ai poussé la bichette[1] à l'angle N.E. de l'île. Encore 400 grammes de bouquets ! Je suis rentrée à 14 heures.

Aujourd'hui, coup de suroît et drizzle. On n'a jamais le temps de se détendre, de s'adoucir sous le soleil ou une température clémente. Très vite, rappel à l'ordre : « Je suis l'Irlande ! »

Eva Koralnik, passant par là, m'a apporté le *Spiegel* : je suis encore douzième, mais ça ne durera pas…

15 août

C'est dur d'être un bien-portant. Le nombre d'activités auxquelles je m'adonne ici frise la démence. À part mettre le moteur en marche et tenir la barre dans les écueils – là Paul est très calé –, je fais tout. Et je me demande comment je résiste à l'ennui massif et à la fatigue tonitruante qui se dégagent de lui, malade depuis un mois, il est vrai. « O rage, O désespoir, O vieillesse ennemie… » Oui, mais pas de rage chez lui, seulement le désespoir qui se fait jour parfois dans ses propos. Mais sans rage, comment s'en tirer ? Sa passivité devant les maux divers

1. Bichette : filet à crevettes.

qui l'accablent frôle la complaisance. Lison suggère, comme chaque année, que ce sont des messages pour me dire qu'il ne veut plus aller en mer. Sans doute. Mais en même temps, il est fier de ses pêches. C'est le dernier fil qui le rattache à la vie normale, à sa vie d'avant. Ce n'est pas à moi de le couper et je crois qu'il préfère ses maladies au renoncement pur et simple.

18 août

Pour la première fois, je trouve l'Irlande longue. J'y ai pourtant aperçu le soleil cette année. Une fois même, toute une journée. Mais ces dépressions atmosphériques entraînent des dépressions biologiques évidentes.

Aujourd'hui, visite surprise de Régis Debray et d'une « compagne », une de ses étudiantes, très jolie jeune fille demi-indienne, noire et blanche comme il les aime. Mais vingt ans ! Je me réjouis que les Vivet, qui arrivent demain, aient plus de soixante ans et aient vécu, par conséquent, les mêmes choses que nous. Et moins de soixante-dix, c'est-à-dire pas encore handicapés !

Régis plein d'un enthousiasme inattendu pour mon projet d'anthologie de la misogynie. Il m'enverra des énormités sur les femmes, écrites par Jean Dutourd, qui veut l'enrôler dans son « Club des Grognons ». « Mais il faudra aussi, me dit-il, un chapitre sur la misogynie intelligente ! La misogynie légère, spirituelle… » Comme d'habitude je me suis poliment – ou bêtement – laissé servir cette sentence sans réagir. Alors qu'il n'y a pas de misogynie intelligente. Mépriser une catégorie d'individus est méprisable et con, même si c'est spirituel. On peut aligner des boutades perfides ou rigolotes sur les femmes – ou sur les animaux ou les enfants – et on peut en sourire. Mais si cela relève de la misogynie, d'un système de pensée, c'est répugnant.

Je découvre un phénomène nouveau : nous sommes vieux ! Paul n'a plus de projets et il a tendance à ne parler que du passé : anecdotes de 1981, évocations de Prévert et Nimier… La jeune fille ne connaît pas. Nous serons plus en phase avec les Vivet !

Vieille, je n'intéresserai plus que les « ceusses » qui auront envie d'écouter ce que je pourrais dire : on a beau dire, ça restreint !

19 août

Réponse charmante de Ségolène Royal à une lettre de moi sur sa merveilleuse apparition à « 7 sur 7 », et sur les journalistes qui parlaient DU ministre qui va accoucher…

Un papier à en-tête « La Ministre de l'Environnement » en caractères penchés et fleuris, très inhabituels pour du papier officiel ou administratif. Donc, d'accord avec moi pour féminiser l'expression Les Droits de L'Homme. On la salue souvent d'un « Bonjour, Monsieur le Ministre ». C'est eux, dit-elle, qui se sentent gênés et ridicules de dire monsieur à une femme, enceinte de surcroît.

22 août

Cette nuit, pluie de météorites dans un ciel étoilé. Ce matin, grand vent, soleil et nuages NOIRS.

J'ai trouvé 3 maquereaux pourris sur la jetée. Bonheur… idéal pour boetter mes casiers !

Tout de même, même moi qui me crois simple, j'ai mes somatisations et mes troubles. J'ai été moche tout ce séjour : figure ingrate, mine délabrée, yeux cernés. Raisons de surmenage, d'accord, Paul ne faisant plus rien. Mais il y avait plus. Son retour à la vie a coïncidé avec une bonne mine retrouvée et la disparition de mon lumbago erratique. L'inquiétude pour Paul, qui risquait peut-être une septicémie, et l'horreur de le voir dans cet état, sans ressort, livré à la maladie qui le prendrait comme elle voudrait, sans qu'il se batte, s'est traduite au début par : « Mais qu'est-ce que j'ai là ? » Quand on est vieux, on a tout, « là » : taches vertes sur la cornée, dartre sur la pommette, boule dure dans la chair de la cuisse…

Mépris. C'est la seule réponse, la seule attitude.

24 août

Paul remplit notre avenir de mille projets : je ne vois plus où caser un moment avec Kurt, ni surtout comment caser six mois de vrai travail continu. Et si je choisis l'écriture, quelle tentation de repousser Kurt au printemps, alors qu'on a prévu de se voir en octobre. Ce serait si soulageant de m'en tenir à Paul, il en deviendrait si tendre, si meilleur à vivre. Mais l'amour à faire, à entendre ? Peut-on y renoncer ? N'est-ce pas comme de renoncer au ski, aux sports violents, à tout ce qui fait la jouissance intense de la vie ? Je ne fais déjà plus que de l'ennuyeux ski de fond depuis trois ans…

25 août

Hier, début de grande marée. J'emmène les Vivet à Reen où règne un silence argenté. 2 kilos de bouquets à nous trois. On rentre à 11 heures. Baromètre encore en baisse. On descend au port où on nous annonce une « gale » force 8 : on nous conseille de rentrer le canot. On part, profitant de l'accalmie de marée basse, chercher les deux casiers exposés et les trois autres. Encore 500 grammes de bouquets ! On rapporte le tout à quai et je retourne chercher le Tabur que je dois ramener. Et avec l'aide de Franck, on met la *Ptite Poule* sur la remorque. On remonte le tout en voiture.

Et on attend le coup de vent de pied ferme, l'âme sereine.

26 août

Pas de coup de vent. Le baromètre descend encore. L'Irlande est folle. « Nice day ! » me dit Gerald, me croisant sur la jetée, toutes les barques rentrées. Pas de mots qu'un Irlandais ne dise plus souvent que « Nice day ! ». Il y a toujours dans une journée, même la pire, une ou deux minutes où l'espoir luit, où un rayon passe entre deux nuages. Et on s'empresse de dire « Nice day ! ».

Voilà l'horrible heure du coucher du soleil qui faisait si peur aux Gaulois. Il est 18 heures, ciel gris et calme. L'heure où j'entre en cafard parce que le jour s'échappe. Un très mauvais moment à passer, depuis plusieurs années déjà. Je n'y avais jamais pensé auparavant.

29 août

Last day but not nice !

Toutes les corvées du désarmement se sont faites en un clin d'œil, c'est-à-dire qu'elles ont été faites par Blanche-Neige et les sept nains ! En l'occurrence, Franck.

Je prenais un bain de soleil par un trou dans le mauvais temps, couchée au pied du pignon est, pour échapper au vent d'ouest. Et puis, vingt minutes plus tard, le vent est remonté au noroît et me venait dans le dos. Et puis, les nuages se sont ressoudés. Je suis rentrée en courant avec mon Barbara Pym et, le temps que je revienne chercher mon coussin et mon pliant, il pleuvait. Ce pays rend enragé.

Pour la première fois, peut-être, je suis contente de rentrer. J'ai besoin de Paris, Doëlan, Hyères… De mes filles, de mes amis et de paysages tendres. L'Irlande est tout, sauf tendre.

Paul m'a dit hier la phrase la plus gratifiante qui soit : « Je ne te remercierai jamais assez de m'avoir donné tes deux filles. »

1993

4 août

Michèle Rossignol et Paul sont venus me chercher à Cork. J'arrivais de Londres, d'un séjour d'une tristesse infinie entre Bernard à l'hôpital, très mal, et Flora encore plus mal, si possible… Bernard est pathétique, parce qu'il est plus mort que vif, et que sa vie ne tient qu'à un fil : et ce fil, c'est Flora. Un fil squelettique de 49 kilos, alors qu'elle en pesait 80. Mais un fil de fer dont on se demande comment il résiste encore.

6 août

Je retrouve mon Irlande et une certaine forme de bonheur. Mais que c'est dur de vivre ici ! Hier, brume ininterrompue. On a tout de même posé nos casiers et pêché de quoi les boetter. RIEN dans le tramail ! Est-ce le voisinage de deux phoques, près de l'Anse à Lison ?

On a relevé nos foutus casiers, avec un fort vent d'ouest et sous un ciel noir. On s'est retrouvés coincés dans le trou de l'anse ronde, puis on a pris un orin flottant, d'un diamètre impressionnant, au virage de Lamb's et de la passe… On a dû couper l'orin pour dégager le bras de l'hélice. Mais Paul avait mangé du lion. Il refusait de laisser un seul casier.

Quand on songe à la facilité de toutes choses à Doëlan : à la douceur des éléments. Ici, on a nos vêtements de pêche, des bottes, un bonnet de laine. Là-bas, en pull marin, on traîne négligemment un fil dans l'eau… D'accord, y a rien au bout ! Mais on n'est pas sans cesse à se battre contre une nature hostile, féroce, qui a évidemment envie de vous secouer de son dos, de vous décourager. C'est une nature qui veut être seule.

8 août

Je suis le siège d'un curieux phénomène depuis… peut-être un an. Quand je laisse flotter mes pensées, quand je rêvasse, il m'arrive de perdre le contrôle. C'est en revenant à la totale conscience, en reprenant en quelque sorte la direction de ma rêverie, que je m'aperçois que rien ne raccorde, que je viens d'héberger des images sans rapport avec rien qui m'intéresse, étrangères, presque impossibles à cerner d'ailleurs. Comme si je venais de plonger dans le magma originel en « me » perdant de vue.

Une sorte d'aperçu de ce que doit être la mort pour le cerveau… On devient un lieu de passage qui abrite n'importe quoi, des bribes venues d'ailleurs et qui commencent à vous démanteler.

10 août

Michèle Rossignol part ce matin, Michèle Manceaux arrive ce soir, avec son Marcus. Et Kurt arrive le 27.

Le baromètre toujours aussi bas, depuis trois jours, entre vent ou pluie et vent. Gros coup de suroît dans la nuit d'avant-hier, puis fort vent d'ouest toute la journée. Ce matin, à 8 heures, déjà deux grosses averses. Mes marguerites échevelées par les rafales…

Terminé *Girls in Their Married Bliss* d'Edna O'Brien. Quel titre pour un inventaire des déceptions, frustrations et désespoirs, de quelques jeunes mariés. Aussi sinistres récits de vies non vécues que dans l'admirable *En lisant Tourgueniev* de Trevor. Et que dans *De petits enfers variés* de Christine Jordis.

12 août

Michèle nous raconte son interview de Madeleine Renaud qu'elle interroge sur l'âge. Actrice et épouse comblée, jusque dans la vieillesse, souligne-t-elle, et c'est vrai. Elle insulte presque Michèle :

« Il n'y a aucune compensation à l'âge, aucun bénéfice. L'âge n'est que restriction.

— J'espérais que vous me diriez : il y a un âge où l'âge ne compte plus. »

Madeleine, sans aménité : « Depuis mes dix-huit ans, ma vie s'est déroulée sur le même rythme, avec les mêmes joies : les amours, le métier ont la même importance, procurent les mêmes inquiétudes. Une seule chose qui ait changé justement, c'est l'âge.

— Alors… Quels ont été vos plus grands plaisirs ?

— Faire l'amour. Ne cherchez pas autre part. Et naturellement, réussir les rôles qu'on m'avait confiés.

— L'amour d'abord ?

— Tu parles…

— Je pensais qu'on pouvait s'en passer.

— On s'en passe très bien : je ne suis pas morte ! Mais ce qu'il y a de triste, c'est que seule la carcasse vieillisse : le fond ne vieillit pas du tout. Ce n'est pas vieillir qui est triste, c'est de ne pas vieillir. »

15 août

On s'entend très bien tous les quatre : vrai plaisir d'être ensemble et d'être si souvent d'accord sur l'essentiel. Et puis, ils aiment pêcher et manger la pêche !

Qui n'a pas vu grouiller 300 grammes de crevettes, chaque fois qu'il remonte son haveneau de l'eau, qui n'a pas rejeté 3 ou 4 kilos de bouquets jugés trop petits – mais qui auraient transporté de bonheur le plus exigeant des pêcheurs en Bretagne –, celui-là n'a jamais pêché !

18 août

Michèle et Marcus partis hier : séjour inespéré ! Bains, plage, bouquets à gogo. Pourtant, j'étais mal foutue : grippe attrapée chez les sœurs Chaplin, qui a dégénéré en angine et sinusite. Une fatigue répugnante m'a envahie, mais j'ai réussi à ne rien changer à notre emploi du temps. Paul semblait passer au travers, et puis non, c'était trop beau. Depuis ce matin, il a la même grippe mais, tout de suite, il ne peut plus respirer. « J'ai tout de même 38,2 °C » m'annonce-t-il triomphalement quand je rentre de pêche. Il refuse que je l'emmène à Waterville chez le docteur O'Shea. Il préfère que j'essaie d'avoir des antibiotiques sans qu'il voie le médecin. Une corvée de plus.

20 août

La mer, quelle sale gueule elle a par ici ! Hier après-midi, partant pour Waterville, j'ai vu la mer en contrebas des Scariffs : pas de vent, mais d'immenses nappes d'écume circulaires qui stagnaient, et des écharpes d'écume qui s'infiltraient dans la passe, et des colliers d'écume qui brisaient au sud de tous les écueils, sans savoir pourquoi, sans raison apparente. N'oublions pas que nous sommes dans « l'Île des Sorciers et des Saints », comme elle fut surnommée il y a mille ans !

L'Irlande répugne tant au beau temps qu'elle s'arrange toujours pour le masquer quand il arrive !

Beau temps partout en Europe, records de chaleur, anticyclone généreux. Ici, le baromètre est haut depuis trois jours, mais nous sommes dans un brouillard opaque depuis hier. Se résolvant, ou non, en drizzle pénétrant.

21 août

Il fait mucre, comme disait mon père, c'est-à-dire sinistre ! Mauvais pour les bronches déjà enchifrenées de Paul. Et pour mes douleurs : tous mes doigts sont atteints, gonflés, rouges. Un jour, j'aurai des ceps de vigne au bout des mains : déjà, quand je pointe mon index vers le sud, il indique l'ouest ! Et j'ai mal aux reins, aux fémurs, aux épaules : comme des courbatures permanentes, sans savoir si c'est de ramer deux heures par jour ou à cause de l'humidité.

Hier, marée de 111 : j'ai voulu retrouver mon anfractuosité à oursins, au sud de Lamb's Island. J'ai longuement ramé en Tabur sur les ondulations d'une sale houle venue de très loin, car pas un souffle de vent. Mais dans l'anse sud de Lamb's, cette houle était piégée, redoublée par les hauts-fonds, et elle avançait comme une grosse lèvre sur les flancs de la baie, se retirant toujours à regret avec un bruit de succion parmi les laminaires géantes, fixées aux rochers par ses pieds gros comme des troncs de petits arbres. Impossible d'aborder. Peur d'attacher mon canot à un de ces pieds glissants, d'avoir à progresser sur les amas de laminaires gluantes et animées de mouvements impies, puis dans des rochers acérés et haineux jusqu'à la mare que je connais. Et puis cet équilibre, cet instinct de la course sur les rochers que je n'ai plus : il faut maintenant que je raisonne chaque pas et je progresse comme une infirme. Alors, j'ai fait demi-tour pour retrouver la tendresse de la baie de Derrynane. L'aviron en douceur, sans avoir à surveiller derrière moi la houle, pour guetter la vague plus haute qui déséquilibrerait mon Tabur.

23 août

Troisième jour d'indisponibilité de Paul. Quatrième nuit où je couche dans la chambrette bleue, pour ne pas l'entendre tousser et ne pas passer une nuit blanche. Mais peut-être devrais-je veiller sur son sommeil, pour le réveiller s'il commençait à étouffer ? Il a peur de prendre un Témesta qui l'empêcherait de se réveiller, s'il est pris d'une quinte. De jour, quand un accès le prend, il s'assied en toute hâte. Depuis sa syncope en Égypte, l'année dernière, il sait qu'on peut « s'absenter » en toussant. Et qui garantit qu'on reviendra ? Une peur mortelle l'empêche de céder au sommeil.

Je m'étais habituée à sa bonne santé. Il avait visiblement plaisir à vivre, à aller chaque jour en mer. Je retrouve sa façon d'être fauché par la maladie : de ne plus se raser ni s'habiller. De ne plus disposer de la moindre étincelle de vie pour lutter contre ce virus.

Je l'ai eu aussi, le même : méchant. Mais il faut le nier. Pas tout lui céder. Il ne faut rien céder à la mort, sauf quand on cède tout. Tous les petits abandons et renoncements qui vous livrent par petits bouts au néant, je les combats.

24 août

Paul va mieux, n'a plus de fièvre et tousse moins. Mais il ne dort plus depuis deux jours. Moi, si je n'ai pas peur de la mort, c'est sans doute parce qu'elle n'a pas choisi son point d'impact. Par où je vais mourir ? Quand va grincer la carriole de Jouvet ? J'ai gagné chaque bataille, mais je perdrai la guerre. J'ai l'espoir de mourir du cœur, un jour. Pourtant, pas de cholestérol, donc pas de coronaires bouchées, mais parfois, une impression de creux à la place du cœur, de brefs ratés, comme une éclipse de vie. Un échantillon de la mort.

J'ai tout de même eu soixante-treize ans en janvier : « Tu sais bien que tu ne les fais pas du tout », me dit Paul. Mais ne pas faire soixante-treize ans, quel intérêt ? Cela me rappelle une remarque de Tristan Bernard : « À 650 ans, Mathusalem était si bien conservé qu'il n'en paraissait pas plus de 375 ! »

26 août

Paul est parti hier matin, à peu près remis. Et Kurt est arrivé hier soir. Je l'attendais sans hâte ni émotion : j'avais peur de le trouver dégradé. Mais non, pas dégradé ! Le même. Mais toujours aussi mal habillé : son jean trop large, vieux et cabossé. Son gilet de corps au décolleté ondulé qui monte dans l'échancrure de sa chemise. Mais bon, il va avoir quatre-vingt-trois ans et tout le monde lui donne dix ans de moins.

27 août

Hélas, son cœur malade, et surtout ses médicaments, le diminuent au lit. Bien sûr, plus de « doublés », mais la passion qu'il met à me regarder, me toucher, me dire des mots d'amour… Quand il ne m'embrasse pas, il me masse les pieds, quand il ne me caresse pas, il m'oint de ses regards énamourés. Mais la disparition de son organe si insolent, si infatigable et inoubliable, pèse sur notre relation et le désespère. À tort, car je ne m'en plains pas et c'est toujours lui que je veux. Même s'il ne peut plus non plus repeindre le plafond ou porter des charges trop lourdes !

Et puis, je ne dois pas oublier qu'il est un morceau vivant de mes droits d'auteur pour *Les Vaisseaux du cœur* !

29 août

Jamais une remarque sur la nature, un château ou un lac. Il ne s'intéresse qu'aux camions : « Mercedes-Benz », proclame-t-il comme une découverte, quand je double un Mercedes-Benz. Ou « A new Esso Station », annonce-t-il d'une voix sonore.

Quand il était plus jeune, c'était supportable et ne manquait pas d'un certain charme. « Ah, ah, si beau et si bête », comme disait Giraudoux. Plus rien ne l'intéresse, il ne revit qu'auprès de moi et à travers moi. Il boit si je bois, mange si j'ai faim, a envie de dormir si je m'absente, pour combler le vide. Je devrais être émue de rester la seule chose debout dans son paysage intérieur. En fait, ça me désole et m'énerve. Une âme aussi vide m'épouvante.

Je lui fais miroiter nos rencontres futures : New York en janvier, Doëlan peut-être en mars. Mais j'ai l'intime conviction qu'il n'a même plus besoin de me voir, le feu s'entretenant tout seul. Et puis les séparations sont trop douloureuses. Il préfère attendre et rêver.

Reste, oui, reste, le plaisir. Je ne cours plus après, ou rarement, mais quand il vient à moi, et il vient souvent, c'est toujours un délice unique.

30 août

Quand Kurt me voit passer avec un sécateur dans la maison : « You are going to cut yours nails, darling ? »

1er septembre

Tout ce qui m'irrite en lui m'attendrit ce soir. Sauf ses réactions de jalousie qui sont connes, mais connes ! Pour lui, le mariage reste l'achat d'un champ génital. C'est viscéral. Et il est démoli à l'idée de tous ces hommes qui, dans son esprit dérangé, me courent après, y compris François Mitterrand. Pauvre amour, s'il savait…

Je suis allée seule pêcher la crevette ce matin : 500 grammes de belles. On s'est régalés.

2 septembre

Son incapacité à apprendre le français, c'est pour moi une stupeur toujours recommencée. Eh bien tant pis, puisqu'on fait l'amour en anglais !

Il m'a massé tout le corps, endolori par 3 heures de jardinage pendant qu'il lisait (*sic*) au coin du feu. 40 minutes avec du Dolal de la nuque aux mollets qui m'ont laissée molle et douce dans ses bras. Mieux qu'endormie.

Une sorte d'adoration perpétuelle, bien rassurante quand on se délite justement.

Et puis, avec qui ferais-je l'amour si je n'avais plus Kurt ? J'aime encore mieux ce que je connais, même si c'est abîmé par l'âge et décoloré par l'usage.

3 septembre

Heureusement quand on appelle cette brave tendresse, pas trop regardante, à la rescousse, elle vient. Pas tout de suite, mais elle vient. Surtout quand elle connaît le chemin. Avec Paul, c'est plus difficile : il n'y met pas du sien. Il a une façon d'être malheureux qui décourage la compassion. Il est de ces êtres auxquels seul sied le bonheur.

4 septembre

Jamais vécu pire dernière journée. Une telle douleur emplit ce grand corps et ce cerveau obsédés par la peur de ne plus jamais revenir. Il met une cassette : « Qu'est-ce que tu as choisi ? — Oh, n'importe quoi, c'est juste pour le bruit. » Je propose de lui rapporter le *New York Herald* : « Pas la peine, ça ne m'intéresse pas vraiment. »

Je n'avais pas envie de faire l'amour une dernière fois. La dernière fois ? Une larme, deux, me sont sorties des yeux pendant qu'il m'expliquait l'immensité de son sentiment pour moi. En m'embrassant, il s'en est aperçu : « Oh no, not you, my love. Not you. » Et puis, lui qui a pleuré si souvent avec moi, s'est découvert heureux de mes larmes que je ne pouvais lui expliquer par rien de nouveau, ni de précis. « Can you tell me why, tonight ?… Well, I am sure the reason is beautiful. » On s'est étroitement enlacés. C'était plus profond et doux que l'amour.

5 septembre

Il est parti vers New York et moi vers Paris. J'étais si heureuse et impatiente de rentrer en France, hier encore. Et voilà que la mélancolie m'a envahie.

1994

29 juillet

Indécrottable, décourageante, émouvante Irlande ! Partis à minuit de Roscoff sous la voûte étoilée, et après une semaine de ciel monotonement bleu, nous arrivons dans un épais drizzle. À trente minutes de l'arrivée, on ne distingue toujours aucune côte. Ce matin… la pluie !

Paul est fatigué, mais il a meilleur moral et il est bien plus vivant. Heureux d'être ici : surtout parce qu'il me fait ce plaisir.

1er août

Il a plu toute la journée hier et la pompe du chauffage central s'est bloquée. L'humidité (82 à l'hydromètre) me fait peur pour Paul.

Ce matin, en rentrant de la brume opaque de Waterville, je le trouve environné des brumes de son cigare. J'écoute avec angoisse sa toux : il ne va jamais pouvoir tenir en respirant ça. Il déclare que tant qu'à respirer du brouillard, autant qu'il soit parfumé !

Pour sortir du silence cotonneux qui nous enveloppe – avant d'aller dîner chez Joséphine et Jean-Claude – je vais mettre le Tabur à la cale et j'irai poser deux casiers à Iskaroon. Je n'ai pas de poisson à mettre dedans, j'ai acheté des saucisses ! Michel Courtauld, à qui nous avons prêté la maison en juin, prétend que ça marche à la viande…

Paul ne s'est pas habillé et il a très peu mangé. Il n'a pas mis le nez dehors. Il se laisse étouffer par la brume.

2 août

Dîné chez Joséphine, habillée encore plus n'importe comment que d'habitude ! Deux homards par personne, sublimes ! À 22 heures 45, Paul dit : « Excusez-moi de vous enlever Benoîte : il faut que je rentre. »

Relevé mes casiers ce matin : la saucisse, ça marche ! Bouquets et crabes. Rentrée trempée malgré mon ciré blanc à capuche.

En perdant l'Irlande, je ne sortirai plus quand il pleut et je ne ramerai plus parmi les algues mirliflores, dans le silence mouillé.

3 août

Quand on s'abandonne à l'Irlande, tout va mieux. Au bout de quatre jours, je renonce à mettre des rouleaux le soir : je reste crépue. L'année sans permanente, je suis plate comme une bique et l'année avec, crépue comme un tampon Jex ! Je renonce aussi à m'habiller avec raffinement : je mets des « choses ». Mes ongles, ceux qui restent, se cassent à manier casiers et crabes. J'apprends l'indifférence. Et tout devient facile.

Si j'avais un amant ici, même Kurt qui ne voit rien puisque pour lui je suis et reste Madonna, je passerais deux heures chaque jour en bigoudis. Je ne garderais pas mon informe pantalon molletonné, si moelleux pour la pêche, si épaississant pour la silhouette. C'est libre et bienfaisant d'être moche !

J'ai mis la *Ptite Poule* à son mouillage avec Franck. Paul s'était décidé à 8 heures devant un coin de ciel bleu mais, à 10 heures, lourde averse. À 11 heures, une éclaircie miraculeuse, comme elles savent l'être ici, vous empêchant de prendre ce pays en grippe.

La saucisse de Francfort semble vraiment être une trouvaille : couleur, odeur ? En tout cas j'ai trouvé 480 grammes de bouquets dans les casiers après avoir ramé près de deux heures. Pauvre cher corps qui peine vaillamment ! Je suis rentrée avec deux lumbagos.

Après une douche, une vodka et 200 grammes de bouquets, il n'y paraît plus. Qui faut-il louer ?

Averses diluviennes, ce soir. Je venais de mettre le bateau au mouillage. Ne reste qu'à aller l'écoper demain.

4 août

Cet amour mère-enfant qui resurgit sur le tard, avec un aimé qui ne grandira jamais, ne partira pas, ne découvrira plus qu'il existe un ailleurs… Cet amour obligé, parce qu'il n'y a pas d'autre choix : que l'un est le biberon de son nourrisson, le souffle de son naufrage. C'est l'amour, sous peine de mort.

Lu *La Marche lente des glaciers* de Marie Rouanet : un livre rare. Non tant sur la vieillesse que sur le vieillissement : celui de ses parents. Et pour une fois, sans nous prendre à témoin de la perte que l'auteure va éprouver, ni sur ses sentiments. C'est de ses parents dont il s'agit, c'est eux qui s'acheminent vers la mort. Réflexion sur le bonheur qu'ils s'aménagent, dans un territoire qui rétrécit tous les jours. Sur la nature avec laquelle ils vivent en harmonie, en connaissance intime. Le père aime les bêtes, connaît chacune. Les plantes aussi. Il faut lire ce livre : dans vingt ans, il n'y aura plus personne en France pour comprendre qu'on puisse vivre ainsi, sans télé, sans politique, sans revendications.

6 août

Arrivée de Charles Salzmann et Florence.

7 août

Je les ai emmenés à Lamb's Island. On rentre à 13 heures 30. Ils vont se changer pendant que je trie les crevettes (minables) et les 25 bigorneaux de Florence : c'est difficile d'en trouver si peu ! Je hache le persil, rince les palourdes, puis les fais ouvrir. Je cuis les crevettes, puis je mets le couvert avec Florence. Comme chaque fois que je vais à la pêche à pied, Paul ne lève pas le petit doigt. Il rôde, oisif…

On déguste enfin. Eux, sont beaux et propres. Je n'ai même pas eu le temps de changer de pantalon. Mon chemisier de pêche est mouillé jusqu'aux coudes. Mes cheveux hérissés par deux heures de fort vent. Et au dessert, Charles dit d'un air suave :

« Merci Paul, pour ce bon déjeuner.

— Je n'ai pas fait grand-chose, marmonne tout de même Paul.

— Ah, tu es le patron », dit-il avec l'extase qu'il manifeste toujours devant lui.

C'est tout de même aberrant les hommes : les bras vous en tombent. S'ils pouvaient encore tomber !

9 août

Trop dur. C'est mon dernier été irlandais. Tout ce que je pêche est à écarter de l'assiette de Paul. Il mange sa soupe aux choux pendant que je déguste crabes et crevettes. Cela devient triste et ridicule. Quand Charles et Florence sont là, ça redevient excitant de pêcher. Mais Charles est maintenant au régime sans sel, sans sucre, sans alcool, sans vinaigre. Pourtant, il est passionné de vivre. Paul ne l'est plus.

Et tout nous lâche ici : le vieux jardinier Grehan, perclus d'arthrite, se fait opérer des deux hanches. La porte du four a explosé. Un des deux feux du gaz ne fonctionne plus. Il faut sans cesse rajeunir une maison. Cela me prend toutes mes forces. Et qui m'aiderait ? Paul boit de plus en plus, comme s'il se lâchait la bride. Et il tousse de nouveau. À 20 heures 45, il plonge dans le sommeil. Et je vois les jours qui raccourcissent, et les soirées qui s'allongent… Sans amis, sans ciné, sans télé… Non, je ne reviendrai que pour vendre. Et je pense avec mélancolie à nos voisins, O'Shea et Caroll, pour qui nous étions la manne du ciel, le beurre dans leurs épinards, une pinte d'amitié, et qui vont se retrouver dans ce pays déserté qui se meurt sous nos yeux. Et l'élevage de saumons, qui nourrit dix-douze jeunes gens, commence à polluer la baie. Pas de homards ou presque, depuis deux ans. Herbiers qui s'envasent. Eau trouble. Et sur la plage de Derrynane, autant de ski nautique que de planches à voile, et des hors-bords qui s'enivrent de vitesse. Pas vu de flamant cette année. Un progrès pourri.

11 août

On ne peut pas pêcher si on ne porte pas des vêtements sales ou salopables à souhait. Et vient un âge où on n'a plus le courage d'être belle. Fut un temps, un très long temps, où l'allure sauvage me seyait. Il est bien fini ! Je n'ai plus l'éclat de la cornée blanche qui fait ressortir le bleu de l'iris. J'ai moins de cheveux qu'autrefois, ce qui va mal à une tignasse ébouriffée par le vent. Je dois avoir l'apparence d'une vieille travailleuse de la mer quand je remonte de la cale, en traînant mon haveneau, ma poche à crevettes et mon panier à palourdes (60 ce matin à Derrynane !) avec mon K-Way rouge gluant des produits de la mer…

Il y a des jours où, si les glaces n'existaient pas, je serais sûre d'être ravissante !

13 août

Il suffit d'une matinée à l'Irlande pour se racheter. Partis sous un grain chez Annie Chaplin hier, retour à minuit sous les étoiles et, ce matin à 8 heures, miracle : ciel bleu, vent presque calme, mer belle !

Partis pêcher avec Charles : un gros lieu de 2 kilos, un moyen d'1,3 kilo, un maquereau et des petits lieus pour le saloir. 200 grammes de bouquets et… un homard de 350 grammes au nord de la Roche à Lison ! Plus une belle araignée, juste en face.

On avait invité Annie Chaplin et Jacques, son compagnon, plus deux amis à eux, pour un verre à midi transformé en buffet, non pas champêtre mais océanique !

Excellent moment et soleil cette après-midi.

14 août

Charles et Florence sont partis. Une fois de plus, je vois que les hommes, dans leur majorité, préfèrent à tout les BONNES. Ils préfèrent une conne, mais une bonne. Une souillon, mais une bonne. (Cf Rodin et Rose.) Une mégère, une idiote, une inculte, mais une bonne ! Et quand elle est beaucoup plus jeune, ils s'assurent contre la mort : quelqu'un leur passera l'urinal et leur fermera les yeux.

15 août

« J'ai rempli mon contrat, hein ? » me dit Paul ce matin, après une matinée de mer très longue. Sans sa sieste d'après petit déjeuner, et sans faiblesse trop apparente. Il tenait beaucoup à assurer mes pêches en bateau, à ne pas me laisser réduite au Tabur et à l'aviron dans la baie.

18 août

Nous y voilà : Paul a pris froid dans cette imbécile de garden-party qu'a voulu donner Annie, abusée par un rayon de soleil bien vite éteint. Il est revenu gelé. Depuis trois jours, rhume et maintenant bronchite : antibiotiques depuis ce matin. « Je me sens comme le 15 décembre… » Le 15 décembre, jour de sa presque mort. Il n'a pas dormi de la nuit, comme alors. Son pouls est normal, mais la journée de brume opaque d'hier et le coup de vent coupé d'averses d'aujourd'hui aggravent son état. Il respire de l'eau, l'hygromètre le confirme.

Paul survit maintenant pour me faire plaisir. Il est réduit à une quasi-inaction : même ramasser son journal par terre l'essouffle. Le tout sur fond d'épuisement généralisé et intense. Son esprit n'a plus d'autorité sur ses organes qui tirent à hue et à dia. Tout s'aplatit, sauf son encéphalogramme. Il est évidemment dégoûté de vivre avec ce corps-là.

Je passe mes soirées à regarder les jours raccourcir, en écoutant de morbides mélodies irlandaises ou la voix râpeuse de Léotard interprétant Léo Ferré qui chante la Mort, la Solitude et la Folie des hommes. Dur dur.

Même mes voisines ont disparu. L'une morte de cirrhose (la Hollandaise), l'autre noyée (Susan). Et le jour, même pas de jardin à qui parler. La lande se défend toute seule. Même contre moi. Et trop de mer pour aller relever mes casiers.

Et vient un âge où on n'a plus la force de se battre contre les éléments pour préserver ce qui vous reste de beauté. J'ai le cheveu laineux, le visage débruni, les yeux cernés par le souci de Paul que je cache. Ce matin, j'étais si peu en Irlande, et si profond dans mes pensées que je me suis retrouvée conduisant à droite : une voiture en face m'a bien vite remise à ma place.

19 août

Assez calme ce matin pour aller relever mes casiers : 500 grammes de bouquets. Mais aussi un congre dans le vilain casier sans porte, le salaud !

Lu le délicieux livre de Sue Hubbell, *Une année à la campagne*, laissé par Florence. Une année d'une femme seule, apicultrice dans une propriété sauvage dans le Missouri. Courts chapitres, certains merveilleux, sur les bêtes et le temps. Elle a été biologiste et ses remarques scientifiques se mêlent à son amour maternel pour tous les animaux : serpents, opossums, lynx, abeilles, oiseaux.

22 août

Après une journée que, par comparaison, on devrait déclarer « glorious », mais qui en France aurait passé pour médiocre, retour à la normale. Averses suivies de drizzle.

Je pars seule relever les casiers. Pas grand-chose, juste quelques petites étrilles remises à l'eau. J'en avais deux belles hier. Paul, à l'extrême rigueur, mange une pince et cinq crevettes.

Je ne reviendrai plus jamais ici sans amis : pour manger avec plaisir des crustacés avec moi, pour sortir et marcher avec moi. Le temps est trop sinistre pour vivre seule, comme je le ferais volontiers à Doëlan. L'Irlande m'exaspère maintenant : la nourriture est trop médiocre, le foutoir trop systématique, les villes trop laides.

Nous sommes devenus des vases communicants, Paul et moi : j'ai l'impression que je me vide et qu'il ne se remplit pas pour autant. Il y a une fuite dans le système. Un trou au fond du vase de Paul.

23 août

Plus que trois jours avant la quille ! J'écris, la nuit, avec ma lampe de poche sur l'épaule, quand je me réveille vers 2 heures. Et je lis, tordue, pour masquer la lueur à Paul. Le temps que mon Imovane fasse effet. Qu'est-ce qui nous reste à vivre ensemble si je fais tout toute seule, y compris passer les soirées sur le canapé ? Seule la nuit commune est une plage de tendresse.

24 août

Pluie diluvienne hier, sur la route de Waterville pour les courses : Paul voulait une salade de fruits, plus exactement une « Zézette » : petit nom donné par Robert Badinter, car Élisabeth en raffolait ! Mais à part des pommes et des bananes, je n'ai trouvé que des barquettes de nectarines dures comme des navets, et des prunes dures comme des cailloux.

Mô et Irving Teitelbaum qui produisent *L'Âge de Pierre* pour le cinéma, sont en repérage ici. L'affaire prend tournure : après Paul Newman, qui est passé comme un nuage, on en est à George Scott (Patton).

Nous reviendrons en avril pour le tournage. Mô a déjà réservé le Butler's Arms pour les trente personnes de l'équipe.

Paul a envoyé une carte à Mô avec une tête d'âne devant un mur de pierres sèches : « Madame la productrice, ayant appris que vous alliez tourner un film dans mon pays et que vous cherchez des figurants, et notamment un âne, je viens poser ma candidature. Étant âne moi-même, je peux vous assurer que je sais braire dans toutes les langues. Aliboron » (L'âne de La Fontaine).

Et il en a envoyé une autre à Constance, avec deux chèvres (elle vient d'ouvrir son gîte rural, « La Biquerie ») : « Madame la directrice, ayant appris que vous veniez d'ouvrir une biquerie, je pose ma candidature pour être bique chez vous, souhaitant me perfectionner en français. J'ai un certificat de Monsieur Seguin attestant de ma bonne conduite. Croyez à mes Bè-è-è les plus respectueux. »

Pendant les longues heures de pluie, je lis les Mémoires de Jean Marin : *Petit bois pour un grand feu.* Les cinquante pages de la défaite française, du surgissement de De Gaulle, de l'entrée de Churchill dans l'histoire héroïque de la Bataille de Londres sont du Shakespeare. Avec ses traîtres, ses opportunistes, ses caractères tragiques ou admirables. Un régal.

25 août

J'écris dans la chambre d'amis, face à la vue, admirable par mauvais temps. Je m'y réfugie quand Paul dort ou lit sur son lit. Car en dehors des heures où il a besoin de silence, je ne peux le laisser seul au salon. Sa vie ici est si désolante, maintenant qu'il ne descend même plus au port. Il n'a pas fait de bateau depuis une semaine.

Reçu une lettre de mon affectueuse Michèle : face à mes lettres de solitude, se réjouissant de la vie qu'elle a eue à Chausey. Ses enfants, petits-enfants, son notaire et sa femme, ses amis. Un monde fou : et tous savent mettre un tramail, ramer, vider le poisson, aider à table… Mais j'aime encore mieux être seule qu'avec une joyeuse troupe. J'aime mieux être triste que partager la beauté des choses avec trop de monde. C'est pas bien beau ça, madame… Mais c'est de plus en plus vrai.

1995

18 mai

Arrivée hier avec Kurt sous le soleil. Que dire de lui ? Ce qui était mal empire, ce qui était bien s'estompe. Il a lâché la corde et s'enfonce dans la pré-mort. Je n'aime plus en lui que son amour pour moi. Il m'aime parce qu'il m'a toujours aimée et parce que, sinon, il disparaîtrait. Il va mal d'ailleurs. Il ne peut plus marcher dix minutes sans être couvert de sueur et souffrir d'un point au cœur.

Il met le couvert n'importe comment, verres dépareillés et fourchettes çà et là : « Fuss not » (en gros, je m'en fous) grommelle-t-il, quand je le lui fais remarquer, tandis que je mets une jolie nappe, de jolies assiettes. Chez un amant, c'est mortel, suicidaire cette attitude. D'autant qu'il s'obstine à voyager avec un pyjama râpé et incolore que je lui connais depuis vingt ans. « Who cares ? I don't even look at it. » Que devient l'attirance ? Eh bien, elle est morte. D'autant que, sinon son désir, sa capacité sexuelle est cette fois bien éteinte. Il n'en est que plus acharné à susciter mon plaisir. Dans le noir, je m'y réfugie. Comment lui dire que j'aime mieux quand il se lève (pour me seconder) que quand il se couche ? Non pas que je n'aime plus « coucher ». Mais je n'aime plus son corps qu'il exhibe toujours, avec une candeur puérile, comme certains hommes qui ont été très beaux et qui veulent croire que l'amour se rit de la vieillesse et que tout est aimable chez la personne aimée. Il croit me rassurer en me disant qu'il m'aimera dans tous mes états. Je préférerais qu'il me dise que je suis encore si séduisante qu'il oublie mon âge !

22 mai

Le matin, Kurt se déplie et se remet en marche à grand-peine : douloureuse opération qu'il ne me dissimule pas. C'est atroce de le voir si vieux, rattrapé par son âge, après un si beau parcours.

Ce qui lui nuit aussi, c'est que je n'ai pas de place pour deux vieillards. Paul est mon numéro 1. Mais qu'en extra, je retrouve les mêmes symptômes, je le supporte mal.

23 mai

En France, il fait 18 °C et du soleil. Ici, chaque fois on découvre combien c'est dur. Mais quoi ! L'Irlande est comme ça, il ne faut pas l'oublier. On voudrait toujours la rapprocher de nos contrées civilisées et douces. Elle ne s'y prête pas. Donne autre chose.

Au dîner, nous avons parlé du communisme :

« Mais je ne comprends pas, dit Kurt, les communistes, c'est la droite ou la gauche ? » Je lui ai déjà expliqué dix fois, au fil de rencontres, mais il s'enfonce dans la bouillie :

« Comment un Juif peut-il être communiste ? C'est impensable.

— Mais Marx était juif, tu l'ignorais ? » Le mot marxisme éveille en lui un vague écho. Mais Marx... Une ville ? Un homme ?

Seul l'amour l'agite encore. Mais l'amour sous fond de ruines ?

24 mai

« Dès que je te regarde, quand je te vois marcher de dos, par exemple, il me monte une bouffée de désir... » Puis, quelques minutes plus tard, il ferme soudain les yeux, comme s'il souffrait : « Qu'est-ce que tu as ? — Je viens de te voir sourire et j'ai eu une terrible envie de te pousser sur un lit... — Encore ? »

Mais cet amour amoureux, complètement jeune qui renaît infatigablement de ses cendres – qui sont encore des braises –, ne pas oublier qu'il est unique.

25 mai

Réactions ignobles : quand Kurt, le soir, se précipite vers moi, veut m'embrasser, m'aspirer, j'ai l'impression d'un vieux nourrisson qui veut sa tétine. Ce n'est plus un amant ardent mais un bébé frustré. Il est comme une pieuvre et je ne peux plus le dissocier de sa sinistrose. Et moi j'aime faire l'amour en riant, pas comme on se raccroche à sa dernière ancre de miséricorde. Je ne l'aime plus que parce qu'il m'aime. Et il m'aime avec TOUT ce qui lui reste, mais c'est peu malgré l'intensité qu'il y met.

Et en même temps, il y a cette immense tendresse que j'éprouve pour lui. Je sais que ça le rend malade de ne plus pouvoir bander, bander vraiment… Que son « truc », as we call it, refuse tout service, déclenche sa débandade générale. Il songe à se faire refaire une coronographie et même un pontage, si nécessaire. Je l'y encourage car il redeviendrait ce qu'il était, il n'y a pas si longtemps : un jeune homme ! Il retrouverait l'estime de lui-même. Car il a cessé de voler aussi : on ne recycle pas un pilote de quatre-vingts ans passés. Et puis, préparer l'appareil à un vol le fatigue et il a peur d'une défaillance. Bander, voler, même défaite.

On a parlé jusqu'à une heure du matin de nos prochaines rencontres. Je dois aller à Wellesey University fin octobre pour donner des conférences. Oui, nous irons ensuite visiter le Maine avec sa voiture. Et nous voilà, deux grotesques, entre nos draps semés de boutons de rose, à éviter les gestes de l'amour qu'il brûle de faire mais sait qu'il n'y puisera qu'amertume et honte. Bien à tort. Je puise encore bien du plaisir à son ardeur caressante.

Ce cahier se termine, comme notre amour se termine aussi sans doute, après quarante-cinq ans de démons et merveilles. Il n'est pas terminé dans nos rêves et nos pensées. Mais comment le plonger dans les eaux sales de la vieillesse ? Kurt n'a plus ni le goût ni la force d'être heureux. Et quand il n'y a rien dans une tête pour remplacer les choses de la vie, quand on n'a aucun sens de la poésie, de la magie des mots, aucune fantaisie, aucun humour, il ne reste que le trou béant laissé par le désir enfui.

27 juillet

À bord du *Brittany Ferries*. On est partis par un temps sublime. On se réveille dans une grisaille à peu près totale… Excellente cabine (615) où j'ai dormi comme un loir. Je devrais mettre un moteur dans ma chambre à coucher !

Dans le parking du bateau, la Honda était garée si près de la paroi que Paul ne passait plus par la portière. Contorsions interminables pour passer sur le siège conducteur : ses jambes refusent de se plier suffisamment. Et ma portière s'ouvre à peine plus. Paul s'insinue, enlevant ses lunettes et son portefeuille, mais il reste bloqué au milieu : ne pouvant ni se renfoncer ni sortir. La portière lui aplatit le thorax. Je pense à son cœur qui ne supporte pas d'être comprimé. Une hôtesse s'approche… Mais que faire ?

Au bout de plusieurs minutes, il s'extirpe enfin, pâle et aplati. Il a un tour de reins. Il souffle. Bon début !

Dîner à 20 heures 30 au restaurant de luxe, ne serait-ce que pour échapper aux enfants : beaucoup de petits Irlandais, bien plus tranquilles que leurs homologues français, mais aussi bien plus nombreux… Il conviendrait d'interdire ce restaurant aux jeunes : ils parlent fort, fument, éclatent de rires tonitruants. « Interdit aux moins de cinquante ans » nous mettrait à l'abri de toute gêne !

La grisaille s'accentue et la mer se hérisse, à mesure que nous approchons de l'Irlande. S'il y a un pays où on ne devrait pas vendre des brumisateurs Evian, c'est bien l'Irlande : c'est la patrie de la brumisation permanente.

5 août

Affirmation contredite, cette année il fait ÉTOUFFANT. Aucune brise ne ride la mer. Évidemment, j'ai renoncé à mes vêtements légers, jamais utilisés depuis deux ans. J'ai juste un short que je mets tous les jours. Je n'ai pas mes sandales, ni mon pantalon de soie grise, ni le blanc. Paul non plus. On prend des douches froides !

Désagréable de ne plus rien acheter pour l'Irlande. Depuis un an, je me dis que c'est peut-être la dernière année : alors je garde la chaise en inox, la table de camping dans la chambre d'amis, et autres horreurs ou vieilleries.

Ma forme revient, mais les lourds casiers à homards me font mal au dos quand je les hisse à bord. Je découvre que j'ai un dos, des articulations. Je lève mal la jambe pour passer du Tabur à la *Ptite Poule*, alors je ruse : je mets un genou sur le bord. Et pourtant, la mer est lisse, pas une vague, à peine une ride depuis notre arrivée.

6 août

Une journée dans la vie de Benedicta Groultova : levée à 7 heures 20, prête à partir à la pêche à 8 heures 30 avec Paul. On étouffe déjà, on est bras nus. Au moment de monter dans la voiture, on s'aperçoit que le pneu avant est crevé. On décide de descendre à 10 à l'heure à la cale : de toute façon, le pneu est foutu. On ne veut pas gâcher notre pêche.

On croise en mer Bernard, le Suisse, venu déjeuner hier, une chance ! On lui signale, à tout hasard, notre pneu… Il propose de le changer. Ouf !

Ensuite je file à Waterville récupérer un pneu et faire quelques courses.

J'ai prévu d'aller à la plage de Derrynane avec l'annexe, et de me baigner. Mais l'eau est froide et je me baigne, contrainte et forcée, car j'ai annoncé que je serais une fiotte si je ne me trempais pas un jour comme aujourd'hui où il fait 26 °C.

Je plonge mon atroce étoupe dans l'eau de mer, puisque je dois me laver les cheveux ce soir. Et vingt minutes d'aviron pour rentrer… Pour apprendre la mauvaise nouvelle trihebdomadaire : il n'y a plus d'eau. Le bac est plein, mais l'eau ne descend plus : ça, c'est nouveau !

Et mes cheveux ? Et ma douche après bain de mer ?

Heureusement Lison et ses filles n'arrivent que demain ; mais demain, l'eau aura trouvé un autre détour pour nous manquer. Elle a plus d'un tour dans son sac !

7 août

Deuxième journée de Groulteva : même départ en pêche vers 8 heures 30. Le moteur démarre mal et Paul se fatigue à tirer sur la ficelle : il cale deux fois. Il tire dix ou douze fois, et cet effort lui est pénible.

On a embarqué une guêpe avec nous, elles pullulent cette année : elle nous empoisonnera tout du long.

Je découvre un dépôt noirâtre, et malodorant, dans les deux travées arrière : le tuyau d'essence, avec 2 % d'huile, s'est décroché. Près d'un litre d'un mélange huileux s'est répandu : je gâche mon éponge à essayer de la pomper. On s'en colle plein les semelles et Paul glisse en voulant se déplacer.

Un lieu, quelques maquereaux et des crustacés dans le casier. Du beau bouquet, et un homard.

La cale était occupée par des bateaux de touristes. On aborde à la plage par marée basse, mais montante. J'adore aborder avec un gros bateau sur une plage : j'ai l'impression de me relier à tous les navigateurs du passé, qui ont ainsi échoué l'étrave de leur nef dans le sable et foulé un sol inconnu.

Au retour, Franck est là. Il n'y a plus d'eau dans la cuisine, ni au robinet dehors. Course au grenier, remplissage forcé du bac par la citerne et la pompe électrique, qui marche, ô miracle. Mais Franck a l'air soucieux. Il finit par détecter une poche d'air : il faut déconnecter le tuyau du ruisseau, souffler, réamorcer. Paul est déjà au lit.

En prévision de l'arrivée de Lison and Co, grosses courses : en particulier Coca, sodas, eaux minérales. Cette chaleur fait boire. C'est catastrophique pour moi car on ne peut plus entreposer au frais dans le garage où il fait 25 °C. Et le frigo est trop petit.

Avant les courses, je cueille des bouquets pour chaque chambre et je cuis les crustacés. Et enfin IMMOBILE, je termine en chaise longue *L'Art du bonheur* de John Cowper Powys en essayant de faire brunir mes avant-bras, encore sortables, à condition de ne pas les tenir dressés au-dessus de ma figure : là, tout le dessous se plisse. À vomir. Heureusement je ne vomis jamais. Je digère ! Paul est censé dormir. Trente minutes plus tard, il apparaît, marchant sur un talon, le gros orteil saignant et un pansement à la main. Il a voulu se couper l'ongle du doigt de pied – alors qu'il doit prendre de l'élan pour enfiler une chaussette ! Obligée de me lever, de chercher du désinfectant et de coller le pansement. Il vit actuellement au-dessus de ses moyens. Mais il a si souvent, dans le passé, vécu en dessous de ses moyens…

Je caresse mes os qui ne s'appellent pas encore des ossements.

10 août

Se fait-on jamais à l'idée que nos enfants ne sont pas nous-même ? Je me prends encore à croire que mes filles sont ma copie conforme et ne peuvent réagir que comme moi. Déception incurable. Elles sont elles-mêmes et, d'une certaine manière, plus étrangères encore que les autres qui me sont indifférents.

14 août

Je découvre que, maintenant, j'aime mieux raconter ma vie que la vivre, l'imaginer que l'affronter.

Je ne peux plus dormir sans somnifère, depuis longtemps. Les médecins disent que la qualité du sommeil devient médiocre chez les personnes âgées. Alors, j'en serais une ??

15 août

Clémentine lit *La Dame du Nil*, avec passion : mais elle a douze ans, elle ! Elle discute pied à pied avec Paul sur les dynasties, les dates, les noms propres. Elle est époustouflante de mémoire, et elle n'a peur de rien, même pas de contredire Paul !

17 août

Cette année, Paul ne manquerait pour rien au monde nos sorties en mer du matin. Il s'y amuse, certes, mais se trouve aussi contraint à un exercice inhabituel. Mais la vraie raison, c'est qu'il retrouve le couple solidaire que nous avons toujours formé en bateau. Il n'y a plus beaucoup d'occasions où le passé peut se revivre aussi fidèlement. Lui à la barre – il a la carte des dangers en tête et ici c'est vital – et il manœuvre parfaitement le bateau et le moteur. Il se retrouve donc homme, pour parler bêtement : en tout cas, comme avant.

Et nous disons ce que nous avons toujours dit : « Voilà l'herbier, on jette le casier. — J'ai loupé la bouée, refais la manœuvre… — Paul, un homard ! — Super nul, un tourteau et c'est tout ! — Pas si près des rochers, Paul, c'est le vent d'est et je n'aurais pas le temps de me mettre aux avirons si ton hélice se prend dans une algue… » La musique de nos sorties, simplement on ne parle plus de tramail mais de casiers. Le tramail est pendu sur le pignon : c'est la première année que nous ne le posons pas. Nous, c'est-à-dire moi. Car je ne peux compter sur aucune aide de Paul, depuis longtemps déjà, pour cette opération. Et cet été, malgré le temps parfait, celui dont nous avons rêvé pendant dix-sept ans, je n'ai pas eu le courage de le poser seule. Et encore moins de le relever, plein de poissons, généralement des vieilles très grosses qu'il faut dégager péniblement, puis vider. Et quand il est plein de goémon, je suis seule à l'enlever car Paul ne peut plus fixer un point proche sans vertige. Et là, commence le pire : le dépeçage des vieilles, avec leurs peaux écailleuses et leurs arêtes dorsales résistantes : travail de boucher ! Puis les mettre dans le bac plein de gros sel, avec des gants en caoutchouc pour que le sel ne ravive pas les plaies et éraflures des mains.

Enfin voilà, ce que j'ai fait tous les ans m'a paru au-dessus de mes forces, cette année. Et personne pour m'aider : Lison, ça ne l'amuse plus et Serge ne l'a jamais fait. Clémentine, trop petite encore, et pas vraiment intéressée. Donc abandon du tramail qui fut une de mes grandes joies d'aventurière de la pêche !

Il reste la traîne : il faut pêcher pour fournir les casiers ! On y arrive très bien. Mais tout perd de sa perfection : Paul est obligé d'uriner en mer, dans le seau de pêche, après ses cinq pilules du matin dont l'effet diurétique est impressionnant. Je me prépare à chavirer, chaque fois qu'il doit se mettre debout sur une surface mouvante pour sortir l'oiseau du ciré et du pantalon, et viser le seau en plastique. Je tremble qu'il n'aille à l'eau, son grand corps basculant par-dessus bord. Je suppute ce qu'il faudrait faire : si je tends la main, je bascule avec lui, et alors…

19 août

Invité Wendy Nolan, notre voisine, et une amie à elle, épouse encore jeune d'un vieux Alzheimer. L'horreur absolue.

Comme chaque année, à la fin de l'été, l'impression que l'Irlande retourne à sa malédiction. Les commerçants en ont marre des touristes, tant espérés au printemps, et il n'y a plus rien dans leurs rayons. Leurs congélateurs et frigos en ont marre aussi de fabriquer du froid, alors qu'il fait 25 °C : tous ces mastodontes fument et grondent et leurs parois sont brûlantes.

Hier soir, dîner typiquement irlandais pour notre soirée annuelle au restaurant avec Joséphine et Jean-Claude. Le seul bon restaurant était complet. On s'est retrouvés dans un minable café pour jeunes désargentés qui, comble d'horreur, ne servait ni vin ni bière ! On a pu aller en chercher dans le pub voisin et les apporter à notre table. Menu infect : soupe aux légumes – les légumes se réduisant aux carottes –, poulet rôti blanc poudreux, frites dont l'intérieur a la consistance de la purée.

Hélas, je commence une allergie aux crustacés, mangés en grande quantité depuis vingt jours. Je n'ai ni nausées ni crampes, mais un curieux mal-être : déjà expérimenté l'an dernier… Pour les mêmes raisons. L'organisme n'est plus fiable. Il fait le con, se rebiffe, vous sanctionne, alors que l'on avait vécu soixante-dix ans impuni. Vient un temps – pour moi ce fut bien après soixante-dix ans – où le corps n'est plus ce compagnon négligé que l'on fait taire et qui vous suit partout aveuglément. Tout à coup, il a ses caprices, ses susceptibilités, et il vous les impose. Il mène sa vie, au lieu de mener la vôtre ! Paul a dit ça très bien dans *Le Mauvais Temps*.

20 août

Pas allée en mer ce matin. Soulagement de traîner dans la maison, de ne pas avoir le poisson à vider, saler, ranger.

Il m'est arrivé deux histoires époustouflantes avec des bêtes : une crevette et une abeille. Scientifiquement explicables, mais néanmoins très troublantes.

La première, c'est avec Lison : nous pêchons une livre de crevettes trop petites pour être mangées une à une. Je les congèle. Cinq jours plus tard, je sors les deux paquets rigides et les laisse dégeler dans l'évier. Une heure plus tard, ouvrant le paquet, je manque de m'évanouir : une crevette me saute au visage ! Je la pose sur la paillasse et elle se met à marcher normalement… J'ai eu envie de la reconduire en grande pompe dans son élément, en témoignage d'admiration.

Mais après tout, les organes qu'on donne, les doigts ou membres que l'on veut recoudre, sont gardés au froid et restent vivants. Mais l'émotion de voir ce miracle me submergeait. Et un poisson, se remettrait-il à bouger ses nageoires ? La crevette n'est pas un organisme si simple…

La deuxième : je suis piquée par une abeille sur laquelle j'avais refermé la main en voulant couper une rose. Je cours m'appliquer trois gouttes d'urine : efficacité totale. Toute douleur disparaît. Le lendemain matin, j'avais une tache rouge sur le pouce mais l'articulation avait cessé d'être douloureuse, alors que tous les autres doigts étaient douloureux et pliaient mal, comme d'habitude. Seul mon pouce fonctionnait sans peine. J'en fais part à Paul qui s'est souvenu d'avoir lu un reportage sur l'utilisation du venin d'abeille en rhumatologie… Trois jours plus tard, l'articulation était toujours indolore. Il me reste à acheter une ruche !

22 août

La mort a-t-elle opéré un retour fracassant dans la littérature ? Ou ai-je maintenant une vision sélective ? Tous les romans lus cet été me parlent de mort, d'agonie, de maladies en phase terminale. Et comme je lis la nuit…

Le roman, admirable, de Jacqueline Harpman : *Moi qui n'ai pas connu les hommes*, se passe sur une planète morte où errent et meurent, une à une, quarante femmes survivantes d'un cataclysme, vous entraîne au fond d'un gouffre.

L'Élégance des veuves d'Alice Ferney, d'un charme indéniable. Mais tous ces destins de veuves, de vies rétrécies malgré les grossesses incessantes, se terminent par la mort d'une génération après l'autre. Vous laissant une sensation d'à quoi bon ?

Dans *La Souille* de Franz-Olivier Giesbert, le premier chapitre, excellent, décrit la mort d'un vieux fermier…

Bref, moi qui n'y pensais jamais… déjà, je me sens couchée à côté d'un mort vivant et pas trop gaillarde, moi non plus !

Depuis que j'énonce mon âge, soixante-quinze ans, je trouve improbable d'être comme je suis. Dans cinq ans, octogénaire ? Et mes bateaux ?

23 août

« Je veux vivre et non durer », écrivait Violet Tréfusis. Ô combien je le reprends à mon compte.

1996

30 juillet

Cette année, je cale… J'aurais à mes côtés un homme normal, j'assumerais ma part pour la pêche, le bateau et autre. Là, je n'ai même pas envie de mettre à l'eau mes huit casiers. D'autant qu'il pleut à torrents. Comment emmener Paul en mer par ce temps ? Déjà son emphysème s'est réveillé en quittant le ferry. Partis de Roscoff par un temps parfait, arrivés sous la pluie et la brume qui s'épaississait à mesure qu'on approchait de Bunavalla.

Le feu de tourbe brûlait à fond et il faisait très chaud dans la maison, quittée quelques jours plus tôt par Denise Bombardier et Jolicoeur, son mari. Elle a travaillé ici comme jamais de sa vie, dit-elle, et écrit cent cinquante pages, « les meilleures jamais écrites par moi ». Nostalgie : elle est un écrivain, je suis une écrivaine, c'est-à-dire beaucoup plus et beaucoup moins. Elle n'est pas sortie : deux pêches à pied seulement. Elle a tout sacrifié à l'écriture. Moi, je m'obstine à faire les courses, brosser le moisi qui a noirci la salle de bains autour de la douche, plus un peu de jardin et beaucoup de pêche à pied.

Et puis, je dors mal, d'autant que Paul se lève trois fois par nuit et que la serrure couine. Mon été m'aura fatiguée cette année : le soir, je me traîne. Ce que je n'écris pas me fatigue plus encore que ce que j'arrive à écrire, par-ci, par-là… Et la nuit, je cauchemarde sur Paul : il a une angine et 39 °C.

Et je redoute déjà les allers et retours à la *Ptite Poule*, mouillée trop loin ; et les passages du Tabur au gros bateau, alors que je ne peux plus basculer ma jambe assez haut par-dessus bord, depuis l'instable annexe. S'il y a de la mer, j'angoisse un peu. Et si je ne peux pas le faire, plus de homards. Heureusement, les Vivet arrivent demain.

1er août

Ce matin, pêche gâchée par l'unique autre occupant de la zone : un Français, déjà vu l'été dernier, genre ravageur. Il parcourait les bons coins à gros bouillons et allait partout, chassant les crevettes de leurs pièges. Je n'en ai pris que 600 grammes de moyennes.

Je m'aperçois que je naufrage doucement dans cette vie au ralenti avec Paul. Pour le distraire de sa solitude, je stationne une heure ou deux en cuisine, avant les repas, alors que mon but a toujours été de réduire le temps passé à faire la soupe. Dans ce système de vases communicants, c'est celui qui est le mieux placé qui se vide, au profit du plus démuni. L'un pompe, l'autre est pompé. Inexorablement.

4 août

Paul va mieux. Mais on attend le prochain coup de patte de la mort qui rôde comme une hyène.

Marée très basse, 107, si bien déchalé que le passage de Lamb's était fermé, piégeant les crevettes : 1,2 kilo ! Mais sous la pluie avec mes cuissardes, mon bonnet de laine, mohair et ciré : « Il ne fait pas froid, note…, ai-je dit, rassurante, en partant sous mon harnachement : 12 °C pour un 4 août, ce n'est pas l'enfer ! »

On est sortis avec les Vivet hier pour poser quatre casiers et pêcher du lieu.

Et ce matin, Sorrente et une mer italienne ! Grande promenade au large : deux gros lieus, des étrilles, tourteaux et bouquets au casier.

Quel humain – quelle humaine –, à plus de soixante-seize berges, ferait le travail de force auquel je m'astreins ?

8 août

Je sais, je sens que je deviens moins intelligente. Par là, je ne veux pas dire moins géniale, moins remarquable : je ne l'ai jamais été. Mais – et le drame est que ça se verra à peine, on oubliera simplement que j'étais mieux autrefois – MAIS… Je serai moins lucide, moins percutante, j'analyserai moins bien les situations. C'est aussi grave que d'être impotente d'une jambe et surtout le mal n'est pas évident, ni localisable. Votre personnalité se ternit, c'est tout.

11 août

Tous les ans, c'est le même phénomène : j'ai tellement peur des jours qui diminuent que j'écris sans cesse 5 juillet ou 11 juillet, au lieu de 5 ou 11 août.

Pourtant, j'ai eu envie qu'il passe ce mois d'août. Après le départ des Vivet, trop mauvais temps. Et depuis hier, tempête, pluies diluviennes et brumes : 85 % d'hygrométrie dans la chambre où Paul respire comme un poisson sur le sable. Il est encore sous cortisone.

Pourquoi les bouches de vieillards font-elles penser à la mort ? Les Bouches de l'Enfer, les Bouches de Bonifacio, tout cela synonyme d'engloutissement. Attention à ne pas garder la bouche ouverte !

Ce temps pénétrant d'humidité fout en l'air même les montres… Deux piles arrêtées, la Hermès de Paul et ma Fred. Pire, mes piles auditives sont mortes, avant d'être mises en place ! Emballage étanche, pourtant. Le petit Audika est hors service depuis le deuxième jour ; le gros marcherait mais les piles – j'en ai douze – sont mortes aussi !

L'autre après-midi, j'ai cru Paul en syncope : sur son lit, bouche ouverte, d'une immobilité poignante.

Je respire sa mort ici. Mais en même temps, il vit sa vie : c'est le seul endroit où il est assez fortement motivé pour se remuer. Nous sommes allés en mer tous les jours, sauf hier. Mais quand on ne peut pas atteindre nos casiers, à cause de cette respiration impie de la mer sur les rochers coruscants, à quoi bon embarquer ? Moi, je n'ai pas le choix : il faut écoper. C'est la troisième fois que je vide dix, douze seaux d'eau de pluie.

Vivre avec quelqu'un d'aussi fragile finit par fragiliser aussi. La nuit, sa respiration fait relâche parfois… Pourquoi repartirait-elle ? Je le secoue doucement, pour la débloquer.

Il y a des moments où il s'endort, en pleine vie, accoudé à la table de salle à manger, ou les mains sur le dossier d'une chaise : il laisse tomber sa tête et semble s'endormir de longues minutes. Petites morts anticipées, contre lesquelles il ne lutte même plus. C'est revenir à la vie qui paraît dur. Dès le matin, il est « ensuqué », comme il dit. La force de rien.

13 août

Enfin une belle journée, sans traîtrise : quelques nuages blancs normaux dans un ciel d'azur.

Je veux faire dans mon prochain livre qui sera autobiographique, *Histoire d'une évasion*, un chapitre atroce et rigolo, « Plic et Ploc, septuagénaires, vont en bateau » ! Ce *Journal* me sera très utile. Je l'ai commencé ce chapitre, mais je n'arrive pas à trouver le temps pour m'y mettre sérieusement. Le travail d'une femme doit toujours se faire CONTRE son conjoint. Ce que je prends pour moi, je le retire à Paul. Pire, je lui vole. Mais je ne veux pas le laisser solitaire, pendant les rares moments qu'il passe au salon. Pourtant, cette année, mon travail m'intéresse encore plus que la pêche, surtout avec personne pour la déguster. Mais Paul met un point d'honneur à être en mer chaque matin et comme il n'arrive pas à travailler – malgré les intéressantes suggestions de Jean-Pierre Vivet – il traîne, l'âme en peine le reste du jour, et ne m'encourage pas du tout à travailler. En fait, il aime aussi le bateau parce qu'il aime me coincer près de lui : je ne peux ni filer faire une course, ni m'isoler au fond du jardin. Je ne fais rien – sauf les gestes indispensables comme relever un casier ou écoper –, je suis à sa disposition.

Une immense goélette à huniers, noire, vient d'entrer dans la baie. Spectacle complètement insolite et émouvant.

14 août

D'accord, il fait beau depuis deux jours. Mais il y a toujours quelque chose de pourri dans le royaume d'Irlande, la traîtrise est toujours tapie dans l'innocence, le mauvais temps dans le beau ! On le sent soudain à une rafale froide, à un frisson qui vous vient en plein cœur du soleil, à une brume qui sort de nulle part et envahit tout en quelques minutes.

Ce soir, on avait prévu d'aller dîner au Smuggler's Inn mais, au moment de partir, la batterie était à plat.

La Honda était sur le port et Paul n'a pas réussi à la démarrer dans la descente. Il était épuisé de l'avoir un peu poussée, avec moi, et d'être remonté à pied par la route. Et puis, il était déprimé à l'idée de ne plus pouvoir faire un effort : « À nos âges, lui ai-je dit, ou on est handicapé, ou on est mort. »

16 août

Aucune envie d'aller à la pêche ce matin : lassée de cette routine. En plus, on n'avait rien : 10 beaux bouquets et 2 étrilles. J'ai dû tout manger. Paul a pris une crevette. Et il a mangé deux œufs saucisse : les Irlandais ont inventé la saucisse de dinde. Immonde !

On est repassés à 85 % d'hygrométrie, après deux jours presque normaux.

Aujourd'hui, pas de vent, mais des brumes accrochées au moindre barbelé. L'Irlande sécrète la brume à partir de rien : elle sort de partout, stagne, s'étale. Si je n'avais pas mon livre à écrire, je n'aurais plus envie de rester. Pêcher pour qui ? Même pas pour moi car, ayant absorbé 3 à 500 grammes de crevettes par jour, je me demande si je n'ai pas, comme l'été dernier, une allergie. Seul remède : suppression du bouquet pendant quelques jours. C'est Paris qu'il me faut pour travailler enfin avec Josyane Savigneau. Et mon cher Doëlan. À Paul aussi, qui ne l'avoue pas, mais qui est même dégoûté de son roman, et incapable d'y apporter les corrections prévues. Encore huit jours à passer.

18 août

Quel intérêt de pêcher encore ? Paul ne mange même plus un maquereau, ce qui est une façon de rejeter l'Irlande. Et moi, plus de crevettes... J'entends qu'il fait beau partout, même en Angleterre. Il faut être vicieux pour s'incruster ici alors que, physiquement, tout est devenu si dur. J'ai de l'arthrose partout, je marche seule et je cueille des fleurs pour une maison où Paul vit les yeux clos, les deux tiers du temps. À quoi bon ?

La vieillesse est un peu une jeunesse à l'envers : on vit des choses pour la dernière fois... Heureusement, on ne le sait pas toujours. Mais chaque événement est suspect : suspect d'être le dernier ! D'autres phénomènes de sa jeunesse reparaissent : j'ai de nouveau le hoquet assez souvent. Et notamment à la troisième gorgée de Single Malt, mais maintenant, ça fait hoquet de vieille poivrote !

Naître rose, en Irlande, quel destin ! J'ai cueilli l'unique rose de mon unique rosier, exquise, blanche rosée, parfumée, que la pluie courbait déjà vers le sol.

19 août

« Mourir à nous-mêmes » que chante merveilleusement Julien Clerc, sur un poème de Marceline Desbordes-Valmore. Ce serait un beau titre, pour mon livre sur l'âge, auquel je pense de plus en plus, si je ne le voulais pas dynamique, plus engagé que résigné. « Mourir à nous-mêmes » quel résumé de la vieillesse !

22 août

Dîner sublime ici, avec Jean-Claude et « Josie » comme dit Annie Chaplin, sa sœur, avec uniquement les produits de notre pêche. Beaux bouquets pour l'apéritif. Cinq douzaines de palourdes farcies (préparées quatre jours plus tôt et congelées), brandade avec les filets du gros lieu de 2 kilos, mis à saler trois jours plus tôt.

Je lis *Loués soient nos seigneurs – une éducation politique* de Régis Debray. C'est un grand livre. Un des grands livres de ce siècle, je trouve, d'une intelligence et d'un style percutants. On saute une page parfois – il y en a six cents serrées – et si on y revient, par remords, on découvre une pensée, une formule – les deux liées le plus souvent – qu'il aurait été désolant de manquer. On voudrait tout souligner : non qu'on s'y reconnaisse – son itinéraire est particulier – mais on comprend, l'Histoire s'éclaire, les motivations secrètes. Portraits magistraux de Castro, du Che. Et celui de Mitterrand dépasse de mille coudées toutes les études, confidences et analyses, faites avant et après sa mort. C'est le seul qui a osé décortiquer l'intelligence de l'homme, la jauger, la comprendre. Sans courtisanerie bien entendu, sans respect non plus, mais avec tendresse, une lucidité et un jugement philosophique impressionnants. C'est écrasant de lire un texte comme celui-là, quand on pioche soi-même dans les mots, pour trouver celui qui rendra sa pensée irréfutable.

23 août

L'Irlande est un pays épuisant. Il faut être jeune, ou fou, ou ivrogne, ou abruti, pour y survivre : ou mieux, les quatre à la fois !

Je viens de rempoter mon bégonia à nervures rouges, rapporté de Doëlan, il y a des années. Il se maintient, fait des fleurs mais ne grandit pas d'un centimètre, d'une feuille. Tout ce qu'on peut dire, c'est qu'il ne meurt pas. « C'est comme moi », dit Paul qui vient de quitter son lit – il est 15 heures – et s'est assis à table, les coudes sur la toile cirée, la tête dans les mains, l'œil mi-clos. Il est confit dans le brouillard. Pourtant, pas terrible aujourd'hui le brouillard, mais après deux jours d'hygromètre normal, on est repassé à 85. Dès qu'on dépasse 80, mes doigts sont douloureux et au lever j'ai les reins courbatus. Si cette humidité pénètre les articulations, pourquoi n'étoufferait-elle pas aussi bien le cœur, les poumons, le moral, le courage de vivre ?

Je suis dans la chambre du premier, devant un festival de lumières folles : des bancs d'écume qui arrivent du sud-ouest, où pourtant la mer est à peine agitée, vont mourir sur la plage, témoins d'affrontements lointains.

24 août

Le téléphone vient de sonner, cinq ou six fois. Paul ne répondant pas, je dévale l'escalier. Il DORMAIT, assis, la tête dans les mains. Il a bu deux grands Ricard avant le déjeuner. Quand je vois l'effet que me font une ou deux vodkas – sommeil incoercible si je veux travailler l'après-midi – il m'apparaît évident qu'il se tue à petit feu. Il boit deux ou trois verres d'alcool avant chaque repas, whisky le plus souvent, puis du vin bien sûr. Beaucoup d'hommes jeunes n'y résisteraient pas. Il faut savoir si on veut vivre ou crever d'abrutissement.

Mon âge me saute à la figure quand je lis dans un catalogue de fleurs : « Kalmia rouge, Olympic Flame, pousse lente », et qu'instinctivement je me dis : « Trop tard, pas pour moi. »

25 août

Cette lassitude qu'on éprouve au bout de trois semaines en Irlande : ce soulagement à quitter ce pays de gueux, cette nourriture de merde, cette mer perverse, ces cieux désespérants et si beaux, tourne très vite à la nostalgie dès qu'on s'en éloigne. C'est ça le sortilège irlandais.

1997

26 juillet

Nous sommes devenus méchants, tous les deux : surtout Paul ! « Regarde-moi ces pondeurs », me dit-il avec mépris, à la vue des pères traînant quatre, cinq enfants dans chaque voiture irlandaise à l'embarcadère de Roscoff. Se met-on à détester tout ce qui va nous survivre ?

Partis sous la bouscaille, on ne voyait pas à cinquante mètres sur l'admirable port de Roscoff. Le vent s'est levé dans la nuit, mer très agitée. Mais le soleil s'est affirmé et nous sommes arrivés en gloire à Bunavalla.

La maison inondée de soleil, briquée par Sheila. Nous sommes éblouis de posséder cette merveille !

La *Ptite Poule* sortie, lavée, prête à être lancée sur l'élément liquide, et les casiers descendus par Franck.

27 juillet

50 % de moins de touristes : pire encore qu'en Bretagne. L'Irlande retourne à ses démons et à sa solitude.

Pluies et vents cette nuit, drizzle jusqu'à 14 heures. Le bateau est mis à l'eau, mais il faudra déjà écoper demain. Et pêcher à la traîne, pour boetter les casiers.

J'ai mis le baromètre sur la cheminée, pour la joie mauvaise de le voir baisser, et j'ai revissé l'hygromètre sur l'escalier, pour le voir monter !

28 juillet

Plic et Ploc, presque octogénaires, vont à la pêche ! Je charge deux casiers dans le coffre et on part à 9 heures. Il nous faut 2 lieus : on en prend 2, en dix minutes !

On boette avec les deux têtes. On mangera le gros ce soir, et je mets le petit en tronçons dans le sel.

On renoue avec notre vie irlandaise : nous avons repris nos habitudes, le cocon est reconstitué.

Miséricordieusement, l'arthrose qui gonfle les articulations de mes doigts ne m'empêche pas de ramer. Je pense à Slocum qui avait fait geler ses mains autour de son aviron, pour être sûr de rallier une terre, lors de son naufrage dans une mer glacée.

Je n'arrive pas à croire que j'ai soixante-dix-sept ans ! Je ne peux plus escompter être violée, normalement : je ne peux plus être violée que par un pervers !

29 juillet

Ce matin, qui nous aurait vus, à 7 heures, scrutant non pas l'horizon mais le bout de la pelouse... Puis, partant à 8 heures sous la pluie pour relever nos premiers casiers, se serait tapé du doigt l'os temporal !

8 bouquets, mais 2 homards.

2 août

Forte houle, pas envie de sortir. Et puis je dois écrire l'édito pour *Côté Ouest*. C'est l'enthousiasme qui faiblit, quand on vieillit...

Hier, on a mangé chacun son homard : grillé à midi, et le soir, Paul nous a fait sa recette sublime que je note pour mes filles, pour quand elles liront ce *Journal*.

Choisir un homard mâle (carapace plus bombée) ou une femelle non grainée, vert sombre et non mouchetée, signe de carapace récente. Couper le homard en tronçons, en faisant taire en soi la voix de la pitié. Jeter dans une cocotte tapissée d'huile d'olive. Les faire rougir puis les flamber généreusement à l'alcool de pomme.

Pour le coulis d'étrilles : 5 ou 10 étrilles vivantes. Les couper en 2, ôter la carapace du dessus. Les faire revenir dans l'huile d'olive et les flamber. Écraser les crabes au pilon. Mouillez avec une bouteille de cidre sec. Sel, piments rouges, poivre, cayenne, curry, 2 tomates, thym et laurier. Cuire 20 minutes à petits bouillons.

Passer le coulis au chinois. Incorporer le corail du homard qu'on fait cuire 20 minutes dans ce coulis. 2 cuillerées de crème au moment de servir.

Cette recette pénible sera réservée aux invités dignes de l'apprécier !

3 août

Redoutant de trouver encore un homard dans nos casiers, nous n'avons pas pris la *Ptite Poule* ce matin. Je voulais aller à Lamb's à l'aviron tenter un essai pour le bouquet. Mais une véritable tornade s'est levée, me pliant en deux, hérissant toute la baie : impossible d'y aller. Je rentre, de justesse, par la plage en traînant le Tabur. J'étais furieuse.

Panique de n'avoir pas doublé, pour une fois, l'amarrage de la *Ptite Poule*. Elle ne tient que sur son mousqueton.

4 août

Marée 82, je vais à Reen avec Bernard, le Suisse, qui ne connaît pas le coin. 500 grammes de bouquets pour moi, 200 pour lui. Et des palourdes, bien sûr.

On rentre à 14 heures, ayant déposé le linge sale à West Cove, posté des paquets et fait des courses à Caherdaniel. Paul est parti se coucher, nous laissant de la pizza dans le four tiède. Il est toujours très grincheux en grande marée : il me reproche de tant aimer ces moments, aux dépens des horaires de repas. Et à ses dépens… Au fond, c'est un jaloux : comme tout le monde ! Il a longtemps réussi à me persuader du contraire.

Le soir, dîner chez Joséphine : caviar sur toast – médiocre – Paul a été malade toute la nuit – et saladier de homards.

5 août

Même pas eu le courage d'aller à Reen. Le féroce vent de N.-N.E. doit battre son plein sur la plage. Par une marée de 82, je ne pêcherais rien. Et je rentrais d'une tournée de casiers, où j'ai eu le cœur serré de peur. Nous étions les seuls dehors, encore une fois. Peu de mer, mais de terribles risées qui font frissonner toute sa surface. Paul a encore mangé du lion cette année, et il veut sortir tous les jours. C'est sans doute la seule activité physique qui lui donne l'impression qu'il n'a pas changé. Comme il était impératif de vider la *Ptite Poule*, je n'ai pas dit non, mais je l'ai regretté. Si l'hélice s'était coincée dans ces écheveaux d'algues spaghettis qui couvrent la mer cette année, j'aurais été incapable de ramener le canot à terre, avec Paul dedans. On aurait dérivé vers le large, à une allure impressionnante, et personne sur la mer pour nous intercepter. On mettrait du temps à mourir. Le Suisse, inquiet, était prêt à déclencher les secours avec son VHF. Tout ça pour quelques tourteaux…

7 août

Bruine, grisaille, mais mer calme. Posé cinq casiers et pêché au large des Pigs avec la mitraillette à plumes : des lieus trois par trois – dont un beau que j'ai mangé seule ce soir. Paul s'est fait une piperade. Il ne parle que de pêche à la dandinette et filet de surface… Mais pour quoi faire, s'il ne veut plus manger un seul poisson ? Mes bacs à sel sont pleins, et je n'ai plus l'usage d'un seul bestiau. Et Paul voudrait aussi une canne avec moulinet ! Une manière de se détacher de la réalité, de fonctionner dans le rêve : comme dans le passé.

Je relis mes carnets de pêche… Nous sommes en Irlande depuis 1977 : vingt ans ! Nous recherchons qui est venu : Mitterrand en 1988, Michèle Manceaux et Marcus, Nelly Kaplan, Régis Debray, les Badinter, Maurice Werther, les Salzmann et, bien sûr, Flora et Bernard. Et les trois filles avec maris et enfants.

Je lis que Kurt est venu, deux ou trois fois, pendant la seconde quinzaine d'août : « Tu me réexpédiais à Paris », dit Paul, persuadé que c'était le cas. Mais il rentrait à Paris le 15 août pour son travail – conseiller à la culture, Haute Autorité, etc. Je ne l'ai jamais « chassé ! ».

Après son départ, je devenais le Patron à bord et je manœuvrais le moteur. Il l'avait oublié. Il aime mieux penser que, sans lui, je ne peux rien faire.

Je m'aperçois que j'ai merveilleusement géré ma vie, à partir d'un certain moment.

8 août

Un homard encore, ce matin ! Mais pas de soleil, une journée de novembre avec 85 % d'humidité. Mes cheveux sont hideux : du foin !

Paul avait préparé une soupe aux choux et au lard, délicieuse. J'avais décidé de cesser de boire quelques jours. Nous descendons avec Paul des bouteilles de Ricard et de whisky en trois jours, plus le vin, bien sûr ! Mais comme je suis rentrée trempée d'eau et d'embruns, moulue d'avoir ramé contre le vent… Bref, j'ai dégusté une vodka pour me réchauffer et faire repartir mon feu intérieur.

Il faisait 10 °C ce matin, à 7 heures. Paul a allumé un feu de tourbe, dont la seule vue réjouissait le cœur. D'autant que dehors le vacarme continuait, la mer se hérissait de crêtes furieuses et ma pauvre *Ptite Poule* dansait, tirant sur sa longe, à la merci d'un mousqueton.

9 août

Grosse chute du baromètre. Nous n'allons pas en mer, car aucune visibilité. Je vais juste, seule, vers 15 heures, vérifier les casiers. Je n'en ai pas relevé un ! Impossible de saisir la bouée de celui d'Iskaroon, le vent d'est me plaquait à la paroi rocheuse, à cinquante centimètres du casier. Impossible de lâcher un aviron, et risque d'en casser un sous une rafale. Je n'ai pas eu le nerf de traverser la baie hérissée de vagues, craignant une minitornade soudaine, comme l'autre jour. Je suis rentrée furieuse et bredouille.

« Le vent, stupide vent ! – bête comme un vivant ! Et il faudra mourir sans avoir tué le vent. » J'adore ces vers de Montherlant que mon père récitait souvent…

10 août

Je suppose que tout le monde a besoin de quelque chose de fort dans sa vie : un coup de folie, de temps à autre. Pour Paul ce matin, ça a été de s'obstiner à aller en mer par un vent furieux et de terre, donc dangereux en cas de panne du moteur. Et malchance, l'hélice a été brusquement bloquée par un sac en plastique. On s'en est dépêtrés, non sans mal. Il reconnaît qu'il a peut-être eu tort…

Jean-Claude venu dîner hier avec Arthur, pour qu'il couche chez nous et échappe à l'enfer qu'il vit chez lui. Joséphine est partie trois jours pour Dublin raccompagner le fils de Jean Yanne, six ans. Jean-Claude reste face à Julien, le fils de Ronet (quinze ans) qui boit déjà beaucoup et qui a été chassé de tous les collèges de Dublin : il doit tripler sa 5e à Waterville… C'est sa dernière année obligatoire. Ensuite, il pourra ne rien foutre avec l'argent de grand-papa Chaplin.

Pays dingue : à 7 heures ce matin, après une nuit de tonnerre, éclairs et forte pluie, je tire les rideaux sur des fenêtres opaques de brume. Baromètre très bas. Prévisions sinistres. On se recouche. Et puis, pris de remords, on se relève à 8 heures : soleil mouillé, mais soleil ! On y va, avec Jean-Claude et Arthur. Mer maniable et il fait chaud ! 250 grammes de bouquets, 8 lieus, 6 maquereaux. Matinée charmante. À 14 heures, maillot de bain. Mais à peine en place, tout le ciel se couvre !

11 août

J'ai reçu les épreuves de mon livre *Histoire d'une évasion* : beaucoup de corrections à faire, j'ai préparé une liste de trois pages d'erreurs. Le seul qui a l'œil à l'essentiel, c'est Jean-Claude Fasquelle : tout ce qu'il m'a proposé était sagace et juste. Une fois évacuées ses réticences vis-à-vis de mes déclarations féministes, dès la préface il est vrai ! Josyane Savigneau a fait la quatrième de couverture. Pas mal. Elle ne m'a pas appelée. Quel personnage rude : il ne faut pas attendre d'elle un soutien ou un geste secourable. Heureusement, je n'en avais pas besoin.

Les limandes rampent toujours devant les dresseurs ! J'avais acheté à Paris des livres et des jeux pour Pauline, ma dernière petite-fille, arrivée à midi avec ses parents. Elle a couru les voir dans sa chambre et est descendue cinq minutes plus tard, disant à Paul avec extase : « Merci pour tous ces cadeaux, Pau-aul ! » Or Paul n'a jamais acheté un cadeau pour aucune de ses filles ou petites-filles. Peu importe, il touche les dividendes !

13 août

Encore une journée sinistre : misérable ciel, vent S.E. soutenu, 85 % d'humidité. J'ai été seule relever les casiers, pour épargner à Paul cet air mouillé. 350 grammes de beaux bouquets.

Jean-Claude et Joséphine dînent à la maison : bouquets et soufflé au fromage.

14 août

Toujours sinistre, mais parfaite journée de pêche : 2 homards dans le casier « qui ne prend rien ! ». 350 grammes de bouquets, 6 maquereaux, 3 lieus, un tourteau.

L'hygromètre a fait un bond : 88 % !

16 août

Stupeur ce matin : en ouvrant nos rideaux, à 7 heures, vitres totalement embuées par la fraîcheur. Mais en grattant, on découvre un ciel entièrement bleu : le premier de l'été.

On part très vite en mer car, à 9 heures 30, j'ai mon rendez-vous sacré avec la première grande marée. Je compte rapporter un bon kilo de bouquets. Mais Paul a atteint son seuil d'intolérance ; et je frôle l'overdose. Pas d'œdème, mais un malaise, un mal-être…

Par bonheur je n'ai pas d'intolérance au homard. Et on en a pêché encore un ce matin !

19 août

Pluie, drizzle, ciel morne. L'idée de m'habiller ce matin en Terre-Neuva, alors que mes affaires de pêche de la grande marée sont à peine sèches et raides de sel, me déprimait. Oui, l'Irlande me ruinerait le moral. En plus, je lis le magnifique et terrible livre de Frank McCourt : *Les Cendres d'Angela*, qui ajoutent à mon horreur de l'Irlande. Tous ses grands écrivains ont foutu le camp, pour l'adorer d'ailleurs : Joyce, Beckett, Shaw, Wilde...

L'Irlande aurait ma peau si j'y restais... Cette inflammation, de tant de mes articulations, finirait sûrement par m'empoisonner le sang. Et puis, les basses pressions donnent aussi des rhumatismes à l'âme. Je n'ai aucun appétit – je mange avec ma tête – et surtout pas de courage. Ce soir, je suis même déprimée. Bref, je débloque ! Et la pluie frappe les lucarnes.

Je reçois des nouvelles de Blandine, qui est à Hyères avec son Patrick, sous un ciel immuablement bleu, comme elle aime. Nicole me dit qu'elle est éblouissante, dévêtue par Alaïa et survoltée par cet amour tout neuf ! Je ne sais pas encore ce que je pense de ce Patrick Butor : beau garçon, propre sur lui, énarque. Il doit être assez époustouflé par Blandine qui n'hésite pas à proclamer qu'elle préfère ressembler à une pute, plutôt qu'à une dame : « Tout, mais pas une dame ! »

20 août

Curieux la constance des comportements dans un couple : on n'en finit donc jamais de faire expier à l'autre ses « fautes » ? Paul est jaloux des grandes marées. Pourtant je suis rentrée à 13 heures, trempée et moulue : rien n'était prêt.

Nous partons dans deux jours. Et comme chaque année, fin août, nous ne quittons pas l'Irlande, nous nous enfuyons !

1998

25 juillet

Arrivés sous le drizzle, comme d'habitude !

Ce matin, première pêche à pied : marée de 86 seulement, mais c'est une prise de contact. 800 grammes de bouquets. Je pronostique beaucoup de crevettes cette année !

Dîner chez Joséphine : dix homards sur la table, mais ni pain ni beurre, comme d'habitude !

En rentrant, on a trouvé un troupeau de vaches dans notre pré : nous n'avions pas fermé le portillon. On a réussi à les chasser avec un haveneau et un balai.

27 juillet

14 °C au thermomètre sud, 10 °C au thermomètre côté garage. Les trois hirondelles sont encore au nid, dans le coin de l'armoire à balais, à quelques mètres de l'endroit où elles nichaient autrefois au fond du

garage. Nous les affolons, mais elles n'abandonnent pas leurs petits qui ne peuvent pas encore voler.

Fort vent d'ouest, je vais aller pêcher à Reen, mais j'attends avec impatience la magnifique semaine du 10 août, avec de très grandes marées.

Nous mettrons la *Ptite Poule* à l'eau demain, si la météo le permet. La même peur m'étreint : monter à bord depuis le Tabur. Seul moment périlleux pour moi. Pour toutes les autres opérations, je me sens à la hauteur.

Ça y est, mes cheveux ont commencé leur transmutation en éponge métallique frisottée ! Passé deux heures ce soir en rouleaux bigoudis, pour effacer l'aplatissement causé par deux heures de bonnet de laine. J'en sors très réussie mais, comme il bruine, je ne me risque pas à aller chercher le drapeau breton que les vaches ont piétiné hier soir.

28 juillet

Mauvaise passe, hier : je me sentais bizarre et redoutais que ce soit déjà une allergie aux crevettes et aux homards mangés chez Joséphine. Et puis Paul, qui n'a pas mangé trois crevettes, a ressenti un phénomène insolite toute la nuit : tant de gaz qu'il avançait tout seul, disait-il. Il s'est levé toute la nuit, uniquement pour du vent.

Nous n'avons mangé hier que la belle truite, pêchée par Arthur dans le lac, à midi. Dès le soir, Paul n'a rien pu avaler. Donc, seule la truite est suspecte. Je suis convaincue qu'aujourd'hui certaines bêtes, aquatiques ou terrestres, peuvent être malades d'une pollution et empoisonner ceux qui les dégustent.

À 18 heures, il faisait une lumière qui n'osait pas dire son nom : elle n'évoquait ni soir ni matin. C'est celle qui devait régner sur les planètes enveloppées de vapeur d'eau, avant la création du soleil.

Ce matin à 7 heures, mêmes lueurs ternes. Fort vent de N.O. et drizzle. Même nos petites hirondelles restent au nid. Leurs têtes d'aronde grossissent chaque jour et leurs plumes débordent de tous les côtés.

Je cuisine pour le congélateur : une soupe de crevettes et trois douzaines de palourdes farcies.

Hier, Paul proposait d'aller mettre la *Ptite Poule* à son mouillage… C'est-à-dire que j'aille mettre le bateau à son corps-mort, puis sois condamnée à le voir, de loin, se remplir de pluie… « Mais ma seule raison d'être en Irlande c'est d'aller à la pêche avec toi. » Vrai. Il n'a plus d'autre plaisir ici : ni pêche à pied, ni marche à pied, ni dégustation d'aucune sorte. Même pas un bigorneau.

29 juillet

Pas une lueur de la journée. La *Ptite Poule* est toujours dans le jardin, pleine d'eau. Les hirondelles sont revenues dans leur nid, après vingt-quatre heures dans le monde cruel. Il fait 12 °C la nuit !

30 juillet

Fort vent glacial d'O-NO. 11 °C ce matin. Tout est trempé, mais il ne pleut pas. Je régresse vestimentairement : pantalon de lainage et grosse veste vert-de-gris à torsades. Avec un sous-vêtement de laine et soie, je devrais tenir.

La *Ptite Poule* est toujours dans le pré : c'est devenu une baignoire pleine d'eau.

L'idée de me mettre en pêche me donne le frisson : me déguiser en pêcheuse des îles Féroé, transporter les lourds casiers à la cale, descendre la *Ptite Poule* au port sur la remorque… Franck est à Dublin et part pour le Canada pour deux semaines. On se sent abandonnés ! On n'a même pas pu sortir le lourd moteur Johnson du coffre. Je ne veux pas risquer un tour de reins, ou Paul un arrêt du cœur. Et Mark, venu tondre hier, a de nouveau des ennuis de dos : je n'ai pas osé lui demander cet effort.

Je n'ai même pas pu aller herboriser sur les falaises : le chemin est un marécage.

La maison reste bonne à vivre, avec son chauffage à récupération : le feu de tourbe allumé à midi.

31 juillet

Mamestra ! J'adore ce mot qu'utilisait mon père, quand rien n'allait. Et ce matin, fortes rafales de vent glacées. Fortes averses. Mais une belle lumière.

Nous sommes allés à Kenmare, qui nous avait éblouis avec toutes ses maisons peinturlurées et ses vitrines regorgeant de souvenirs. Accablés par notre tournée. Les mêmes horreurs partout : chandails hideux, moutons en peluche qui perdent déjà leur toison, etc.

Que faire, sinon boire pendant ces longues soirées, bien calfeutrés chez soi ? Même nos hirondelles rentrent au nid à 17 heures.

1er août

Mamestra ! 10 °C et vent du nord, donc froid. J'essaie de juguler mon mal de gorge avec un suppositoire de Biquinol qui prétend être périmé depuis 1990 : mais le camphre et le bismuth sont éternels !

La pluie n'est pas de la pluie ici, c'est de l'air mouillé.

Paul me propose comme titre de mon prochain livre : « J'avais une maison en Irlande »…

Pour la première fois en six ans, notre Suisse a écourté son séjour et désarmé son bateau. *Brittany Ferries* n'était pas complet, il a pu changer son billet. Il n'y tenait plus : mer trop dure, et trop froid dans sa cabine. Il n'a mis que deux fois ses casiers.

Après la belle marée du 7 au 13 août, et si Mô ne venait pas comme prévu, je serais bien tentée de partir aussi une semaine plus tôt.

2 août

On a allumé le chauffage soufflant dans la chambre, le Dimplex dans la salle de bains, et le chauffage à récupération du living arrive à peine à réchauffer l'atmosphère.

Depuis quelques semaines, Paul caressait l'idée d'une canne ! J'avais bloqué très dur : quand on s'achète une canne, on ne la lâche plus. Et puis la rencontre d'une canne, avec une poignée en corne de bouc, a été un prétexte : il s'en est acheté une à Killarney. En une journée, il est devenu un vieux landlord anglais et il brandit sa canne d'un air menaçant. Il ressemble à ces méchants vieillards qui vous font des crocs-en-jambe ! La canne est si ridicule que j'espère qu'il va l'oublier ici. Mais c'est reculer pour mieux... boiter ! Je pressens qu'à Hyères, nous allons en adopter une.

5 août

Dîné chez Huntsman, invités par Joséphine. C'est devenu proprement infect. Paul a laissé son pavé de veau dur comme du buffle. Mes trois grandes huîtres farcies, dures comme des pneus. Les paupiettes de sole farcies au saumon, écœurantes.

6 août

On a posé deux casiers sans visibilité. J'ai zieuté ceux de ce salaud de David, qui s'est posté dans tous nos coins habituels : pleins de belles crevettes. Grrrr !

Dur dur, de se remettre à l'aviron, du jour au lendemain, et de relever les casiers à quatre pattes dans le Tabur.

7 août

Premier jour de marée 80. Je décide d'essayer la grise sur notre plage. Mais mon pousseux a dix-huit ans ! Le manche casse… L'armature rouillée, les mailles ont lâché. J'en ai tout de même 200 grammes.

J'ai eu la plus grande crise de jalousie de ma vie de pêcheuse, en voyant le vieux Alexander partir en bateau vers Derrynane, avec un pousseux donné par Bernard, le Suisse. Un filet à renfort de fer, large de quatre-vingts centimètres, inox et tout… Alors que je maniais mon vieux truc, abandonné dans le garage depuis quinze ans. Paul me l'avait réparé avec un collier à vis de serrage, vissé dans le bois. Un engin typiquement irlandais, qui mériterait une place au musée des vieux instruments.

Ensuite j'ai placé la *Ptite Poule* sur son va-et-vient. J'ai dû réfléchir si fort, pour en comprendre le maniement, que mon cerveau me semblait prêt à péter les plombs. Lequel des cordages fallait-il solidariser avec le bateau ? Lequel devait pouvoir coulisser ? Fallait-il bloquer les deux à la poulie d'en haut, noyée dans le ciment, ou un seul ? J'ai tout de même compris que le va-et-vient était raté !

Il fait 28 °C à Londres. Ici entre 12 et 13 °C.

8 août

Après un réveil dans la grisaille, vers 11 heures, les brumes s'effilochent comme à regret. Cette après-midi, j'ai sorti le maillot de bain et les sandales, enfin !

Le soir, une lune violente dépose du mercure sur la mer. On se réjouit de l'été enfin arrivé.

9 août

Ce matin, on pouvait encore y croire. On part à 8 heures 30 sur la *Ptite Poule* : 200 grammes de bouquets.

Ensuite, nous sommes allé à Reen, coefficient 100. Diagnostic évident : plus un seul pied de ces belles laminaires brunes. Partout une mousse beige transparente a étouffé le goémon. La proximité de l'élevage de saumons de Castel Cove me semble la cause évidente. L'endroit a perdu sa pureté, sa magie, ses richesses. « I had a house in Ireland »…

Je dépose Paul au centre de la plage, là où l'accès est le moins malaisé. Il descend sans rien prendre, ni la gaffe, ni le panier pour les homards, ni la hotte pour les crevettes. Je range la voiture et je rejoins le mouillage. Là, je vois Paul à quatre pattes sur le sable, qui me tend un bras. Mon cœur se serre : encore une chute, une entorse. Je l'aide à se relever. Il n'a rien. Il a buté sur un rocher, mais chaque chute le fragilise un peu plus. Il ne peut plus lever la jambe, depuis le sol de la plage, où est échoué notre canot, pour la passer par-dessus bord. Je suis obligée de la soulever et de la basculer à bord. L'autre suit.

Le vide des journées est vertigineux : plus de journaux français à Waterville, et mon abonnement au *Monde*, souscrit le 20 juillet, n'a pas commencé à arriver. D'ailleurs, les nouvelles n'intéressent plus Paul. Sauf Inter Service Mer.

Heureusement j'ai mis sur pied la visite chez les Déon et les Joannon. Paul était ravi, car ces quinze jours de mauvais temps nous ont réduits à néant. À Doëlan, même clouée à la maison, je ne peux jamais m'ennuyer : j'ai un jardin ! Ici j'ai regardé s'effilocher, en quarante-huit heures, notre unique rose de la façade, divinement blanc rosé.

11 août

Hier après-midi, le couvercle s'est rabattu sur l'Irlande… Je suis allée cueillir un de ces énormes bouquets violet, orange et blanc, qui poussent dans la caillasse entre une épave de frigo et une carcasse de bateau.

Paul tient à aller en mer. Si on ne pêche pas, ne reste que la sensation d'être condamnés à vivre dans le désespoir du ciel et des habitants… J'y vais par routine : la mer est moche, pleine de traînées d'écume venues d'on ne sait où. Si on pêche des lieus, et on en pêchera, je vais encore en manger seule à tous les repas.

Je suis tout de même allée à Reen – marée de 102 oblige – dans ma mare à oursins : j'en ai pris 18, splendides, puis 800 grammes de crevettes.

Paul « vêtu » de sa nouvelle canne, était venu à ma rencontre : ça le fait marcher encore plus lentement, et plus courbé. On jurerait qu'il relève d'une prothèse de la hanche. En même temps, il a l'air de l'avoir toujours eue, cette canne !

12 août

Cette nuit, j'ai toussé comme une vieille asthmatique. J'ai pris froid en voulant sentir l'eau de mer sur mes jambes, renonçant à mes cuissardes pour ma pêche à Reen. Une heure trente dans une eau à 14,15 °C… Je n'ai pas senti le froid, mais il a dû me pénétrer les os. Et me voilà de nouveau bronchiteuse. Teint livide, peau morne, sale gueule et cheveux irlandais. Tout pour plaire.

13 août

Enfin une journée « normale » : pas très belle, pas chaude, mais normale ! Pêché deux homards, un de 300 grammes, l'autre de 850 !

14 août

Paul très fatigué, moi toujours mon gros rhume. On est allés à Waterville avec les phares.

À notre retour, Paul était tombé malade : le grand jeu. On sort la cortisone et les antibiotiques.

15 août

Le baromètre a entamé une chute vertigineuse ; on ne voit plus les Scariffs. Un ciel blême nous couvre, comme une couette pesante.

Je commence un bouton d'herpès sur la lèvre inférieure, suite à mon infection rhino-pharyngée.

16 août

Ce dont on souffre ici, c'est de ne jamais pouvoir sortir de la maison bras nus, et de s'étirer de bien-être au soleil.

Paul est parti « marcher ». Il est descendu à la cale, pendant que j'étais à Caherdaniel, et il est remonté à pied. Heureux d'avoir envie de marcher. L'Irlande en fait un miraculé !

Moi, très mal au contraire : je tousse comme un vieux fumeur. Et puis malaises divers dans l'après-midi : suées, fatigue. Il faut accuser le *Palaemon Serratus* (Bouquet Royal). J'en avais encore englouti une flopée à midi. C'est passé subitement, vers 18 heures, quand ils ont été digérés sans doute. Je n'en mangerai plus du séjour. Et pourtant ils commencent à être magnifiques.

J'ai repris mon sirop. Il faut me rendre à l'évidence : je suis devenue une personne vulnérable, sensible au froid, à la canicule, à la mauvaise humeur. Au cafard même… J'ai jusqu'ici réussi à n'en tenir aucun compte pour ma vie. Mais c'est un effort perpétuel. En tout cas, cet été. Cette fatigue, est-ce une maladie ? Ou un tentacule de la Pieuvre ?

18 août

8 heures du matin : ce qu'on n'attendait plus, dont on avait oublié l'existence… Rien dans le ciel qu'un azur pâle, tout timide d'oser se montrer nu. Pas une menace au nord, au sud, à l'est, à l'ouest.

19 août

Bien sûr, l'embellie n'a duré qu'une journée. Je n'ai même pas pu profiter d'un soleil anémique : des buées invisibles l'empêchaient de chauffer.

Ce matin, un fort drizzle nous accueille sur la plage où on attendait que la mer remonte pour que la *Ptite Poule* se remette à flotter. On a décidé de ramener en une fois les cinq casiers.

Deux homards : un de 750 grammes, l'autre de 600. L'un avait les pinces liées. Échappé d'un vivier ? Et 400 grammes de bouquets.

Pour la première fois, on aperçoit la voiture de la Garda sur le quai : avec nos homards et nos cinq casiers, on a préféré croiser sous la pluie jusqu'à leur départ !

Et ce soir Inter Service nous annonce grand frais sur toutes les zones pour demain. Les casiers sont au chaud, rincés par l'eau du ciel.

21 août

Très fortes rafales, cette nuit. Je retousse. Ce climat me ronge les poumons : je ne guérirai qu'en France. Mais Paul entend que, dans trois jours, arriveront des perturbations sur la Bretagne : ce sera le tournant de l'été. Exactement comme l'année dernière : rentrés sous la pluie à Roscoff !!

Vers 18 heures, ça a viré à la tempête de suroît, avec des pluies diluviennes. Impossible de ramener la *Ptite Poule*.

Damian Foxall est tombé en mer cette nuit, pendant la Course du *Figaro* en solitaire. Mais un bateau SOS suivait les navigateurs et l'a repêché et remis à son bord. Comme Tabarly, il ne portait pas de harnais de sécurité : sans la surveillance rapprochée, il se serait noyé lui aussi.

Entendu Arthur, le fils de Joséphine, au Lobster : il jouait dans un petit orchestre, banjo et guitare, sans sono, très agréable. Pendant la soirée, une jeune femme est venue me demander en français : « Vous êtes bien Benoîte Groult ? » Juste un signe d'admiration, au fond d'un pub irlandais. Il venait d'une Allemande, bien entendu. Je suis encore sur la liste des meilleures ventes du *Spiegel* !

Dernier jour avant la quille !

1999

13 août

Denise Bombardier, plus tonitruante que jamais, est arrivée hier, sous la pluie. Elle s'est tout de suite aperçue que la *Ptite Poule* n'était plus à son mouillage ! On court partout... Il semble que John l'ait « empruntée ». Sans nous prévenir. Au moins, l'honneur de Paul Guimard est sauf !

Denise est toujours dans l'excès : elle prend une place folle, elle est d'une activité débordante – physique et intellectuelle – et en même temps sentimentale comme une midinette. Elle me fait raconter pour la énième fois – pendant que nous faisons les courses toutes les deux – comment nous nous sommes rencontrés Kurt et moi : oui, oui, c'était au Crillon en 1945, à l'Officer's Club. Et prétend-il, et je le crois, dès qu'il m'a regardée, il a senti qu'il m'aimerait toute sa vie.

Elle l'a trouvé très en forme pendant notre séjour chez elle, à Montréal, il y a deux mois. Son pontage coronaire l'a ressuscité, c'est vrai, et personne ne peut voir qu'il souffre du dos, ni s'apercevoir des effets des rayons sur sa capacité sexuelle : qui était sa principale capacité ! C'est grâce à elle qu'il s'est attaché Dottie : veuve d'un vieux général, elle avait trois enfants mais n'avait jamais connu le plaisir. Quelle femme résisterait ? Bref, Dottie le presse de recourir au traitement dernier cri de l'impuissance : une minuscule et indolore injection qu'on se fait dans le pénis et qui vous assure une heure de parfaite érection. Maybe…

L'existence de Dottie me déculpabilise. Il est moins seul et, je l'espère, un peu moins malheureux.

15 août

Comportements répétitifs désespérants : Paul admet de plus en plus mal que je pêche à pied. J'étais hier avec Denise à Derrynane, pour son dernier jour. Rentrées en hâte, mais rien n'était prêt : même pas l'apéritif pour déguster notre pêche. J'étais moulue. J'ai tout préparé pendant que Denise bouclait ses valises.

Elle a éclaté en sanglots en me faisant ses adieux : Paul était parti se coucher, pour couper court aux émotions. Denise a jeté son dévolu sur moi, comme mère de remplacement, après la mort de la sienne. Mais j'ai déjà trois filles, et un quatrième vieil enfant, le pire et le plus accaparant !

16 août

Après une journée de fortes averses, ça s'améliore doucement. Nous avons pêché 2 lieus, 300 grammes de bouquets, une étrille et des tourteaux trop petits. Il est clair que, même ici, la richesse s'épuise. Il n'y a plus la variété d'algues du début, et moins de crustacés. Le ski nautique, six heures par jour, en est-il la cause ? Les razzias des chalutiers qui, une fois par mois, ratissent toute la baie de Derrynane et posent vingt casiers ? La ferme à saumons ?

L'arthrose mène sa vie indépendante de moi : celle du genou va mieux, grâce au port d'une genouillère. Je l'oublie souvent. Celle des mains, assez douloureuse, je ne l'oublie jamais ! « Sois calme, ô ma douleur – Et tiens-toi plus tranquille… »

Mes cheveux ? La catastrophe. La permanente miracle, promise en Bretagne, rejoint les pires du passé : mes cheveux sont totalement dévitalisés. De l'étoupe qui refuse de boucler. Les rouleaux ne servent à rien : dix minutes après, tout s'effiloche. Un beau ratage.

Quand je pense au courage que j'avais dans le passé ! Pendant dix ans, j'ai découpé et mis dans le sel des kilos de vieilles, sans parler du reste. J'étais une forcenée ! Mais j'avais Nicole et Bernard, ou Michèle et Olivier, ou Blandine et Alain, ou Lison et Serge… Ou Bernard, qui est mort, et Flora pire que morte, terrassée par Alzheimer comme maman. Ils ne savaient rien faire, mais ils étaient si enthousiastes, si bons mangeurs ! Jean-Pierre Vivet est mort, Maurice

Werther aussi… Nous sommes, Paul et moi, les derniers fidèles à nos amours.

Et pendant ce temps, les filles se prélassent à Hyères avec leurs amants, puisque les maris que nous aimions ont disparu…

19 août

Toujours pas de homard dans les casiers. Mais les étrilles ont réapparu et le beau bouquet aussi. Un casier avait disparu : j'ai fini par apercevoir mon bidon rouge sous un tapis d'algues : le casier s'était enroulé dans les algues spaghettis. Timorée, je ne voulais pas le repêcher. Le vent nous emmenait sur la roche, et si je le ratais ? Et si le moteur se bloquait dans les spaghettis ? Paul m'a dit : « On essaie une fois. » Pour les manœuvres délicates, il est toujours partant. « Saint Beneteau, garde-nous en vie ! » C'est notre prière chaque fois que nous sommes en difficulté. (La *Ptite Poule* a été construite par Beneteau.) Encore une fois ça a marché, sauvetage réussi !

Les autres casiers, c'était acrobatique aussi : ils sont trop lourds pour moi, maintenant. Et puis ils se déglinguent : comme nous ! Il en faudrait des neufs, introuvables ici. Or je ne pense pas que nous reviendrons l'année prochaine. Paul est limite : chaque déplacement le laisse pantelant, comme s'il avait franchi l'Himalaya. C'est stressant de le voir circuler sur les caillasses de la plage et embarquer au ralenti, avec des efforts pathétiques. En rentrant, il s'effondre au lit. Il ne mange rien le soir.

On est vraiment deux vieux fous dangereux ! Paul a failli s'emboutir sur une roche nue, non émergée car mortes-eaux : je l'ai vue passer, cette roche, sous cinquante centimètres d'eau parmi des remous impressionnants. J'ai crié : « Paul, un rocher ! » Mais que faire, sinon continuer en priant les dieux marins et saint Beneteau ? En plus, nous avions Jean-Claude à bord et nous revenions en traînant une ligne – qui a fini par s'enrouler sur l'hélice sous les impulsions d'un maquereau énervé. C'est la première fois que je vois Paul se tromper sur un des récifs de cette baie. La cause ? Le besoin de frimer. Il va vite quand il y a un témoin. En voiture aussi. Là, il voulait montrer qu'il maîtrise toujours la situation : la prudence, ça fait vieux. On aurait pu en mourir tous les trois. Loin de la côte, mer agitée. Mes cuissardes, qui en fait montent jusqu'aux seins, si elles s'emplissent, m'entraînent au fond. Paul flotte avec son gilet insubmersible, mais son cœur, hydrocuté, s'arrête. Et Jean-Claude ??

20 août

Deuxième journée de merde, Mère Ubu ! Nous ne sommes pas allés en mer : peut-être parce qu'on est moins masochistes qu'il y a dix ans, ou cinq…

Mon vieux pull-over en poil de chameau a tant servi qu'il ne tient plus chaud. Le chameau est parti !

Je me dis : « Tiens, ça ne va pas fort, ce soir, c'est la fatigue. Une bonne nuit, et il n'y paraîtra plus. » Mais ce n'est pas la fatigue, c'est l'âge. Et une bonne nuit, tout comme une mauvaise, ne fera que me rapprocher de ma mort, et n'effacera pas les signes de vieillesse.

21 août

Il y a un an encore, jusqu'à soixante-dix-neuf ans en somme, je pouvais tricher. Je suis entrée dans un nouveau pays. J'ai franchi une frontière, même si je vagabonde encore dans la vraie vie, sans soucis.

24 août

Paul a maintenant une mentalité de déserteur : « Ça devrait aller », répète-t-il, pour éviter tout effort supplémentaire.

Je ne sais pas comment je garde mon énergie de vivre quand je le vois, chaque matin, accablé de fatigue dès le petit déjeuner. Il se rendort à table, avant de remonter au lit. Et le pire, c'est cette tristesse épandue, ou plutôt cette aboulie, ce manque de goût de vivre, ce désintérêt de tout… Il n'a pourtant aucune envie de vendre l'Irlande et de renoncer. Moi, je me pose des questions : avoir quatre maisons et trois jardins, à nos âges, commence à être une folie. Mais bon, Paris est indispensable : nous y travaillons et y avons nos filles et nos amis, et le cinéma, les expositions, le théâtre... Hyères, nous l'avons déjà donné aux filles, et la maison est remplie des meubles de mon père. Et puis elle est si douce et agréable à vivre... Doëlan, c'est mon cœur. Et l'Irlande, mon rêve. C'est aussi ce qui me reste de jeunesse.

25 août

Hier soir, Paul m'a dit qu'il était très conscient de sa décrépitude rampante et que c'était douloureux d'avoir envie de dormir incoerciblement : yeux qui brûlent, paupières qui refusent de rester ouvertes : « Je ne supporterai pas ça très longtemps », dit-il. Je voudrais le persuader de suivre un traitement comme Adenauer ou l'ancien pape : infiltrations placentaires ou embryonnaires qui réveillent les mourants et leur redonnent l'envie de vivre.

27 août

Aujourd'hui, suroît de merde ! Adieu à l'Irlande blafarde.

2000

30 juillet

L'Irlande égale à sa légende… Chaque fois qu'elle est mauvaise ! Arrivés hier par temps doux, gris et bleu. L'essuie-glace dès Kenmare et pluies, de plus en plus violentes, en approchant de Bunavalla.

Partie ce matin essayer la bichette sur la plage de Bunavalla : quelques grises, petites. Puis le long des rochers, et dans les goémons : beaucoup de crevettes moyennes. Ensuite à Derrynane, 200 grammes de beaux bouquets dans la mare du milieu, et 200 dans les roches. C'est une année à crustacés : ils grouillent. Mais à peine arrivée à Derrynane, bruine ; et à peine en bas, pluie. Je n'avais mis que mon K-Way, oubliant que l'Irlande est toujours pire qu'on ne le craint. Rentrée avec ma tignasse irlandaise : il m'aura fallu une matinée !

1er août

Stupeur en découvrant la colère de Paul, parce que j'évoquais son cancer de la vessie, hier soir :

« Ça n'a jamais été un cancer, insiste-t-il.

— Mais tu as lu le compte rendu du chirurgien ?

— Justement, dit Paul. Il est question d'un… le nom m'échappe. Mais en aucun cas d'un cancer. D'ailleurs, Halimi me l'avait confirmé. »

Halimi avait commencé à lui dire la vérité, après l'intervention. J'étais là, dans la chambre de la clinique. Il a reconnu les signes de celui qui ne VEUT PAS savoir : il s'en est tenu au mot tumeur. Mais le compte rendu opératoire parlait de carcinome, et on sait ce que ce mot veut dire. Stupéfaite que Paul se conduise comme un vieux paysan superstitieux qui refuse le mot cancer. D'autant que les résultats de l'exérèse sont excellents : toute la masse enlevée. Aucune trace, un an après. « Fais attention à ce que tu dis, m'enjoint Paul ; c'est extrêmement désagréable que tu parles de "mon cancer". » J'ai écrasé. C'est comme ça qu'il veut vivre. Pourquoi le forcer à regarder en face la réalité ?

2 août

La tempête a commencé cette nuit, après une journée de brume opaque. Pour financer le rescue boat, les communes avaient organisé une nuit avec feux d'artifice à Abbey Island. Il en faut plus pour arrêter un Irlandais ! À minuit, j'étais réveillée en sursaut par les fusées : j'ai cru que mon compteur électrique sautait, car Sheila m'avait signalé une panne du chauffage à récupération. Et les fusibles du garage sont gravement rouillés. J'imaginais qu'un court-circuit était en train de mettre le feu à la maison. C'est le moment où l'on s'aperçoit qu'on n'a jamais pensé à avoir un extincteur !

Ce matin, grand vent S.-S.E. et drizzle entrecoupé de « bonnes » averses. 13 °C. Je suis partie à Reen – marée de 100 – mais le vent a empêché la mer de déchaler. J'avais mon K-Way rouge avec capuchon, mon grand ciré blanc par-dessus, mes cuissardes, mon vilain bonnet de laine bleu Nattier et un gros pull de mohair, cadeau de Flora. Flora, comme c'était gai de l'avoir ici, pendant tant d'années…

J'ai pêché pas mal de crevettes, mais moyennes. Par mauvais temps, les bouquets restent au large. Trois douzaines de palourdes aussi, et des coques plus une praire.

Je suis rentrée à 13 heures. Paul encore en robe de chambre, pas rasé depuis trois jours. La table non mise, le saumon acheté hier pas préparé, ni MA vodka d'après pêche. Ni la salade de pommes de terre prévue. Il cherche à me punir, à me décourager.

Encore une manifestation, tout à fait nouvelle, de son désir de m'entraîner dans sa spirale de mort : il m'associe à sa fatigue, répétant à Sheila : « Nous sommes tous les deux tellement fatigués, nous ne pouvons pas garder l'Irlande. » Mais si je bénéficiais d'un homme en état physique normal, j'aurais encore de grandes joies ici. Par ce temps, en pyjama toute la journée, Paul en est réduit à recharger la petite cheminée en tourbe et en charbon. On étouffe…

3 août

Les hirondelles ont refait leur nid dans le garage. Elles étaient entrées dans la cuisine hier soir, car je les avais effrayées en allant au congélateur mettre mes palourdes farcies. Je les ai coiffées en douceur d'un torchon et remises dehors.

J'ai toujours été très sensible aux pollutions et dégradations du milieu : rejets de La Hague, lisier de porc, poulets aux hormones. Mais ça restait des mots. Hier, je me suis trouvée face à des faits : l'an dernier, j'avais trouvé Reen envahi de mousses beiges. Peu de crevettes sous cette couverture asphyxiante, et plus une seule laminaire. J'avais pensé que c'était un été à mousses proliférantes. Hier, j'ai retrouvé Reen moins envahi, mais je n'ai pas vu une seule laminaire dans l'espace marin.

Il faisait un vent et une pluie de chien et ça ne déchalait pas, malgré une marée de 105. Revenue avec 800 grammes de crevettes moyennes tout de même. MAIS… mais pêché deux douzaines de coques et de palourdes, beaucoup plus grosses que d'habitude. J'ai découvert, en les dégustant, que les petites étaient très bonnes mais que les grosses avaient un parfum prononcé d'iode. À voir déjà, elles n'ont pas le même aspect : une chair opalescente, molle, un peu dégoûtante. Nourries différemment, elles sont devenues des palourdes de batterie, alimentées par les déjections de l'élevage de saumons de Castelcove. Elles ont changé de chair. La flore avait tristement changé dans ce paradis de pureté qu'était Reen ; voilà que les animaux sédentaires ont muté eux aussi. Les crevettes, les étrilles, ça voyage, c'est moins grave.

Je vais ce matin à Lamb's Island, où le sable est intact, chercher de vraies palourdes.

4 août

Magnifique pêche : 1,5 kilo de bouquets, piégés dans la mare. Marée de 100, mais mieux descendue que celle de la veille de 105.

J'ai appris à dénicher les pétoncles, grâce à un garçonnet hollandais qui cherchait des crabes sous les pierres. J'en ai pêché sept, délicieuses. Et j'ai apporté à Joséphine un kilo de crevettes de roche, presque rouges. Tout cela dans la tourmente, avec trois grosses averses cinglantes. Et soudain, à midi, soleil et chaleur pendant trente minutes. Puis retour du drizzle.

5 août

Pas vu un rayon de soleil de la journée. J'ai mis la *Ptite Poule* à l'eau hier, et je suis allée poser trois casiers avec le Tabur. C'est dur de se remettre à l'aviron.

C'est dur aussi de constater dans la glace à quel point on s'est abîmé : du vieux matériel ! Le cou n'est plus cette belle tige droite et la peau des bras est devenue un pétale d'œillet au lieu d'être un pétale de rose…

6 août

J'achète le *Kerryman* pour voir le prix des propriétés. J'y trouve un grand article sur Charles Haughey – le Premier ministre chez qui nous étions allés avec Mitterrand – et ses dépenses somptuaires dans son île des Blasket : « Il y a reçu beaucoup de visiteurs célèbres dont le président français, François Mitterrand, qui a passé de beaux moments dans les brumes du Kerry avec sa petite amie, Madame Grimaud ! » Faute d'ortographe providentielle pour ma réputation ici !!

J'ai fini la biographie de Paul, écrite par Gérard Jaeger, qu'il a réussi à faire imprimer aux Éditions du Pen Duick. Assez conventionnelle, mais très documentée malgré pas mal d'erreurs. Je me suis accrochée à cause d'un curieux sentiment : je découvrais les vrais (les vrais ?) ressorts et motivations d'un homme dont je n'avais pas voulu connaître certains aspects. Disons qu'il m'est encore beaucoup plus étranger, maintenant !

8 août

Kurt m'envoie une photo de lui à Hawaii. Mal habillé comme d'habitude : un polo mou, camelote, un blouson informe. Et il n'a plus l'allure, les épaules magnifiques, le dos droit qui faisaient oublier ses vêtements. Tout devenait beau sur ce torse bombé. Là, ses cheveux blancs ne sont plus drus, ses joues se prolongent en bajoues, ses oreilles sont éléphantesques, ses yeux minuscules, etc.

9 août

Toujours pas une éclaircie… Mais on a réussi à aller en mer tous les jours. Beaucoup de crustacés, sauf le roi : le homard. Énormes étrilles, beaucoup d'araignées, lieus et maquereaux à foison.

Hier soir, coup de suroît, grosses pluies. On s'est tâtés, ce matin. Mais même le masochisme de Plic et Ploc a ses limites ! On a renoncé.

Je lis *Les Amants de la liberté* sur Sartre et Beauvoir, médiocre, mais l'histoire du terrible couple est si fascinante… Détails pas assez scabreux, à mon goût, sur les maîtresses : Olga, Wanda, Michelle Vian, Dolores bien sûr, et les passagères. L'amour entre Simone et

Algren, qu'elle raconte dans *Les Mandarins*, me fait souvent penser à Kurt et moi : Algren était tout à elle, comme Kurt à moi ; et comme Paul – ou Sartre – ne l'ont jamais été. – « Est-ce que je devrais être punie d'avoir osé aimer sans donner toute ma vie ? » se demande Anne-Simone. Elle comptait vivre avec lui trois ou quatre mois par an, mais il l'a quittée en lui annonçant qu'il se remariait avec son ex-femme. Elle lui a offert son amitié : Algren lui répondit qu'il ne pouvait rien lui offrir d'inférieur à l'amour. Je m'imagine tellement Kurt me disant la même chose : incapable d'une autre relation. Mais il avait plus de soixante-dix ans, Algren en avait cinquante-quatre...

Ils en ressortent, Sartre et elle, curieusement antipathiques, égoïstes, et tellement intellectuels qu'ils ne voient plus le quotidien, la souffrance, l'injustice. Pour ne pas trahir le prolétariat et désespérer Billancourt, Sartre refuse d'entendre Kravtchenko...

On dirait que l'Irlande s'ingénie à me détacher d'elle. Un temps qui paraît pire que jamais. Pas une lumière sur la mer. Pas un ami à l'horizon, sauf nos chers Chaplin-Gardin, qui sont arrivés le 2. Eux aussi sont en train de craquer et n'ont plus d'amis chez eux. Joséphine recueille des jeunes filles, plus ou moins à la dérive : Tamara, sa nièce, et des copines, dont la fille de Gégauff. Quant à Julien, son fils, je l'ai vu hier sortir du bouge intitulé « Hair Saloon » de Waterville, les cheveux très courts et rouge orangé ardent. Quelle surprise pour Joséphine !

10 août

Enfin une journée passable. Nous sommes allés longuement en mer pour pas grand-chose : sauf 250 grammes de bouquets dans deux casiers. Et un beau lieu d'1 kilo dont j'ai levé les filets, pour les mettre dans le sel.

Du courrier tous les trois jours : on est vraiment comme des fœtus dont on a coupé le cordon ombilical.

Madeleine Ganon m'appelle pour me dire que ma préface était magnifique pour son livre *Les Femmes et la guerre*.

11 août

Peu de vent et pas mal de brumes qui traînent ; j'ai tout de même sorti la chaise longue après déjeuner. Mais je l'ai vite rentrée, vers 17 heures. J'ai sorti aussi mon short de l'armoire, mais je n'ai pas été jusqu'à le mettre ! Portes fermées bien sûr : l'air ne parvient pas à se réchauffer.

12 août

Réveil gris, pas une lueur. La terrasse d'ardoise est mouillée. Qui a plu pleuvra !

Pêche sous un drizzle incessant. Hier en mer, on s'est disputés, affrontés même, pour la première fois de notre vie. Et alors ? On mourra aussi pour la première fois. Il ne faut pas croire que tout est figé, sous prétexte qu'on est vieux. Disputés parce que, pour le second jour consécutif, Paul va volontairement près des écueils, dans le ressac, sous des prétextes divers. Le seul étant de se sentir un homme parce qu'il prend des risques. Je lui ai répété qu'avec cette houle courte, je ne pouvais pas me tenir debout à l'avant. Il accélère et insiste. Tout ça pour pêcher un gros lieu. On l'a eu, 1,5 kilo, mais on les a partout, ces lieus. Je sais que je ne pourrais plus sauter sur les avirons, en cas de panne ou d'algues dans l'hélice. Je suis plus lente et moins alerte. Paul n'admet pas que j'aie peur : « Tu n'as plus confiance en moi ? » Non, c'est vrai, je n'ai plus cette confiance aveugle que j'ai eue pendant cinquante ans. L'an dernier, on est passés à dix centimètres d'une grosse roche affleurante dont il avait oublié l'existence : « Ah, on en entendra parler de celle-là », dit Paul, hargneux. Eh oui, il n'a plus la force physique ni les réflexes pour naviguer en prenant des risques. Il refuse de le reconnaître : « C'est toi qui es devenue peureuse. » Sans doute. Mais lui est devenu inquiétant. Je l'ai toujours tellement flatté, ménagé, préservant sa vanité et son amour-propre qu'il tombe des nues que je puisse le remettre en question : « Tu ne disais pas ça, il y a cinq ans. » Bien sûr, mais nous ne nous sommes pas améliorés en cinq ans ! Je sais très bien ce qui ne va plus chez moi. C'est de mes incapacités que naît ma peur. Mais je ne DOIS pas avoir peur : c'est lui faire insulte.

C'est la cassure, cet affrontement en mer. Heureusement, c'est le dernier été en Irlande. Je devine que pour Paul, c'est une défaite, une reddition définitive à l'ennemi. Mais comment ne pas comprendre que c'est grâce à mon obstination et mon courage physique qu'il a pu conserver l'illusion qu'il naviguait encore ?

13 août

Le drame de l'Irlande, c'est qu'elle me rend laide ! Visage et jambes débrunis, cheveux comme un empilage de toiles d'araignée, joues blafardes comme le ciel et l'ennui. Je me demande chaque matin où est la vérité : dans le miroir de ma salle de bains, où je suis à faire peur, ou dans celui de ma chambre, beaucoup plus flatteur ?

14 août

Hier, journée charmante : une brise douce, quelques nuages bénins, un ciel pommelé avec du bleu ! J'ai pu faire une balade en Tabur, pour relever mes casiers à crevettes. Paul, « mortellement fatigué », avait renoncé. Fatigué toute sa vie, et si souvent alité pour le plaisir fervent de la sieste… L'âge a simplement aggravé ses symptômes chroniques. Il s'est remis au Solupred hier. Le baromètre est très bas, humidité impressionnante : 90 %. Il est oppressé, mais ni rhume ni bronchite. Ce qui me soutient, c'est que nous affrontons ça pour la dernière année.

15 août

Ce matin, l'Irlande nous a sauté au visage, quand j'ai ouvert les rideaux : brumes, drizzle, vent N.E. Comme si la journée d'hier n'avait été qu'une erreur. Nous sommes partis vaillamment en pêche avec lainages, cirés, cuissardes, tout le harnachement quotidien.

En avançant en âge, la peau de Paul se parsème d'écailles assez rêches, sur ses mains et sur son dos : à l'image du grand lézard marin de nos origines.

Pas grand-chose de nouveau dans une vie, passé quatre-vingts ans. Mais si : la vieillesse est nouvelle. Tous les jours une surprise : généralement mauvaise, d'accord ! Mais quels étonnants paysages : désertiques souvent, mais on finit par s'intéresser à ces riens qui fleurissent dans le désert !

« Si j'arrive un jour jusqu'au bout de ma vie, ce qui n'est pas prouvé... » Deux lignes d'un poème de jeunesse de Paul, dont m'apparaît tout le sens aujourd'hui. Il est accablé par ses handicaps, son souffle court, son aboulie. La vie l'amuse si peu qu'il s'est acheté un agenda de poche qui est un refus de vivre et d'avoir des amis. Toute une année en accordéon : une demi-ligne par jour.

Tellement faible et somnolent hier qu'il m'a dit : « Je suis complètement détruit de l'intérieur. Je ne tiens que par la façade. » Il lui reste un cordon ombilical : moi, qui n'en demande pas tant. Il dit ne pas être angoissé. Mais il dit aussi : « Je me rapproche de la mort. » Et il reste tête basse, les yeux mi-clos, pour ne pas y penser, sans doute.

21 août

Trois ou quatre jours normaux : quelques gouttes par-ci par-là, dans un ciel très bleu.

Fond de l'air glacial, mais soleil chaud. Hier, magnifique, mais on a passé la journée en voiture, ayant promis aux Chaplin d'aller voir leur maisonnette à Valentia. Pub de moules à Portmagee : mais pas de moules ! Journée de plage ratée : la seule en vingt-huit jours. « Folle de rage », comme dirait Dorothy Parker que j'ai traduite il y a si longtemps et que je relis toujours avec le même plaisir.

Pas de homard cette semaine, après les quatre de la semaine précédente. Mais le bouquet grossit et se multiplie : 500 grammes ce matin. Je rentre à 14 heures. Paul avait déjeuné, c'est-à-dire rempli l'évier de vaisselle sale. Mais pas mis un couvert pour moi. Toujours cette réprobation sur mes pêches. Enfin, il peut pavoiser : ce sont les dernières. Et c'est très bien comme ça.

Il y a un geste venu du fond des âges, qui donne chaque fois l'impression de préserver la vie : remonter les couvertures sur un être qui dort, dégarni. L'impression de le sauver du froid, de la nuit, des bêtes sauvages… Un geste fondateur de la maternité.

22 août

Plic et Ploc, dans leurs dernières journées de marins-pêcheurs en Irlande…

Trois semaines d'un temps qui nous a épuisés, trempés, moulus, où nous avons accompli des gestes à la limite de nos forces. Surtout Ploc ! Vacances irlandaises épuisantes physiquement et moralement. Et quand je pense aux efforts qui vont être mon lot ininterrompu pendant les huit derniers jours… En plus, Paul a un lumbago : plus un effort ! Petit déjeuner servi dans sa chambre. Mais ce matin, il lui FAUT aller en mer – elle est calme, un miracle – pour relever nos deux casiers au large. Les trois dans la baie, je m'en charge en Tabur. Je crois que c'est pour ces heures de bateau ensemble que Paul m'aime encore. En mer, en pêche, nous faisons l'amour que nous ne faisons plus au lit.

On a signé la promesse de vente de notre maison. C'est un soulagement, presque une jubilation. Mais l'Irlande aura été une des dimensions de ma vie, après Kercanic, où j'ai connu les mêmes bonheurs de pêche. À Doëlan, il n'y a rien à pêcher mais, heureusement, il y a mon jardin et cette vue si belle. Le Kerry est venu à point pour me redonner ce goût ardent d'aller chercher fortune parmi les laminaires. Rien ne comblera plus ce désir : même si je me promets de retourner faire quelques marées à Bunavalla. J'y laisse tout mon attirail de pêche.

Maintenant j'ai toutes les valises à faire, seule, et je dois choisir ce qu'on rapporte ou non, puis charger la voiture. Puis, la décharger à Doëlan et la recharger, huit jours après, en route pour Paris. Puis, train-auto pour Hyères où, enfin, je poserai mes fardeaux : Paul d'abord !

2001

6 mai

Arrivée avec Blandine et Patrick pour mon dernier séjour en Irlande. C'est si triste de faire la route sans Paul, cette route que nous avons si souvent faite ensemble.

Le temps ? Irlandais, irlandissime même !

Ma maison méconnaissable, bien que la gentille Anne-Marie, notre acheteuse, ait tenté de laisser mes traces. Mais c'est devenu une maison de mémé irlandaise ! Gros fauteuils à oreillettes en tapisserie brun et vert : affreux ! Deux ou trois petits meubles en bois, bas de gamme, dont les tiroirs ne fonctionnent déjà plus. Peinture des murs : sombre et laide.

8 mai

Cette Irlande, je m'en débarrasse, mais elle me restera au cœur. C'est une immersion dans la nature, comme on n'a plus l'occasion d'en faire. Une vingtaine de vaches, dans le champ d'en face, gambadent avec leurs jeunes veaux heureux de vivre. Des oiseaux migrateurs dans le marais de Derrynane, seuls dans l'immensité de sable et de joncs.

Hier soir, je me suis plongée dans un album photo 1996-1997. Flora dont on oublie qu'elle a été si gaie, si drôle, faisant la folle avec Violette. Blandine, hiératique, mais si jeune encore, comme Joséphine. Paul, avec un grand sourire… Le jamais-plus s'est engouffré dans la brèche et j'ai passé une partie de la nuit, non pas à regretter d'avoir vendu notre maison, mais à regretter que tout le décor et tous les acteurs qui avaient fait de Bunavalla une maison si joyeuse, si rare, si excitante aussi, se soit effondré.

Au moins, restons-nous aimés et regrettés ici, chacun me le confirme : toutes les maisons nous restent ouvertes. On n'était pas des touristes, des étrangers, mais une des composantes du pays. Cela m'a beaucoup émue de l'entendre, et ça a ouvert les vannes de l'attendrissement. Je m'aperçois que je les maintiens bloquées, le plus souvent.

À midi, j'ai filé vers mon rocher de la plage de Derrynane : 400 grammes de gros bouquets, des palourdes et des bigorneaux. Un Irlandais, toujours au fait des choses de la mer (!), m'avait découragée : « Il a fait trop froid, il n'y a rien à pêcher. » Je lui ai montré ma pêche au retour, il était baba : « Ah ! Mais je vous reconnais ! Vous êtes madame Guimard ? »

J'ai cueilli cinq rhododendrons, à peine fleuris, près de chez O'Connor, et cinq branches de pommier rose et blanc. Et j'ai volé un arum chez le voisin d'en bas !

9 mai

Ce séjour enchanteur continue ! Température largement en dessous des moyennes saisonnières, dit la météo. Feu de tourbe et charbon dès midi : pour chauffer Blandine surtout, qui n'aime vraiment que le Sud.

Mais, pêches miraculeuses. Constance et Jean-Jacques, arrivés hier, ramènent 40 très gros oursins, pleins à ras bord. Puis à la digue, un turbot de 500 grammes. Et Constance à Reen, 800 grammes de crevettes, moi 500, et pas mal de praires.

10 mai

Ce matin, à Derrynane, je me mets aux pétoncles. J'en trouve sous les pierres : 8 ! Blandine, 10 autres dans le passage chaotique entre Abbey et Lamb's. Puis avec Constance 2,3 kilos de crevettes, dont 1 kilo de très belles : toutes grainées car les femelles viennent pondre à la côte.

Pendant ce temps, Patrick, qui a le don de s'y prendre avec un haveneau, nous dégotte une grosse araignée de 2 kilos ! Et Constance, une petite.

La grosse araignée était si coriace que les deux mecs ont cassé les casse-noix dessus. Il a fallu les achever au marteau ! On a mangé des fruits de mer jusqu'à 16 heures. Puis j'ai fait une soupe de crevettes, avec les moyennes.

Demain, premier rendez-vous chez le notaire. Aurai-je le temps de pêcher ? Et de vider la maison, emballer les tableaux, la vaisselle, les lampes, les draps, etc. ? Un dépeçage. Un arrachage…

12 mai

Dernière nuit dans mon lit, dans ma chambre d'Irlande où j'ai tant fait l'amour avec Kurt. Et jamais, je crois, avec Paul : nous ne le faisions déjà plus en 1980. Mon Kurt… sans doute mort le 2 février de cette année : je l'ai appris par une lettre, sa dernière lettre d'amour, datée du 4 sur l'enveloppe. Il avait demandé à sa fille de me l'envoyer après sa mort. Je ne saurai jamais comment il est mort, puisqu'elle s'est contentée de m'envoyer la lettre déjà cachetée et timbrée par lui, sans même y joindre un mot. J'espère qu'il est mort très vite, lui qui redoutait tant d'être paralysé, à la merci de ses lointains enfants ou de Dottie, sa compagne de la fin, qui vivait au loin. Elle doit être presque aussi malheureuse que moi. « Mon cœur en deuil de moi-même… » Je ne sais plus quel poète a écrit ce vers : et c'est vrai que je suis en deuil de moi-même. Heureusement, on a plusieurs « moi » : mais je ne marche plus que sur une jambe… Il me manque un regard unique, incomparable. Un amour total, « without reservation », comme il me l'a écrit si souvent. Paul aussi m'aime, without reservation, mais c'est avec l'énergie du désespoir. Kurt, c'était le désespoir tout court : celui « of not belonging ». Il m'aura aimée à ce point pendant cinquante-cinq ans. S'il n'y avait pas eu Dottie, depuis quelques années, je me sentirais terriblement coupable. Mais, en même temps, depuis que Paul n'a plus de carrière, plus de goût à vivre, depuis que je lui sers de raison d'être, tout ce que j'aurais donné à Kurt, je le lui aurais enlevé. Et il ne peut se permettre de perdre quoi que ce soit : il vit désormais sur si peu de lui-même.

Je l'ai toujours avec moi, dans mon portefeuille, cette dernière lettre, si belle, et qui me fait pleurer chaque fois que je la relis.

« Ma Benoîte adorée, je voulais que tu lises ces mots utilisés par moi, si souvent, encore une fois. Ce cœur, si plein d'amour pour toi, mon amour, est maintenant tranquille. Je suis reconnaissant à la vie d'être parti avant toi, mon amour : cela aurait été insupportable d'être dans ce monde, sans toi. Ça aurait été pire que l'enfer de vivre ces mois, ces années, loin de toi. Je te remercie encore pour le bonheur que tu m'as donné, pour l'amour partagé. S'il y a un autre temps, un autre endroit, ma Benoîte, je le veux à tes côtés. Oui ? Oui, ma chérie. Je demande pardon à ceux que j'ai blessés en t'aimant sans réserve. Je t'aime. Kurt »

2003

27 septembre

Jusqu'à la minute du départ de Hyères, je n'étais pas sûre de partir. Paul, plus faible que jamais, ne mangeant toujours rien. Le docteur Philip, venu la veille au soir, m'a dit : « Partez, Benoîte, sinon, c'est vous qui allez craquer. » Il a ajouté : « Partez tranquille, je m'occupe de lui. » Tranquille, non. Mais je pars.

Le cher Franck m'attendait à Killarney. Et, plus surprenant, ma valise m'avait suivie !

Anne-Marie, la nouvelle propriétaire, a tout descendu du grenier où trois sacs attendaient depuis deux ans ! J'ai retrouvé tout ce que nous avions laissé : vieux vêtements de pêche, cuissardes, cirés, deux casiers…

Le salon peint en ocre, plafond compris, avec rideaux ocre ! Le bois naturel ne ressort plus, toute l'allure de la pièce s'est envolée. Sur tous les meubles, canapés, lits, fauteuils, d'affreux « jetés » en éponge-velours, ocre aussi, pour protéger sans doute la hideuse tapisserie beige avec bergères et charmilles : posée à l'envers, les bergères ont la tête en bas ! Il ne reste plus une once de charme, mais les volumes sont si beaux, et la vue si stupéfiante, qu'on reste saisi.

J'ai vite cueilli un des derniers hortensias, pas encore fané, et trois roses-églantines près de la barrière. Pour retrouver mes repères.

Rien n'a changé dans le pré, mais l'été presque caniculaire, ici aussi, a transformé les jardins et donné un aspect normal aux arbres, fuchsias et autres verdures. On ne voit pas la souffrance des végétaux, cette année. L'Irlande va peut-être être la plus grande bénéficiaire du fameux réchauffement de la planète.

J'attends avec impatience Constance et Jean-Jacques, qui arrivent en fin d'après-midi par le ferry, avec la Honda et des nourritures terrestres. Je n'ai mangé que quelques biscuits dans l'avion, depuis ce matin. En attendant les nourritures marines de demain !

28 septembre

Ils ne sont arrivés qu'à 21 heures : le ferry avait une heure de retard.

Belle journée, avec quelques minutes de drizzle et trois arcs-en-ciel en même temps ! Nous sommes allés pêcher à Derrynane où nous avons eu la mauvaise surprise de trouver les deux pirates Gérot déjà sur les lieux ! Donc pêche moyenne : mais 24 oursins pour Jean-Jacques et beaucoup de palourdes et des pétoncles.

Hélas, les mousses beiges étaient de retour, asphyxiant les laminaires (disparues) et chassant les crevettes. Dans le cahier de 2001, je vois qu'on avait pris 2 kilos chacune ! Cette fois, 500 grammes en tout. Mais Reen est si beau !

29 septembre

Retournés à Derrynane. Drizzle, grisaille et, surtout, un sale vent froid de N.E. 1,5 kilo de petites crevettes, pour la soupe.

J'ai retrouvé les affres d'une grande marée. Je ne pouvais m'empêcher de m'interroger : est-ce le dernier coup de haveneau que je donne, le dernier de ma vie ? L'eau était claire, ainsi qu'aux plus beaux jours. Ma commère crevette y faisait mille tours, ainsi que crabe vert son compère… Je me crois revenue à nos étés, avec Paul.

Mon Dieu, que c'était bon de ne pas être vieille, de pouvoir compter sur soi en toute circonstance.

30 septembre

Après une nuit magnifique, étoilée comme sous les Tropiques, ciel méditerranéen mais toujours ce fort vent de N.E. Sean nous emmène poser nos deux casiers dans la baie, sur la *Ptite Poule* que nous lui avons vendue. La mer est plate, je ne devrais pas avoir de problème pour embarquer.

Le matin, Constance et Jean-Jacques rôdent dans le salon en fumant leur première cigarette et en toussant.

On a fait des courses pour faire des cadeaux, au Craft de Waterville. On rentre à 14 heures, après avoir pris une bière au Scariff. J'avais faim : je mets les darnes de saumon à cuire et je prépare la salade de tomates : « Y a pas le feu », dit Constance. Mais j'ai mangé ce matin à 7 heures 30, moi…

Constance se sert un whisky (puis un second) et Jean-Jacques un pastis (puis un second). Ils mangeront plus tard. OK. Puis Constance ira faire la sieste. Elle m'a dit, hier : « Je suis heureuse, maman. » Elle fait rarement ce genre de constat. Mais on le serait à moins : on a Mary le matin et il n'y a pas de corvées à assumer. C'est Jean-Jacques qui conduit, prépare le feu, ouvre les fruits de mer, cuit les bigorneaux. Mais Constance ne va pas bien : elle marche difficilement et elle ne peut plus aller en bateau. Elle ne sent pas ses jambes, et ses mains, insensibles elles aussi, sont marbrées de rouge dans la paume. Elle mange comme Paul : RIEN. Et boit comme lui : BEAUCOUP !

On a prêté le Tabur à Gérot. Ils ont négligé de rapporter les avirons. Hier soir, on a attendu une heure, avec nos deux casiers, prêts à poser. Personne n'est venu. Je me sentais si bien que j'étais prête à prendre les avirons pour aller à Iskaroon, avec le casier à homards et le léger à crevettes. Hélas, je n'ai pas eu l'occasion de frimer. Peut-être en aurais-je bavé ?!

1er octobre

La vieillesse ? Un sujet terrible, parce qu'on en meurt à tous les coups. C'est un voyage sans retour et on avance en terra incognita. On peut écrire son expérience après un cancer, la déportation, mais pour la vieillesse, il faut être descendue dans ses bas-fonds pour pouvoir écrire valablement. Mais alors, elle aussi est entrée en vous et vous rend, peu à peu, incapable de l'appréhender. Et pourtant, ce sera le sujet de mon prochain livre ! Mais je veux écrire un livre tonique, sarcastique, et qui se terminera bien puisque mon héroïne décidera, le jour venu, de tirer sa révérence !

Je voudrais qu'après ma mort, mes filles continuent à s'appeler Boudou, Zou et Toulou – leurs noms d'amour.

2 octobre

D'une certaine façon, Jean-Jacques et Constance sont invivables : la radio marche toute la matinée, la télé ensuite, jusqu'à ce qu'on se couche. Ces images qui vous tirent l'œil, malgré qu'on en ait, pendant que l'on discute ou somnole sur la méridienne : le tout en irlandais ou gaélique…

Je me demande si Constance n'est pas frappée d'anorexie, à l'image de son père. Paul me dit au téléphone : « Je mange très peu et très mal. Les repas sont un mauvais moment. — Est-ce que tu continues à boire ? — Oui, bien et beaucoup. »

Constance n'exclut pas que l'angoisse de la mort imminente de son père la contraigne au même comportement.

3 octobre

J'ai longuement regardé les photos du bonheur : sur toutes, il y a un mort désormais. Kurt, le 2 février 2001, puis Flora le 3 juin, d'un arrêt du cœur. Le paysage devient de plus en plus désertique. Flora qui renaît dans nos conversations, maintenant que la terrible dépouille qu'elle nous présentait depuis quelques années s'efface, et que réapparaît la Flora de toujours.

« Je me souviens des jours anciens, et je pleure… »

4 octobre

Je m'habitue mal à l'absence de Flora. Ma petite sœur est partie en emportant un grand bout de mon passé et on cicatrise difficilement à mon âge. C'est la seule personne dont j'aurais supporté la présence dans mes derniers moments. Car je considère comme obscène que mes proches me voient mourir. Moi qui me suis toujours défendue de paraître malade, là, je ne pourrai plus me défendre : ils, elles, verront l'abandon, l'intolérable dernier soupir. Il n'y a qu'avec Flora que je n'aurais pas été humiliée : elle était comme une autre moi-même.

5 octobre

La maison, que je laissais toujours pleine de mes traces, est nue. La Honda, elle, est bourrée ! Ils viennent de partir. Ne plus les voir boire et fumer toute la journée est un soulagement indicible. Se dégageait d'eux une intense odeur de tabac, qui a imprégné ma pauvre Honda et le salon. C'était irrespirable.

Mais Constance a mieux mangé, sous l'œil discret, mais attentif, de Jean-Jacques.

Le docteur Philip me dit que la tension de Paul a encore baissé : ne pas manger l'affaiblit sérieusement. Il est encore tombé du lit hier, pendant la nuit.

6 octobre

Je danse vaguement, toute seule dans le salon, et me reviennent toutes ces divines soirées avec Kurt où nous dansions, puisqu'il dansait si bien et discutait si mal. Ces séances de préamour et de postamour où, finalement, nous ne quittions jamais l'amour. Mon Dieu, que c'était bon avec lui, dans la totalité de son intensité. Avec cette passion qui n'a jamais faibli d'un iota. Même s'il ne savait pas ce qu'était un iota !

7 octobre

Oui, on a été fous, raides fous, d'être venus dans ce bout du monde, de nous obliger à naviguer dans cette mer inhospitalière où se sont engloutis tant de bateaux, depuis les débris de l'Invincible Armada jusqu'aux bâtiments de l'Expédition du général Hoche dans la baie de Bantry. Tous nos amis nous le disaient.

Ces amis qui sont venus si souvent découvrir ces paysages somptueux, et s'ébahir de nos pêches miraculeuses. Vers la fin pourtant, nous nous sommes retrouvés assez seuls. Même nos filles ne venaient plus : elles avaient sans doute nettoyé et débrouillé trop de filets – pleins de goémon et de crabes morts – durant leur enfance, pour trouver encore du plaisir à partager nos manies en écoutant des bulletins météo si souvent alarmants. Mais je m'en accommodais, luttant sans relâche pour faire fleurir mon coin de lande, et ayant toujours un livre en cours, ce qui me permettait d'écrire au pied des monts roses de rhododendrons sauvages ou violets de bruyères, face à cette baie aux lumières si magiques…

Aujourd'hui, je me demande si Paul, dans ces dernières années, faisait autre chose que m'accompagner. J'ai longtemps tenu pour acquis qu'il ressentait le même plaisir que moi, chaque jour, qu'il pleuve ou qu'il vente, à aller en mer et à s'imprégner de la beauté toujours recommencée des petits matins. Cette mer que nous aimions tant et qui nous a toujours réunis. Cette mer sur laquelle nous avons échangé notre premier baiser, celui qui a entraîné tous les autres. J'ai souvent rêvé d'ailleurs qu'il serait beau de chavirer ensemble sur un écueil celtique, et d'être entraînés tous les deux « dans les goémons verts ». Cela ne s'est pas fait. Paul s'est laissé couler tout seul, tout doucement, dans l'océan sans fond de la vieillesse. Une autre que moi, peut-être celle qu'il a aimée pendant des années (qui m'ont paru une éternité), aurait-elle réussi à le retenir dans cette lente et désespérante glissade vers le néant ? Existait-il un moyen, une attitude que je n'ai pas su trouver ?

Oui, je doute qu'il ait été heureux d'autre chose que de mon bonheur ces dernières années. On ne meurt pas seulement de maladie, quand on vieillit, on meurt parce que le goût s'en va.

Désormais, je n'ignore plus que la mort est tapie non loin, guettant ses proies sous ses paupières de crocodile qui ne dort jamais. Par quelle grâce parvient-on à l'oublier ? Par quels stratagèmes réussit-on encore à jouir de la beauté du monde, du bonheur d'écrire et du plaisir de se réveiller chaque matin ?

Il faut se garder d'approfondir la question. Un malheur est si vite arrivé…

Notes

Page 11 : Bernard Ledwidge, dipomate anglais et écrivain, second mari de Flora Groult, 1924-2001, sœur de Benoîte, écrivaine.

Page 12 : Constance Guimard, fille de Benoîte et Paul.

Page 12 : Blandine et Lison de Caunes, filles de Benoîte et Georges de Caunes.

Page 12 : Violette, fille de Blandine et Alain Mazza.

Page 12 : Clémentine et Pauline, filles de Lison et Serge Goldszal.

Page 35 : Michèle Rossignol, veuve de Philippe qui a dirigé Denoël, puis Hachette Livre avec Paul Guimard comme éditeur.

Page 44 : Claude Olievenstein, 1933-2008, psychiatre, écrivain. *Il n'y a pas de drogués heureux*, Laffont, 1977.

Page 50 : Marie-Claire Duhamel, 1925-2014, femme de théâtre. Attachée culturelle au Chili (1982-1986).

Page 64 : Olivier Vaudou, 1926-2015, architecte.

Page 67 : *Les Choses de la vie*, Paul Guimard, Denoël, 1967.

Page 93 : Georges de Caunes, 1919-2004. Journaliste, second mari de Benoîte et père de Blandine et Lison.

Page 112 : Pauline Julien, 1928-1998. Chanteuse, auteure, compositrice québecoise.

Page 131 : René Fallet, 1927-1983, écrivain et scénariste.

Page 136 : Serge Goldszal, dermatologue, second mari de Lison de Caunes et père de Clémentine et Pauline.

Page 138 : Alain Mazza, architecte, mari de Blandine de Caunes et père de Violette.

Page 148 : Françoise Gange, 1944-2011, philosophe, sociologue et romancière.

Page 157 : Claude Sérillon, journaliste TV.

Page 157 : Haute Autorité de l'Audiovisuel dont Paul Guimard a été membre de 1982 à 1986.

Page 185 : Maurice Werther, 1920-1998, journaliste, spécialiste de politique étrangère.

Page 197 : Philippe Margolis, marin.

Page 201 : Haroun Tazieff, 1914-1998, vulcanologue.

Page 223 : Silvio Fanti, 1919-1997, psychiatre et psychanalyste. *Contre le mariage*, Flammarion, 1970.

Page 225 : Charles Salzmann, 1927-2009, conseiller technique et diplomatique de François Mitterrand dont il était un intime.

Page 226 : Catherine Enjolet, écrivaine, engagée dans l'humanitaire.

Page 242 : Jean-Claude Gardin, 1925-2013, archéologue, mari de Joséphine Chaplin et père d'Arthur.

Page 259 : Jacques Caron, pédiatre et ami intime.

Page 269 : Joséphine et Annie Chaplin, filles de Charlie Chaplin.

Page 275 : Jean-Claude Fasquelle, P.-D.G. de Grasset, éditeur de Benoîte. Nicky, sa femme, a dirigé *Le Magazine littéraire*.

Page 301 : Nelly Kaplan, cinéaste, et Claude Makowski, producteur, comédien, son compagnon.

Page 303 : Eva Koralnik, agent littéraire de Benoîte en Allemagne (Agence Lipman).

Page 304 : Evelyne et Jean-Pierre Vivet, fondateurs de *Livres Hebdo*, journalistes.

Page 333 : Maureen Teitelbaum, scénariste, journaliste, productrice, femme de Irving Teitelbaum, producteur cinéma.

Page 352 : Denise Bombardier, journaliste et écrivaine québécoise.

DE LA MÊME AUTEURE :

Aux Éditions Grasset

LA PART DES CHOSES, 1972.
AINSI SOIT-ELLE, 1975.
LES TROIS QUARTS DU TEMPS, 1983.
LES VAISSEAUX DU CŒUR, 1988.
LA TOUCHE ÉTOILE, 2006.
ROMANS, coll. « Bibliothèque Grasset », 2009.
LE FÉMINISME AU MASCULIN, 2010.
AINSI SOIT OLYMPE DE GOUGES. *La Déclaration des droits de la femme et autres textes politiques*, 2013.

Aux Éditions Denoël,
en collaboration avec sa sœur Flora Groult

LE JOURNAL À QUATRE MAINS.
LE FÉMININ PLURIEL.
IL ÉTAIT DEUX FOIS.

Chez d'autres éditeurs

DES NOUVELLES DE LA FAMILLE, Éditions Mazarine.
HISTOIRE DE FIDÈLE, *en collaboration avec Flora Groult*, Des Femmes, 1976.
LA MOITIÉ DE LA TERRE, Éditions Alain Moreau (Presse-Poche).
OLYMPE DE GOUGES, *textes présentés par Benoîte Groult*, Mercure de France.
PAULINE ROLAND OU COMMENT LA LIBERTÉ VINT AUX FEMMES, Laffont, 1991.
CETTE MÂLE ASSURANCE, Albin Michel, 1993.

PAPIER À BASE DE FIBRES CERTIFIÉES

Le Livre de Poche s'engage pour l'environnement en réduisant l'empreinte carbone de ses livres. Celle de cet exemplaire est de :
300 g éq. CO_2
Rendez-vous sur www.livredepoche-durable.fr

Composition réalisée par PCA

Achevé d'imprimer en France par
CPI BRODARD & TAUPIN (72200 La Flèche)
en décembre 2019
N° d'impression : 3036456
Dépôt légal 1re publication : janvier 2020
LIBRAIRIE GÉNÉRALE FRANÇAISE
21, rue du Montparnasse – 75298 Paris Cedex 06

57/4886/4